Johann Christian Siebenkees

Materialien zur nürnbergischen Geschichte

Johann Christian Siebenkees

Materialien zur nürnbergischen Geschichte

ISBN/EAN: 9783744635691

Hergestellt in Europa, USA, Kanada, Australien, Japan

Cover: Foto ©ninafisch / pixelio.de

Weitere Bücher finden Sie auf **www.hansebooks.com**

Materialien

zur

Nürnbergischen Geschichte.

Herausgegeben

von

D. Johann Christian Siebenkees,

Professor der Rechte zu Altdorf.

Zweyter Band.

Nürnberg,

in Commission

der A. G. Schneiderischen

Kunst- und Buchhandlung

1792.

Materialien

zur

Nürnbergischen Geschichte.

Siebentes Stück.

I.

Von den verschiedenen Wappen der Reichsstadt Nürnberg.

Nürnberg hat darin vor manchen andern Reichsstädten einen Vorzug, daß es mehr als ein Wappen führt. Man hat aber dieser Stadt noch mehr Wappen zugeschrieben, als sie jemahls gehabt und geführt hat. Ich will zuerst von diesen angeblichen und unächten Wappen reden.

Noch vor den Zeiten oder wenigstens zur Zeit des Grafen Adelberts von Bamberg, also im neunten Jahrhundert und zu Anfang des zehnten Jahrhunderts, soll Nürnberg drey schwarze Wolfsangeln im weißen Felde, oder drey weiße Wolfsangeln im schwarzen Felde geführt haben. Man findet dasselbe auf dem Titelkupfer der historischen Nachricht von Nürnberg, welche zu Halle 1707 heraus kam, abgebildet. Der Annalist Müll-

ner

ner hat bereits diese Nachricht für ein unge-
gründetes Vorgeben erklärt, welches nicht
gar lange Zeit vor ihm aus schlechten Ver-
muthungen hergeflossen sey. *) Es wäre
freylich erst nöthig zu erweisen, daß es zu dieser Zeit schon Wappen gab, und Nürnberg zu
dieser Zeit schon existirt habe, wenn man diese Erzählung für mehr, als eine Chroniken-
legende halten wollte. Es ist keine Art von
Denkmahlen, oder nur eine glaubwürdige
Nachricht von solchen vorhanden, welche dieses angebliche Wappen bestättigte.

In alten geschriebenen Wappenbüchern
wird der Stadt Nürnberg in der ältesten Zeit,
ausser den Wolfsangeln, noch ein weißer ein-
facher ausgebreiteter Adler im blauen Feld,
oder ein weißer Querbalken als Wappen zu-
geeignet: diesem Vorgeben fehlt es aber an
allem Beweis.

In manchen Chroniken und Wappenbüchern, welche Nürnberg den Grafen von
Bamberg in den ältesten Zeiten unterwer-
fen,

*) Gleicher Meinung ist auch *Andr. Rinder* in
Orat. de liberae S. R. I. Civitatis Norimbergensis insignibus Alt. 1696. 4. dessen Deutung der Farben bey jetzigen Heraldikern keinen
Beyfall finden wird.

fen, gibt man dieser Stadt auch das Bam-
bergische Wappen, nämlich im gelben Feld einen schwarzen Löwen mit einem weißen schrägrechten schmalen Balken belegt. *)

Nach einer noch allgemeinern Chronikensage soll Nürnberg auf Erlaubniß König Con-
rads I. im X Jahrhundert ein neues Wappen
angenommen und bis zu ihrer Zerstörung durch
K. Heinrich V. in J. 1105 geführt haben.
Dieses soll ein von Roth und Silber sechsmahl schrägrechts getheilter Schild gewesen
seyn. Allein es fehlt dieser Behauptung zur
Zeit an Belegen.

Die drey Wappen, welche Nürnberg
wirklich geführt hat und jetzt noch führt, sind

I) ein in die Länge getheilter Schild, zur
Rechten im goldenen Felde ein halber schwarzer Adler, **) zur Linken von Roth und Silber (Weiß) sechsmahl schrägrechts getheilt.

Das ist die richtige Vorstellung und
Blasonnirung desselben.

Man

*) C. F. Schöpf Nordgau-Ostfränkische Staats-
gesch. I. Th. S. 49.

**) Seine Zunge ist roth und seine Bewehrung
golden.

Bb 3

Man hat dieses Wappen öfters ganz unrichtig abgebildet und blasonnirt, und auch unrichtig gedeutet.

Unrichtig ist die Abbildung vor der Gundlingischen Chronik, nach welcher die linke Hälfte im rothen Feld drey silberne schrägrechte Striefen enthalten würde. Auf Münzen findet man eben diese Hälfte manchmahl irrig von Silber und Roth getheilt, da doch das Rothe in derselben den Anfang macht.

Unrichtig wird es blasonnirt, wenn man es als drey rothe und drey weiße Balken beschreibt, wie einige Schriftsteller gethan haben; oder wenn man es drey rothe schräge Striefen oder Binden im silbernen Feld nennt, wie Wagenseil de civit. Norimb. p. 28.

Die rothe und weiße Theilung im Nürnbergischen Stadtwappen hat man für das sogenannte Schwabenfeld erklärt; und daraus gefolgert, daß Nürnberg eine Landstadt der Herzoge in Schwaben gewesen. *)

Allein erstlich ist noch eine große Frage, ob dieß Wappenbild das Schwabenfeld sey; alsdann läßt sich aber auch nichts gewisses

ses

*) Gonne in den Erlang. gel. Anz. 1746. n. 1. und in Sel. Norimb. 1. B. S. 210.

ses sagen, wo das Schwabenfeld oder Schwan-
feld soll gelegen seyn; *) und eben dieser
Schluß würde auch die Burggrafen von
Nürnberg treffen, welche das sogenannte
Schwabenfeld auch im Rand ihres Wap-
pens führen.

Die linke Hälfte dieses Wappens wird
unrichtig gedeutet, wenn man darin eine Vorstellung der drey Gränzflüsse, der Schwarzach,
Schwabach **) und Redniß, sucht. Denn
Flüsse werden in Wappen immer wellenför-
mig oder geflutet vorgestellt. Wenn zweyerley Tincturen in einem Felde gleichen Raum
einnehmen, so wird keine derselben für eine
Figur gehalten. Man findet aber in keiner
richtigen Abbildung desselben im rothen Feld
drey silberne Schrägbalken, Streife oder
Linden.

Aus dem halben Adler kann man nicht
beweisen, daß Nürnberg ehemahls eine Mu-
nicipalstadt war.

Denn

---

*) Meisterlein (ap. Ludew. in reliqu. MSt.
T. VIII. p. 52.) nennt die Gegend so, in welcher Nürnberg liegt.

**) Statt der Schwarzach nennt Besold in Thes.
pract. p. 697. die Pegniß, welche aber gar kein
Gränzfluß ist.

Denn

1) müßte man erſt erweiſen, daß die Städte, welche nicht den ganzen Adler füh‑ ren, Municipalſtädte, und diejenigen ur‑ ſprüngliche Reichsſtädte waren, welche den ganzen Adler führten.

2) hat man noch nicht erwieſen, daß, und welcher Unterſchied ſey zwiſchen Reichs‑ ſtädten mit dem ganzen und halben Adler.

Gemeiniglich hält man es für das Wap‑ pen der Nürnbergiſchen Reichslandvogten, und ſchreibt die Ertheilung deſſelben K. Con‑ rad I. im X Jahrhundert, oder K. Conrad III. im J. 1140 zu. Aber keine glaubwür‑ dige Geſchichtsquelle kann zum Beweis ange‑ führt werden.

Heut zu Tag iſt es das gewöhnlichſte Wappen auf Münzen und Denkmahlen.

II. Der einfache ſchwarze Adler im gol‑ denen Felde iſt eigentlich das Wappen des Nürnbergiſchen Reichsſchultheiſſen, welches noch jetzt als Gerichtsſiegel gebraucht wird. Man findet ihn ſchon 1246 *) und 1263 **) auf

*) Hiſt. Nor. dipl. n. 15.

**) *Gatterer* Hiſt. Holzſchuh. Tab. XIII.

auf Siegeln. Anfangs war der Kopf des Adlers linkssehend: nachher und noch heut zu Tag sieht er gegen die rechte Seite.

III. Im blauen (manchmahl auch im grünen) Felde ein goldener Adler mit dem gekrönten Jungfernkopf oder ein sogenannter Jungfernadler, eine Harpyie.

Nach einer scherzhaften Deutung, welche schon zur Zeit des Conrad Celtes bekannt war, soll er das Weiberregiment anzeigen. *) — Es ist nicht erweislich, daß dieß bereits das Wappen des Grafen Adelberts von Bamberg war. **)— Nach einer Chronikensage hätte Kaiser Heinrich V. oder K. Conrad III. der Reichsveste zu Nürnberg dieses Wappen ertheilt, weil sie bey der von erstern vorgenommenen Belagerung und Zerstörung der Stadt, nicht erobert worden, sondern ihre Jungferschaft behalten.

Nachher soll Kaiser Carl IV. dieses dem Schloß ertheilte Wappen 1350 der Stadt

*) Quia feminae maritis essent imperiosae. Wagenseil de civit. Nor. p. 28. 3c.

**) Wie Schöpff in der Nordgau-Ostfränk. Staatsgeschichte S. 32. glaubte.

Bb 5

Stadt in ihrem Secretsiegel zu führen erlaubt haben. Dieß glaubt Köhler in seiner Reichshistorie S. 309. und beruft sich auf Meisterlein, welcher aber dieß nicht sagt, sondern nur erzählt: *) Carolus — Secretum Sigillum pro consulibus determinavit speciale; und hierauf die noch jetzt gewöhnlichen 3 Wappen beschreibt, ohne zu melden, welches von denselben das vom Kaiser Carl IV. gegebene Secretsiegel sey. — Carl IV. hat der Stadt Nürnberg kein neues Siegel verliehen.

Auf Siegeln wurde dieses Wappen bereits in der Mitte des XIII. Jahrhunderts gebraucht, und findet sich am ersten 1243 auf dem Siegel einer Engelthaler Urkunde. **)

Seit dem XIV. Jahrhundert wird es als Secretsiegel gebraucht.

Diese drey letztern Wappen, welche auf dem Titelkupfer der (von Hagen) Beschreibung der Silbermünzen der Stadt Nürnberg abgebildet sind, trifft man auf öffentlichen Denkmahlen,

*) Ap. Ludewig. in reliqu. MSt. T. VIII. p. 123.
**) Litterar. Muf. I. B. S. 522.

mahlen, Gebäuden, Münzen, auf verschiedene Art zusammengesetzt an.

Am häufigsten steht oben der einfache
Adler; unten rechts der Jungfernadler, und
links der halbe Adler mit der sechsfachen
schrägrechten Theilung. *)

Manchmahl werden nur der Jungfernadler und der halbe Adler auf Münzen neben
einander gestellt. **)

Bisweilen wird auch der einfache Reichsadler ohne Schild über den zwey untern Wappen schwebend, als wenn er sie mit seinen
Flügeln deckte, vorgestellt.

II.

Aelteste Nürnbergische Policeygesetze wegen der Hochzeiten.

(ums Jahr 1340.)

Es haben auch gesetzet die Burger vom Rat
vnd gebieten vesticlichen, daz niemant
fürbaz kein offene hochzeit haben sol. vnd sol
auch niemant da ezzen noch tantzen dez morgens

*) Nürnb. Münzbel. II. S. 329.
**) Nürnb. Münzbel. II. S. 121.

gens nach dez nachtes on Geſte. Wol mag
ein man oder fraw darnach nach viertzehen tagen ſein frewnde laden ob er wil. Wer daz
prech der ſelb wirt der einen burger oder burgerin on ſein ſelbs hawsgeſinde ʒe eʒʒen geb,
der ſolt geben hundert pfunt haller, oder wer
da eʒʒe, der ſelb ſol geben ʒehen pfunt haller.

Eʒ ſol auch niemant fürbaʒ wenn man
ein prawt vnd einen prewtigam ʒe E geben
wil, niht mer dabey ſein, dann ſehs man vnd
ſehs frawen. Wer daz prech, vnd wer mer
darʒu köm, der ſolt ieglichs eʒ wern Frawen
oder man geben ʒehen pfunt haller.

Eʒ ſol auch fürbaʒ wenn man ein prawt
gen kirchen fürt niht mer damit geen dann
ſehs man vnd ſehs frawen mit dem prewtigam
vnd mit der prawt. vnd wer daz prech vnd waʒ
ir mer damit gingen oder darʒu kömen, eʒ wern
frauwen oder man der ſolt iegliches geben ʒehen pfunt haller. (E. 57. a.)

Man hat auch verpoten alle ſantvnge
di man vor ʒe den hohʒeiten tet den freẏnden
ane baident halb vater vnd muter vnd prawt
vnd prewtigam vnd ſwer auch daʒ ſihet oder
deʒ inne wirt daʒ der gepote kaines ʒerbrochen
wirt er ſei der geſworn oder niht. der mag
eʒ dem frager rügen [ob er wil] vnd ſol da-
rvmbe

rvmbe niemannes veintſchaft dulden. Swer
daʒ bricht der gibt fivnfe pfunt haller. (E. 48 b.)

Anno dni milleſimo cccmo ⁊ ſecundo
(1352.) feſto ſci Egidij.

Eʒ haben geſetʒt mein Herren di Burger vom Rat. daʒ niemant ʒu keiner hohʒeit
kein padlat haben ſol weder der preutian oder
di praut vor oder hinach. Wer aber hintʒ der
padlat ging. vnd da eʒʒe. oder tränke, oder ba-
det vor oder hinach, den di praut ſelb dritt,
vnd der preutian ſelb dritt da muſt je die perſon geben. j lb haller. eʒ wer frawe oder man.
vnd wes di hohʒeit iſt. v lb. Eʒ ſol auch ſich
niemant kleiden ʒu einander ʒu keiner hohʒeit
denn der preutian ſelb dritt vnd der ſweher ſelb
dritt wer daʒ vberfür. der gibt v lb haller.
als oft er eʒ tet. (E. 48. b)

Eʒ habent auch geſetʒet vnſer herren.
der Schultheiʒʒe vnd di burger gemaincli-
chen vom Rat. Daʒ niemant ʒe kainer hohʒeit di man haben wil. deʒ nahtes als man
die praut ʒu legen wil. dhaine male da nemen
oder eʒʒen ſol. danne ſweher. ſwiger. vater.
mvter. aidem. ſnvre. vnd geſwiſtereide. vnd
der deʒ die hohʒeit iſt. mac deʒ andern morgens.
als

als ſi deʒ nahtes bei gelegen ſeint. ain male
haben wie erleichen er wil. vnd niht mer. *)
Eʒ ſuln auch zu dem ſelben male weder knechte. ammen noch maide da nicht ezzen one alleʒ
geuerde.

Vnd wer aber daʒ iemant mer danne
daʒ eine male da ezze. danne ſweher. ſwiger.
vater. moter. aidem. ſnvre. vnd geſwiſtereide.
So müße der deʒ die hohʒeit iſt vnd der daʒ
male gibt. der Stat geben ʒe pezzerunge ʒehen
pfunt haller. vnn di di daʒ male da nement
eʒ ſei man, frauwe. diener, oder dienerin. ie
die perſone gibt ain pfunt haller. ane geſte ob
di zu der hohʒeit kommt. di mvgent da wol
ezzen ane die vorgenanten puzze.

Eʒ ſol auch dhaine Burger eʒ ſei frauwe
oder man dhainen varnden man ʒe dhainer
hohʒeit niht geben. vnd ſol ſi auch ander-
ſwar niht ſenten. dann di varnten leute di
in der ſtat geſezzen ſint.

Wer aber daʒ. daʒ dar vber dhaine burger dhainem varndem man der in der ſtat niht
geſeʒ-

*) Am Rand ſteht: Wer hohʒeit haben wil. der
mag ʒwei mal geben. ain deʒ nahts als man
di praut ʒulegt. vnd ains deʒ morgens. als man
deʒ nahts bei gelegen iſt. wi erleich er wil. vnd
niht mer.

gesezzen ist gebe oder in anderswar iht sendet.
der muz geben der stat ze pezzerunge ie von
der varnden man einem fivnfe pfunt haller.
(E. 49. a.)

Ez sol auch ein ieclich burger vnd burgerin di hohzeit haben wollen di praut dez morgens als si dez ersten nahtes bei gelegen ist.
ze kyrchen füren ob er wil. vnd als erlich als
er wil. vnd wer aber daz, daz si di praut dez
selben morgens als si dez nahtes bei gelegen
ist. niht ze kyrchen fürten. so sol fürbas mit
der selben preute niemant ze kyrchen gen. danne sweher swiger. vater. muter. aidem. snure.
vnd geswistereide. vnd sol auch zo dem selben
kyrche gange anders niemant da ezzen. wer
anders da mit gienge. oder da ezze. So müste der dez die hohzeit da ist oder der di kost
gibt. der stat ze pezzerunge geben fivnfe pfunt
haller. vnd wer anders da ezze oder da mit
ginge. danne di vorgenanten persone. der muz
ir iecliches der stat ze pezzerunge geben ain
pfunt haller. [vnd dyner vnd dynerin. iclich
person lr. haller als vorgeschriben stet.]
(E. 49 b.)

Ez sol auch niemant mit dhainer preute
ze pade gen. noch rayen vor noch nach. danne vier frawen die suln mit der preute gen.

vnd

vnd ſol auch zu der ſelben padlat weder man
noch frauwen da haime weder peiten noch ezzen noch trincken noch tantzen von der ſelben
padlat wegen ane geuerde. vnd wer daz vberfüre ſo müſte der dez die wirtſchaft da iſt, oder
in dez hauſe ez geſchiht. der ſtat ze pezzerunge
geben zehen pfunt haller. vnd wer anders dar
zu gienge oder der da rayet oder tantzte. oder
da ezze. der müſte ie div perſon geben der ſtat
ze pezzerunge ain pfunt haller. (E. 49. c.)

Ez enſol auch ein ieclich burger vnd burgerin ſi ſein alte oder iunck von dehainer hohzeit wegen di man haben wil weder vor noch
hin noch niht mer höflein noch padlat haben
danne mit der preute ſuln vier frauwen gen
vnd niht mer. Swer daz brichet der mvz geben fivnf pfunt haller.

Vnd ſwer ſein tohter haim ze haus füren wil da ſuln niht mer frauwen mit gen
danne ſehs frauwen. Swer daz brichet der
mvz geben die vorgenannten pvz.

Ez ſol auch zv einer ieclichen hohzeit di
man haben wil ſich niemant mer klaiden dann
baide ſweher vnd irev kint bei der vorgenanten
puzze.

Ez ſol auch zu einer ieclichen kinttauf
niht mer frawen gen danne vier frauwen vnd
vier

viér man hintze dem wein vnd niht mer. Swer
daz brichet der muz geben v. lb. haller.
(E. 49. f.)

Von hohzeit pringen vnd kintpett pringen

Ez ift auch gefezzet. daz niemant ez fei
fraw, oder man hintz keiner hohzeit noch in
kein kintpette [noch keinem Münch noch keiner
Nunnen vor oder hinach] niht pringen noch
geben noch fenten fol. ez fei cleinot oder gelt
oder wie ez genant fei. wer daz vber für. ez
wer der. der di pringot oder di fantunge ein-
nem. oder der fi preht oder fante ez wer ze
kintpetten oder ze hohzeiten als oft daz gefcheh
fo mueft ie als ofte ir ietweder geben v lb.
an di Stat. vnd fwelich frawe dirr pot ainz
vber für fo mueft ir man di puzze geben di dar
auf gefezt ift als vor gefchriben ftet.
(E. 139. a.)

Ez fol auch kain frauwe ze hohzeiten mit
ir niht mer maide füren vnd haben denne ain
maget. ane ob fi bei ir hat ein erberge tohter
dev ir oder irs wirtes frivnde ift fwi vil fi mer
maide hat. fo muz fi von ie der maide geben
fehtzick haller. . . . .

Siebendes Stück.   Cc   Ez

Eʒ enſol auch dehain dienſt magde raien noch tantzen ʒe hohzeiten bei den burgerein oder ſi mvʒ geben zwene ſchillinge haller. (E. 139. a. b.)

III.
Kleiner Beytrag zur Nürnbergiſchen Handlungs = und Handwerks-Geſchichte.

Die Handwerksgeſchichte iſt einer von denjenigen Gegenſtänden der Nürnbergiſchen Geſchichte, welche noch am allerwenigſten bearbeitet worden, und es müſſen dazu noch ſo viele Materialien geſammelt werden, ehe man an ein hiſtoriſches Ganze denken darf, daß jeder Beytrag hiezu willkommen ſeyn muß. Folgende zwey Urkunden mögen theils den Fleiß und die Geſchicklichkeit des ehemahligen anſehnlichen Handwerks der Plattner*) zu Nürn-

*) Man vergleiche Hn. Stadtallmoſamtsgegenſchreiber Müller Beytrag zum teutſchen Lehenrecht und Nachricht von einer noch unbekannten Art der erſten Bitte ꝛc. Nbg. 1788. 8. S. 10, oder in Hn. Pr. Waldau vermiſchten Beytr. zur Geſch. der Stadt Nürnberg. Band III. S. 272 und ebendaſ. Band IV. S. 323.

Nürnberg beweisen; theils zeigen, wie sehr
Kaiser Rudolf der zweyte den Nürnbergischen
Handel und Gewerb beförderte und unterstütz-
te, indem er nicht nur beträchtliche Bestellun-
gen von Kriegsrüstungen machte, sondern
auch zu dessen ungehinderter und sicherer Ver-
führung einen eigenen Paßbrief ertheilte.

Zuerst mag der Vergleich stehen, welchen Hanns Schaidenbach Burger (und
vermuthlich Kauf- und Handelsmann) zu
Nürnberg mit den Geschwornen-Meistern der
Plattner an statt eines ganzen Handwerks al-
da wegen einiger von Kaiser Rudolf II. bestellten Kriegsrüstungen, unter dem 2. Jul.
1605. errichtete.

„Zu wissen vnd kundt sey hiemit inn
Crafft dits Brieffs, demnach der Er. Hanns
Schaidenbach Burger zu Nurmberg von der
Röm. Kay. Mayt. vnserm Allergenedigist.
Herrn vermög dero Patenten, beuelch bekommen, für Ihr Kay. Mayt. ettliche Kriegsrüstungen zubestellen, vnd zur Handt zubringen, das er darauff mit den Geschwornen
Maistern der Plattner, an statt eines ganzen Handtwercks alhie zu Nurmberg, nach-
volgende Kriegsrüstung zu machen vnd zu

lieffern,

lieffern, verglichen vnd aynnig worden, Alß
Erstlich, Sollen Ihme die geschworne an statt
eines ganzen Handwercks machen, vnd In=
nerhalb dreyen monaten, von dato diß Brieffs
an zu rechnen lieffern, vierhundert Rundel
vnd vierhundert vngerische hauben, die Run=
del sollen eines Ainfachen Karbiners schuß=
frey, Auch gefuttert vnd zugericht sein, wie
diejenigen, so sie Ihme alhie zum Musster
zugestellt haben, Vnd sollen die Rundel, so=
wol die Hauben, sonst von guetem Zeug ge=
macht werden, Hergegen soll dem Handt=
werck, oder an desselben statt den geschwor=
nen für ein Rundel vnd hauben, do sie an=
derst dem Musster gemeß sein, bezahlt wer=
den, Siben gulden vnd Ain ortt, Vnd da=
mit ein Handtwerck zur dessto besserm Zeug,
vnd anderer Zugehörung kommen mögen, hat
Ihnen obgedachter Schaidenbach alßbalden
vff die Handt geben vnd bezahlen lassen, Ain
Tausent gulden, welche die geschwornen an
statt eines handtwercks also bar empfangen,
vnd Ihné Schaidenbach, derwegen quittirt
vnd ledig gezehlt haben, Vnd haben daruff
versprochen vnd zugesagt, Innerhalb eines
Monats zu lieffern, Ain hundert Rundel
vnd Ain Hundert Vngerische Hauben, Was
sie

sie lieffern, es geschehe, wann, vnd souil
es wölle, soll Ihnen Jedeßmahls vff ein
Rundel vnd Hauben Dritthalben gulden,
wegen der empfangenen 1000 fl. abgezogen,
vnd für solche zway stuck mehrers nit geben
werden alß vier gulden. 3 ortt. Mit welchem allem die geschwornen wol zufrieden gewesen: vnd haben für sich vnd ein handtwerk
versprochen vnd zugesagt. solche angedingte
vierhundert Rundel vnd vierhundert hauben,
inn bestimbter Zeit der dreyen Monaten zu
lieffern, welche liefferung, so wol die bezahlung, alhie inn der Statt geschehen solle,
Da aber solche liefferung inn bestimbter Zeit
Irem versprechen zuwider nit geschehen, vnd
er Schaidenbach darüber Inn vnglück oder
schaden kommen sollt, Soll er guett sueg vnd
macht haben, sich solches schadens bey Ihnen
zu erholen, deme sie auch solchen guett zu
thuen schuldig sein sollen, Jnmassen sie denn
solches alles also getreulich zu hallten vnd
zu vollziehen einander mit Handtgebenden
trewen zugesagt haben. Getrewlich vnd ohne
gefahr, Dessen zu vrkundt haben sich, er
Schaidenbach, so wol die geschworne, an
statt eines ganzen Handtwercks mit eignen
handen vnderschrieben, vnd Ihre pettschaff-

ten

ten zu endt hiefur gedruckt, Geschehen jnn
beysein vff deß Schaidenbachs seitten, Johann Blurmann, Lienhardt vnd Georg die
Schaidenbach, vff der geschwornen seitt Martin Schneider der alter. Lienhardt Rotschu-
he, Hanns Roth der Jünger, vnd Martin
Schneider der Jünger alle Plattner vnd Bur-
gere alhie, Den Andern monatstag July.
Nach Christi geburt, Secht Zehenhundert vnd
im Funfften Jare. |

(L. S.)　　(L. S.)　　(L. S.)
(L. S.)　　(L. S.)

Ich hans Schaidenbach　　Ich wolff Ringler
　befhenne wie oben.　　　befen wie oben.
Ich Hanns Roth　　　　Ich Hanns Michel
　befenn wie oben.　　　bekenn wie oben."
Ich Hanß popp
　befenn wie oben.

Als nun die bestellten Kriegsrüstungen
fertig waren, so befahl Kaiser Rudolf, daß
sie nach Wien in das Zeughaus geliefert
werden sollten; und damit Schaidenbach darin
nirgend einige Hinderniß bekommen möge, so
ertheilte er ihm unter dem 17 October 1605.
aus Prag folgenden Paßbrief:

　　　　　　　　　　　　　Wir

„Wir Rudolff der Annder von Gottes
gnaden Erwöhlter Römischer Kaiser zue
allen Zeiten Mehrer des Reichs in Germa-
nien auch zue Hungern vnnd Behaimb Khünig
ꝛc. Ertzhertzog zue Oesterreich, Hertzog zue
Burgündt, Steyr, Kärndten, Crän vnnd
Würtemberg, in Ober vnnd Nieder Schlesien,
Marggraue zu Märhern, in Ober vnnd Nie-
der Laußnitz, Graue zu Tyroll ꝛc. Entbieten
N: Allen vnnd Jeden Churfursten, Fursten,
Geistlichen vnnd Weltlichen, Prelaten, Gra-
uen, Freyen, Herrn, Rittern, Khnechtten,
Landtmarschalckhen, Lanndtsheubtleutten,
Lanndtvögten, Haub-leutten, Vizdomben,
Vogten, Pflegern, Verwesern, Ambtleutten,
Lanndrichtern, Schultheißen, Burgermeistern,
Räthen, Burgern, Gemeinden, vnnd sonst
Allen Andern vnsern vnd des Reichs, Auch
vnnserer Khünigreich Erblichen Furstenthumb,
vnd Lanndt vndterthönen, vnd getreuen, was
würden, standts oder Weesens die seindt für-
nemblichen Aber, vnnsern vnnd Andern Auf-
schlegern, Mautnern, Zöllnern, Gegenschrei-
bern, Beschawern, denen dieser vnser Kayser-
licher Paßbrieff für Khumbt, vnd Sy damit
Ersucht werden, vnsere Freundschafft, Ge-
nadt, vnd alles guets. Hoch-vnnd Ehrwür-

dige,

dige, Auch hochgebornne liebe Freundt, Neuen,
Oehaimb, Vetter, Schwäger, Chur - vnnd
Fürsten, Auch wohlgeborn, Edl, Ersamb, Lieb
Andechttige, vnd getrewen; Wir geben Eur
LL. AA. vnnd Euch hiemit freundt: vnd Ge-
nediglich zuuernehmen, das Wir zu befürde-
rung Itzigen offenen Khriegs wieder den Erb-
feindt Christlichs Nahmens vnnd Glaubens
den Turggen, bey Hannsen Schaidenbach Bür-
ger zu Nürnberg, eine Anzahl Khriegs Rü-
stung, Alß funffhundert Doppelhackhen, 1)
Zwayhundert Paar feustling, 2) funffhundert
Rundel, 3) zwayhundert stecher, 4) vnnd Si-
benzehen tausenndt Eisene Kugl, bestellen vnnd
ErKhauffen laßen, vnnd dieselben, nach Wien
In

---

1) Ein Doppelhake schoß 8 Loth Bley.

2) War eine Art von Pistolen. Frisch sagt: sclope-
tum manuarium, quod unica manu teneri
poteft.

3) Diese waren runde stählerne Schilde, welche den
Leib von der Hüft bis über den Kopf bedeckten und
so stark waren, daß sie einen Doppelhaken - Schuß
aushalten konnten.

4) Stecher, hieß vormahls ein breiter Degen, welchen man bey den Rundeln hatte, welchen man Cort
belasche hieß und auch die Plattner machten.

In vnnser Zeughauß daselbst zu liefern gene-
digist verordnet haben; Damit Er Schaidenbach nun mit solchen Khriegs Rustungen vnnd
Munition vnsern genedigisten beuelch nach, an
obbemeltes orth, der notturfft nach, so viel
ehe beßer vnnd vnuerhindert gelangen müge.
So Ersuchen Wir Eur LL. AA. vnd Euch hiemit freündt- vnd genediglich begehrenndt den
Andern vnnd vnsern aber Ernstlich beueh-
lendt Sy wöllen gedachten Schaidenbach, oder
seinen Beuelchs haber, sambt Ermeltten
Khriegs Rüstungen vnd dern Zugehörigen
Einmach: vnd Verwahrung derselbigen Pret-
tern, welcher enden Er dieselbige durchfüh-
ren wirdt, Persohnen vnndt Rößen, an Ihrer
LL. AA. vnd Eurn gebietten vnndt Ambts-
verwalttungen allenthalben nit Allein frey, sicher, vnnd vnauffgehaltten durchkhummen,
vnnd paßiern laßen, sondern Ihnen Auch,
Im fall es vonnöthen, auf Ihr begeren zu
desto beßerer fortbringung, gegen zimblich-
vnnd gebhürender bezahlung, mit Wagen,
Rossen, Schiffen, Flößen, vnd andern der-
gleichn notturfften, alle güete hilff vnnd be-
fürderung Erweisen vnnd leisten; Hieran Er-
zaigen vnns Eur LL. AA. vnnd Ihr sonder
angenembs guets gefallen, die vnsern aber vol-

ziehen,

ziehen daran vnnsern genedigen, Auch Entli-
chen Willen vnnd meinung. Geben auf vnsern,
Khuniglichen Schloß zu Prag, den Sibenze-
hunden Octobris Anno Im Sechzehen hundert vndt funfften, Vnserer Reiche des Römischen Im Dreyßigisten des Hungrischen Im
vier vnd dreyßigisten vnnd des Behemischen
Im Ain vnnd dreyßigisten.

    Rudolff.

      (L. S.)

          Ad mandatum Electi Dnj
          Imperatoris proprium.
          Jacob v. Mosartt.
          Hanß Metich.
          H. W. L. Hämmerll. "

    Man vergleiche hiemit die Geschichte un-
sers Zeitalters, in Betreff der Ausfuhr unserer Manufacturen; — man halte die Zoll-
und Mauth - Edicte Kaisers Joseph II. gegen
diesen Paßbrief, und man wird Stoff genug
finden der guten Stadt Nürnberg ein patrio-
tisches Mitleiden zu schenken.

                             K.

                             IV.

IV.

Fragmentarischer Beytrag zu des ehemahligen Nürnbergischen Arzts Leonhard Doldius Biographie. *)

Freunden und Liebhabern der Gelehrtenge-
schichte ist es immer angenehm, auch von
schon längst verstorbenen Gelehrten nähere
Umstände von ihrem Leben, von dem Ort ihrer
Ausbildung, von den Gönnern, welche sie un-
terstützten, die großen Männer zu werden, welche sie waren, zu erlangen. Schon ein klei-
ner Beytrag ist willkommen, wenn er einen
neuen Aufschluß in der litterarischen Laufbahn
des Mannes gewähret, von dessen nähern Le-
bensumständen wir noch nicht genau unter-
richtet sind. Dieß ist der Fall mit einem ehemahligen berühmten Arzt unserer Vaterstadt,
dem Leonhard Doldius von Hagenau,
dessen Leben Herr Professor Will in dem ersten Theil seines Nürnbergischen Gelehrten-
lexicons ganz kurz berühret. Wahrscheinlich
erwarb er sich seine ersten Studien in einer
der

*) Eine in einer Versammlung des Pegnesischen Blu-
menordens den 5. Nov. 1792. gehaltene Vorlesung.

der hiesigen Schulen oder auf dem damahligen Gymnasium zu Altdorf, wodurch er dem unsterblichen Joachim Camerar, dessen ruhmvolles Gedächtnis erst in diesem Jahre so feyerlich erneuert worden ist, bekannt und von demselben Einem hiesigen Rath zur Fortsetzung seiner Studien so nachdrücklich empfohlen wurde, daß er 2 Jahre lang jedes Jahr 100 fl. erhielt, welches für die damahligen Zeiten und in Rücksicht, daß er ein Ausländer gewesen, gewiß eine beträchtliche Summe war. Folgendes bisher wohl noch nirgend bekannt gemachte und gerade vor 200 Jahren ergangene Decret des hiesigen Collegii septemviralis mag zum Beweis meiner Angabe dienen:

„Magistro Leonhardo Doldio von Hagenaw (weil derselbig von Herren D. Joachim Camerario, so hoch gerühmet wird)
„soll man auff sein Suppliciren vnd Anlangen, Als einem Studioso Medicinae, damit er in Italia, seinem erpieten vnd vorhaben gemäß, noch weitter was lernen vnd erfahren müge, zwen Jahr lang, jedes Jahr hundert gulden geben, jedoch das er sich dagegen obligire vnd verschreib, das er nach Ausgang zweyer Jahren, solche 200 fl.
„mei-

„meinen Herren abverdienen woll. Actum
„bey den Herren Eltern, Sambßtags. 23.
„Septembr. 1592. p. H. J. Mützel vnd P.
„Koler. ꝛc.“

Bey seiner nach 2 Jahren erfolgten
Zurückkunft aus Italien, wurde er 1594.
zu Basel Doctor, und 1595. als das *) neun-
te ordentliche Mitglied in das von gedachtem
Beförderer seiner Studien dem ruhmwürdigen
Camerar 1592. errichtete medicinische Collegium aufgenommen, in welchem er bis an seinen Tod, welcher 1611. erfolgte, zur Ehre
und zum Nutzen der Reichsstadt Nürnberg
verblieb.

Es vermehrte also Joachim Came-
rar seine Verdienste, welche er in so reicher
Maaße um Nürnberg sich erwarb, auch dadurch, daß er durch seine Empfehlung ihr
einen verdienstvollen Gelehrten und praktischen
Arzt verschaffte, welchen sie ohne dieselbe gewiß nie erhalten haben würde.

K.

V.

*) S. Entwurf einer Geschichte des Kollegiums der
Aerzte in der Reichsstadt Nürnberg ꝛc. S. 33.

V.

Alte Gesetze des Siechkobels zu St. Jobst aus dem XIV Jahrhundert.

Hernach stet geschriben die Regeln die
die Siechen zu sand Jobs halten
schullen.

(Aus einer neuern Abschrift.)

Des Ersten das sie geloben schullen eynem
Pfleger gehorsam zu sein und auch Ihrem Maister den in ein Pfleger sezet.

Das Ander das niemand kein Pfründ geben, verkaufen oder verleihen schol dann ein
Pfleger.

Das Dritt wem man ein Pfründ giebt
was der hat, oder in den Hoff pringt oder für
sich dinnen spart, das schol alles gevallen an
den Hoff und daben bleiben wenn er abget;
Es were dann ob es einer den Gesellen in dem
Hoff, einem vor dem andern schicken wolt, denselben scholt es beleiben sein lebtag, und darnach dann wider gevallen in ein gein gemein
auf den Hoff und da beleiben.

Das Vierdt ob ein Fremder der nicht
pfründ het auf dem Hoff stürb, so schol sich
der Maister unterwinden was er lest. Das
schol

schol gevallen an den Hoff, Es were dann ob,
er es einem Pfründner schicken wolt, mit des
Meisters wissen dem scholt es folgen sein leb,
tag, und hinnach bei dem Hoff beleiben.

Das fünft ob Ir einer oder ir mer her,
aus wolt on des Pflegers Wort so sol man Im
nit mer lassen folgen dann seine Tragkleider.

Das Sechst was Ir einem wirth an den
Werkentagen in der Stadt oder vor der Kir,
chen. Da schol er den vierbten Pfennnyng ant,
wortten den die nicht in der Stadt gewesen
sind und was an den Feyertagen gevellet da
schol der Halbtail gevallen den die nicht in der
Stadt gewesen sind.

Das Siebend das Ir keiner über Nacht
aus dem Hoff schol sein, dann mit des Mai,
sters willen und Wort. In Irre dann ehoffte
noth, und als offt er das über für, als offt
schol er geben vier Regenspurger in dy püchsen.

Das Acht das Sie keiner Frauen Her,
berg schullen geben, dann ein Nacht auf der
Herfart und ein Nacht auf der Hinfart und
welcher seiner Willen darzu geb umb ein lenger
Urlaub der schol von yeder Nacht geben Fünff
Regenspurger in dy Büchsen.

Das Newnd das ir yeglicher gepunden
schol sein all Tag zu sprechen auf das mynst
VII.

VII. Pater noſter und VII Ave Maria und ein Gelauben.

Das Zehnt an dem Abend als man das Ave Maria lewt, ſo ſchol Ir jeglicher ſprechen drew Ave Maria unſer Frawen ſchiedung zu lob. Wer des nit enet und dem Meiſter darum gerogt wurd der ſchol geben ein Regenſpurger in die Buchſen.

Das Eylft das ein Maiſter je uber vier Wochen ir Jglichen beſunder Fragen ſchol der ein Pfrund hat, ob ir keiner die vorgeſchrieben Artickel geverlich uberfaren hab, von demſelben ſchol man die Pus nemen on Genad, und ob man ſich ſuſt nit redlich hielt In dem Hoff, das ſol der Maiſter einem Pfleger gepunden ſein zu ſagen, und als oft der Maiſter dem Pfleger das verſwig. Als offt ſchol er XXX. Regenſpurger in die puchſen legen ob er darumb geruegt wurd.

Das Zwelft wer dem Maiſter nit gehorſam wolt ſein, oder Im das rugen veint wurd oder das in der Maiſter ſtraffet umb unzucht oder umb ſchelt Wörter, wurd er des uberwunden mit dem Meiſter ſelb dritt, ſo ſcholt er ye als offt in die puchſen geben zehen Regenſpurger on gnad.

Auch

Auch ob Jr einer den andern lugen hieß, oder suſt freventlich ſchúlt beſunder den Meiſter als offt ſcholt er geben den andern Brúdern XXX. Regenſpurger ohn Gnad.

Auch welcher der wer, der freventlich ſwúr pei Gott oder ben unſerer Frauen, er were Pfrúntner oder Gaſt. So ſchol man den Pfrúntner das prot. VIII. Tag nit geben, und der Gaſt ſchol geben VI Regenſpurg In die púchſen oder man ſchol in fúr pas nit mer in den Hoff laſſen, als lang unz er ſie gibt.

Auch ob ir einer oder mer úber velt wolt, ſo mag In der Maiſter wol Urlaub geben XIIII Tag alſo ob er rechten wolt umb ſein Erbteil, oder ob In etwas an erſtúrbt, oder In wilpad wolt, oder ein wolfart tet, ſo ſcholt man Im dieſelben Zeit dy Pfrúnd laſſen volgen. Wer aber der dreyer Stúck keines, ſo ſcholt man Im kein Pfrúnd ſchuldig ſein, dieſelben weil.

Auch ob das were ob Jr einer oder mer den andern umb ſein Frauen wúrb, oder umb Jr Maid, die In dinet auf dem Hoff, oder mit einer fremden zu ſchicken het, auf Jrem Hoff, oder ein viertel meil Wegs von dem Hoff, der ſchol ſein Pfrúnd verloren haben, den andern

Siebendes Stúck. D d pfrún-

prüdern In dem Hoff ob das kuntlich wer,
oder das er überfagt wúrd fúr war.

Hec funt feftivitates fanctiffimi Iodoci
confefforis quas peregrini debent ob ferva-
re. Prima eft in die Barnabe apoftoli quan-
do manus dñi fuper eum apparuit. Secun-
da eft de Invencione corporis eiusque
eft in die Sti Iacobi apoftoli. Quarta eft
translacio eiusque eft In die penthecoftes.

VI.

Von der Pflege des goldenen Trunks.

Die erfte und urfprúngliche Stiftung des
goldenen Trunks ift dem Neuen Spital in Núrnberg gefchehen.

Frih Haimendörfer, Tuchmacher und
Rathsfreund, der feit 1384 zu Rath gegangen, hat 1406 in feinem Teftament 1200 fl.
Landwährung oder Gold dazu geftiftet, mit
welchen 60 fl ewiger Zinfen in gemeiner
Stadt Lofungftube follten erkauft werden mit
der Verordnung, daß davon im Herbft oder zu
anderer bequemen Zeit Wein gekauft, und den
armen fiechen Menfchen im neuen Spital, fo
weit

weit derselbe reicht, wöchentlich an dem Montag, Mittwoch und Freytag ausgetheilt werden solle.

Diese Stiftung ist von andern gutherzi-
gen Personen, besonders von Heinrich Rummel, Herdegen Valzner und Thomas Grundherr mit 700 fl. gemehrt und gebessert worden.

Eben dieß geschah von Frau Pesel Hai-
mendörferin, Jungfer Anna Grundherrin,
Jungfer Ursula Mendlin, und Frau Kunigunda Hanns Nieterin, mit 360 fl. welche sie noch
dazu gestiftet, so daß im J. 1460 das gesammte
Capital sich auf 2260 fl erstreckte.

Dieses Capital haben im gedachten Jahr
die fünf Herren Wähler, als damahls verordnete Pfleger und Inspectoren dieser Stiftung,
in die Losungstube zu 5 pro Cent angelegt und
113 fl. Landeswährung ewiger jährlicher Zinse
verschrieben.

Diese Stiftung erhielt nachher noch von
andern Personen fernere Vermehrung durch
dazu erkaufte Zinse aus der Losungstube.

Bis ins 16te Jahrhundert ist die Ausrichtung dieser Stiftung einer oder mehrern der Erbaren Frauen oder Jungfrauen anbefohlen gewesen, welche von den Zinsen Wein kauften

und

und austheilten, und davon den 5 Herren Wählern des neuen Raths jährlich einmahl Rechnung ablegten.

Es finden sich folgende Pflegerinnen dieser Stiftung:

1448 Jgfr Anna Graßerin.
     Frau Kunigunda Steinhäuserin.
     Jgfr Anna Carlin.
     Frau Barbara Hanns Diutnerin.
     — Margaretha Kolbin.
     — Catharina Michlin.
     — Clara Knorrin.
     Jgfr Agnes Fridereckerin die ältere.
     — Catharina Heckin.
1461 Frau Barbara Berthold Volkamerin.
1474 Frau Magdalena Philipp Pirkaimerin.
1484 Frau Anna Hieronymus Rummlin.
1500 Hieronymus Rummel.
1503 Frau Magdalena Peter Imhofin.
1516 Peter Imhof.

Nachher ist die Ausrichtung dieser Stiftung dem Spitalmeister anbefohlen worden. Daher noch jetzt der Spitalpfleger dieselbe verwaltet und davon Rechnung thut.

Die Stiftung des goldenen Trunks im alten Spital zu St. Elisabeth scheint eine Nach-

Nachahmung jener Stiftung gewesen zu seyn, und soll ihren Namen erhalten haben von einer goldenen Münze, von welcher man ehemahls alle Wochen den Armen daselbst eine Tröstung gethan, wozu 52 fl. Stadtwährung angelegt gewesen.

Herdegen Valzner war der erste Stifter und andere Geschlechte haben dieselbe vermehrt. Ehezin geschah die Rechnung davon den Wählern des neuen Raths. 1514 wurde aber befohlen, daß solche, gleichwie andere Almosenrechnungen, in der Losungstube abgehört werden solle.

VII.
Vom Alter des Nürnbergischen Rugsamts.

In der kleinen Chronik der Reichsstadt Nürnberg wird S. 18 die Vermuthung geäussert, daß das Rugsamt oder Handwerksgericht um das Jahr 1349 seinen Anfang genommen habe. In den geschriebenen Nürnbergischen Aemterbüchern wird der Ursprung desselben mit Zuverlässigkeit in die Zeit nach dem großen Aufruhr von 1349 gesetzt, und

Dd 3   bemerkt

bemerkt, daß anfangs nur 2 Herren des Raths,
nachher 3 und endlich 5 dazu verordnet worden.   Wenn gleich der Anfang des Rugsamts
in seiner dermahligen Form sich nicht genau
bestimmen läßt, so geht doch derselbe gewiß
nicht über das XV Jahrhundert hinauf. Vor
Niedersetzung der rugsamtlichen Instanz wurden alle Handwerker vor dem Fünfergericht
oder den Herren zur Fünfer-Rug oder wie
sie in den alten Gesetzen heissen, den fünf
Herren am Hader, zu Meistern gesprochen.
Nachher geschah dieß zwar vom Rugsamt,
aber diejenigen, welche ihr Meisterstück machen, müssen noch jetzt sich vor dem Fünfergericht stellen, wo sie wegen der aufgewendeten
Meisterstücksfosten examinirt, und in ihrem
Meisterstand bestättigt werden. -   -

Das Verzeichniß der Rugsherren in den
Aemterbüchern geht nicht weiter zurück, als
bis zum Jahr 1490, wo als die zwey ersten
angegeben werden, Herr Jacob Groland und
Herr Gabriel Holzschuher. Beym Jahr
1497 kömmt vor Herr Lienhard Grundherr,
und bey 1499 Herr Michael Behaim und
Herr Anthoni Kreß. Nun ist es zwar möglich, daß diese, die nach und nach in dieses

Amt

Amt gelangten, Verſtorbenen oder Abgekom-
menen ſuccedirt haben: allein da ſich kein
älterer Rugſchreiber, als Hanns Windiſch
im Jahr 1489 findet, ſo iſt es doch wahrſcheinlich, daß dieſes Amt in ſeiner heutigen
Geſtalt erſt um dieſe Zeit entſtanden ſey, und
daß es, wie die Aemterbücher angeben, anfangs nur aus 2, dann 3 und endlich aus
vier Herren des Raths beſtanden habe. Im
Jahr 1516 waren ihrer noch nicht mehr als
vier, wie Chriſtoph Scheurl in der bekannten Epiſt. ad Staupitz. c. 21. (ap. Wagenſeil. p. 198) erzählt: Syndicus i. e. Pfänder eligitur ex conſilio maiori. Huic *qua-*
tuor ſenatores cooptantur, qui artifices
audiunt, ſi quis contra ſtatuta municipalia
emit, vendit, operatur aut imperfecte et
doloſe laborat.

X.

VIII.

Zur Geschichte des Kirchengesangs. *)

Rathsverlaß vom 9 Jan. 1543,

die Uneinigkeiten zwischen dem Schulmeister und dem Prädicanten Johann Knauer zu Lauf betreffend.

Vom Schulmeister zu Lauf ist bey eim Rath clagt worden, Nachdem er aus Bewelch der H. Landpflegere etliche lateinische Gesang In der kirchen zu Lauf, neben dem teutschen Gesang angericht, das sich Johann Knauer **) der Predicant zu Lauf barob erzürnt vnd In etlichen Predigen etwas gantz vngeschickter weiß davon meldung gethan auf meynung solch lateinischen Gesang gar zu vernichten, dazu auch Ine Schulmeister mit Schmehe anzugreifen, deßen dann er Schulmeister nit vnpillich beschwer trüge mit bit Jhme darin vor zu sein. Darauf der Predicant sein entschuldigung gethan vnd den vnglimpf auf den Schulmeister zu bewenden

---

*) Dieser Rathsverlaß kann als ein Beytrag zu Riederers Abh. von Einführung des Teutschen Gesangs in der evangel. luther. Kirche (Nbg 1759. 8.) angesehen werden. s. auch hist. dipl. Mag. I. B. S. 453.

**) dieser fehlt in den Diptychis von Lauf.

den vermeint, Inhalts bederseits übergebener
schrifften, In dieser frag schachtel zu finden. Dar-
durch ein Rath verursacht nach pessern Grund zu
forschen, als aber Im enud des predicanten be-
schuldigung war erfunden, allein außerhalb deffen,
das sich der Schulmeister mit gegenschmehungen
auch eingelaffen, hat ein Rath den predicanten herein zu fordern, vnd Jme mit einer streflichen Red
anzesagen bevolhen, das sich ein Rath zu Jm nit
versehen, das er über der Herrn Landpfleger vn-
tersagen, mit seim Predigen des Lateinischen Gsangs
halben wetter angehalten, sönderlich Jn der lezten
Predig sich so ungeschickt vnd aufruhrig erzeigt haben solt, darumb auch ein Rath wol vrsach vnd
fug hett, ennderung mit Jme fürzenemen. Aber
ein Rath wölts noch ein Zeit lang versuchen und
zusehen wie er sich welter halten wirde, derhalben
solt er gewarnt seyn, sich dergleichen fürohin zu
enthalten und Jme eins Rats orbnungen vnd Bevelch gefallen laffen. Daneben ist auch bevolhen,
die drey hiesigen predicanten D. Wenzeln, Ossan-
dern und M. Vitus zubschicken, Juen Gelegenheit
dieser ungeschickten predig, und dabey anzuzeigen,
das ein Rath nit gemeint, das teutsch Gsang gar
aus den kirchen zethun, sondern eins neben dem
andern Jm tribb zu erhalten, mit Beger, wofuran
dieser oder andere sein gleichen zu Jnen kommen
und sich was beclagen wirden, Jnen nit so bald
zu glauben, und sie auf Halßstarrigkeit zeweisen,

D d 5

sondern

sondern Im selber bescheidenheit zehalten, wie sichs
dann ein Rath also zgeschehen zu Inen versehen
wöllt.

IX.

Zusätze
zu D. G. G. Zeltners Leben und
Schriften Seb. Heydens.
(Nürnberg 1732 in 4.)

S. 45. führt Zeltner die älteste Schrift
Heydens, welche von dem Salve Regina
handelt, an, aber nur einen Nachdruck.
Das Original führt folgenden Titel: Ad-
uerfus hypocritas calumniatores, super
falſo ſibi inuſtam haereſeos notam, de in-
uerſa cantilena, quae *Salve Regina* inci-
pit, *Sebaldi Heiden* defenſio. Ad lecto-
rem:

Divinum verbum, Lector, non dog-
mata carnis judicio poſcas, hoc *pro-
bat* (nicht iuuat,) illa *uacent* (nicht
nocent.)

Auf der letzten Seite ſtehet Petrei groſ-
ſes Druckerzeichen, und darunter: Norenber-
gae

gae apud Io. Petreium. Anno M.D.XXIIII.
— Es ist in Octav drey Bogen stark, doch
sind zwey Seiten der zwey letzten Blätter leer.
Die eine enthält etliche Sprüche, die andere
das ebengenannte Druckerzeichen.

S. 61. Zeltner liefert zwar von Heydens Schrift den ganzen Titel: Affertio
Chriftiana —— —— contra novam et Anti-
Chriftianam fectam Ofiandriftarum —— ——
adimant. *Seb Heyden. A.* 1555. in 8;
aber er vergaß die Stärke des Werkchens und
den Drucker anzugeben. Es beträgt nämlich
zwey Bogen, und am Ende des Lateinischen
Tractats, von dem Zeltner auch eine Teutsche Uebersetzung anführt, stehet: Noriber-
gae, in off. Ioh. Montani et Vlr. Neube-
ri 1555.

Ebend. die angeführten Worte: „Und
wiewohl dieselb Ofiandrische Lehr ꝛc." stehen
eigentlich *B* 7 *a*, nicht B 5 a, wie Zeltner
schreibt. Ueber dieses kommt auf meinem
Exemplare Seb. Heydens Name nicht vor.
Da die vom Zeltner angeführten Worte von
dem Lateinischen sehr abweichen, so will ich
sie hier beyfügen: „Ea uero doctrina *Ofian-
dri,* quanquam manifefte impia et ueritati
euan-

euangelicae contraria eſt, tamen quendam
Theologum, Patronum inueniſſe dicitur,
qui eam per compendiariam quandam ex-
poſitionem ita defendit, ut affirmet, ſe in
Oſiandri confeſſione nihil plane invenire,
quod reprehendi aut argui debeat, et pro-
pterea ſe contra illum nihil ſcripturum eſſe.
Quod autem iſti Oſiandriſtae D. *Ioannem
Brentium*, illius expoſitionis authorem eſſe
iactaret, id mihi nequaquam ueriſimile fit.
Nam a tanto viro, et tam ſpectato theo-
logo tam inſulſam, et plane fucatam ex-
poſitionem eſſe proditam, iſtuc ſuſpicari
ego neque poſſum neque uolo. Hoc enim
expoſitiōnis genere, et talibus patronis
olim etiam Arrius et Eutyches, ut ortho-
doxi, potuiſſent defendi. Et, ſi ſic licet
Θεολογϵῖν etc. etc.

S. 69. Zu dem, was Zekner von dem
unbekannten Verfaſſer des Liedes: „O Menſch
bewein deine Sünde groß ꝛc.‟ ſagt, will ich
noch beyfügen, daß von dieſem Liede ein Abdruck in kleinem Octav auf einem einzigen Bogen vorhanden iſt. Der Titel lautet alſo:
„der Paſſion, oder das Leyden Jheſu Chriſti,
in geſangsweyß geſtellt, In der Meloden des
ciiǂ Pſalms: Es ſind doch ſelig alle die.‟

Im

Im Holzschnitte dieses Titelblatts steht oben die Jahrzahl 1525. Heydens Name kommt nicht vor, aber wohl Luthers Wappen in Namensbuchstaben: M. L. Hinten steht: „Gedrukt zu Nürnberg durch Georg Wachter."

S. 70 und 71. Daß das Lied: „Wer unter dem Schutz des Höchsten ist, schon 1544 gemacht gewesen sey, kann aus folgendem Buche bewiesen werden. Der Titel ist: „der 91 Psalm, wie ein Christ in sterbßleufften sich trösten soll. Zu Nürnberg geprediget, durch Vitum Dietrich. 1544. „in 4. Auf den vier letzten Seiten stehet: „der 91 Psalm Davids, gesangsweyß, in der Meloden: Auß tieffer Not. Durch Sebald Heyden. Wer in den Schutz des Höchsten ist rc." Vielleicht ist dieses Lied bey Gelegenheit der Predigten Dietrichs über diesen Psalm von Seb. Heyden gemacht worden.

S. 78. nennt Zeltner den M. Petrum Kezmann einen Sohn des M. Joh. Rezmanns, da er doch nur Brudersohn von ihm war.

S. 80 sagt Zeltner, M. Joh. Barth sey von A. 1555. biß 1600 Rector gewesen. Diese Nachricht ist falsch, denn Barth starb schon im J. 1588 im Monate Julius.

XII.

X.

Nachricht

wegen eines gemahlten gelben Adlers im schwarzen Feld auf dem Schloß in dem Kaiserlichen Schlafzimmer.

(Nach Sebald Schreyers eigener Handschrift.)

Item Sebolt schreyer ist am Sambstag nach Barbare den funfften Decembris anno rvᶜ (1500) durch micheln Beheim von Rats wegen darzu verordent erfordert worden, der Im fur gehalten hatt, wie Maximilian Romischer kunig ꝛc. der dann dauor am Sambstag nach Leonhardj den vij Nouembr. wider von Hynnen vnd gen Regenspurg geritten was, dieweil er nach hie gewest wer im Schlos ober seiner Petstat gesehen het ein gemel eines gelben ablers in einer schwartzen Feldung das als man sich versehe bey keyser Sigmunds Zeitten also gemalt were worden, als dann das klein schiltlein so mytten in demselben abler gesehen wurd zuerkennen gebe, vnd sein kö. mt. hett sich etlich tag domit bekumert, was sollichs bedeuttet so doch diser Zeit die Römischen kaiser vnd kunig nit ein gelben abler im swartzen feld sundern ein Swartzen abler in gelber Feldung furtten. Es hett auch sein kö. Mt. sein Nachfrag vnd Forschung bej dem Bischoff von Meintz vnd andern darnach gehabt, aber nit erfarn mögen, vnd auch zu Jungst in seinem Abschid

dem

dem gemelten Bischoff von Meintz beuohlen be
einem Erbern Rat darnach zu fragen ob sie ichtzit
dauon in schrifften hetten, westen oder erfarn
mochten vnd so aber in einem erbern Rat nymandt
wissen dauon hett oder Jm von einem Erbern Rat
beuollen Jne zu beschicken vnd zu fragen ob er einich
wissen dauon hett sollichs einem Erbernn Rat zuerkennen zu geben, wann es dafür gehalten wurd
das er zu den Zeitten alls er mit sampt seinen mit
verwannten das puch der newen kronik mit den
fingern zusamen bringen vnd trucken hett lassen.
Vil vnd mancherlaj History vnd Cronicken oder
geschicht gesehen, vnd gelesen het. ıc. darauff im
schreyer geantwurt hett das er zu den Zeitten, do
er mit dem obgemelten puch vmbgangen sey nichtz
dauon gesehen noch dauon gelesen hab; Aber au-
serhalb desselben vnd lang:dauor hab er das wissen
gehapt. Vnd glaub auch das wenig weren so wissen dauon hetten, Er auch nymand dauon gesagt
hett. So es aber die meynung hett als er Jm für-
hielt vnd ein Erber Rat das zu wissen begert wolt
er Jme das nit verhalten. Nu wer das die Vrsach vnd Vnderschied dieweil das Heilig lannd
nemlich Jherusalem vnd grob Cristi Jn gewalt vnd
Hannden der vnglaubigen were, so furte ein Romischer keyser oder kunig den schwarzen Adler Jn
einer gelben Feldung, So aber dasselb Heylig lannd
Jn gewalt vnnd Hannden der Cristen were, So
furte ein Romischer kayser oder kunig den gelben
Adler Jn einer schwarzen Feldung.

XI.

XI.

Von Georg Peßler,
dem letzten Probst zu St. Sebald in Nürnberg.

Zu dem, was von diesem in der Nürnbergischen Reformationsgeschichte merkwürdigen Manne im Nürnbergischen Gel. Lex.
I Th. S. 102 *) und in den Dipt. Sebald.
p. 50 gesagt worden, lassen sich noch manche
Zusätze machen, die ich vornämlich aus einer
von D. Zeltners eigener Hand geschriebenen
Lebensbeschreibung desselben gezogen und mit
Zusätzen versehen habe.

Georg Peßler war um das J. 1489 oder
1490 geboren. Sein Vater, Erhard Peßler, war Waldamtmann auf dem Sebalder
Walde. Seine Mutter war Katharina, Veit
Melbers und einer Pfinzingin Tochter. Georg
Peßler war der älteste unter seinen Brüdern;
diese hießen a) Johannes, welcher Anna Kreuß-
selweinin zur Ehe hatte, und 1542 ohne Erben starb. b) Erasmus, welcher schon in der
Jugend gestorben. Peßlers Vater hat nach
dem

*) Aus diesem ist der ganze Artikel in Adelungs Fort-
setzung des Jöcher. Lex. genommen.

dem Tod seiner ersten, Frau Veronica Burk-
hammerin, Hanns Burkhammers und der Clara Edlerin Tochter, geheyrathet, und mit derselben noch zwey Söhne gezeugt: a) Sebald,
der Anna Pfinzingin heyrathete, Pfleger zu
Hohenstein wurde, 1532 den 17 Aug. starb,
und zu St. Rochus begraben liegt.*) b) Wolf,
geb. 1499, welcher kaiserlicher Pfenningmei-
ster war, und 1560 ohne Erben starb, ob er
gleich zuerst an Marg. Oelhafin **) und nachher an Brigitta Nützlin verheyrathet war.

Peßler besuchte zuerst die Nürnbergischen
Schulen und ging alsdann nach Wittenberg,
wo er gegen 1514 Doctor beyder Rechte und
nach seiner Zurückkunft in Nürnberg reipublicae patriae advocatus wurde. Er wird auch
unter die Consulenten gezählt, wahrscheinlich
seit der Zeit erst, da er Probst zu St. Sebald
geworden, mit welcher Stelle öfters die Consu-
lentenwürde verknüpft war: wiewohl in der
Peßlerischen Genealogie und sonst nirgends
sich davon ein Beweis findet.***)

Nach-

*) Biedermann Tab. 406.
**) Ebendas. Tab. 339.
*) Vielleicht rührt diese Nachricht von einer Verwechs-
lung her. Georg Peßler, Sohn Martin Peßlers und
Marg. Topplerin, der 1506 gestorben, war der Stadt

Siebentes Stück.   E e   Nürn-

Nachdem Melchior Pfinzing 1521 die Probsten zu St. Sebald gegen Vorbehalt einiger Einkünfte, resignirt hatte, erhielt Peßler diese erledigte Präbende, welche vorher dem Hieronymus Paumgärtner war angeboten und von diesem ausgeschlagen worden. Sein damahliger Plebanus war Johann Hübschmann, *) welcher aber 1522 starb.

Mit welchem Muth und Eifer, ohne irgend eine Gefahr zu scheuen, Peßler, nebst dem Probst zu St. Lorenzen, Hector Pömer und dem Augustiner-Prior, Wolfgang Volprecht bey der Reformation der Nürnbergischen Kirche zu Werk gegangen, ist ausführlich erzählt in Strobels Miscellan. III B. S. 45 ff.

Zeltner war auch der Meinung, daß Andreas Osiander, nach dem Stil zu urtheilen, der wahre Verfasser der merkwürdigen Schrift: Grund vnd Vrsach auß der heyl. schrifft ꝛc, gewesen, welche im Namen der Präbste erschien.

Nürnberg Consulent. s. Biedermann Tab. 616. Dieser Peßler ist in der Rothscholzischen Porträtsamml. ausgelassen, und dagegen der Probst Peßler zum Consulenten gemacht worden.

*) Schleupner in der Vorrede zu den 4 Predigten vom Steigen und Fallen des Pabstums nennt ihn Hüpfenlöner.

schien. Er erzählt dabey, daß diese ihre
Schrift mit einem Memorial an den Rath
geschickt, mit der Bitte, woferne etwas darin
zu ändern wäre, solches zu bemerken und zu
verordnen, wie es solle geändert werden. Daraus aber, daß nichts geändert worden, sey,
wie Zeltner dafür hält, nicht undeutlich zu
schließen: daß man von Seite des Raths daran nicht habe Theil nehmen, sondern die ganze
Sache den Pröbsten überlassen wollen, damit
man im Fall einer Anklage von höhern Orten
sich desto besser vertheidigen, und den Pröbsten
alles zu verantworten überlassen, was man
doch an sich selbst nicht gemißbilligt; unterdessen aber temporisiren und bessere Aspecten
erwarten könnte.

Im J. 1524 wurde Georg Peßler auch
bey der Einrichtung des Unterhalts der neuen
Vicarier (welche jetzt Diaconi heissen) des
Schaffers und Plebani zu St. Sebald, und
bey der Organisation des neuverordneten Land-
almosenamts gebraucht und zu Rath gezogen.

Im J. 1525 findet man den Georg Peßler bey dem Religionsgespräch, das im Monat
März auf dem Rathhaussaal gehalten worden, unter den Beysitzern und Arbitris, nebst

dem

dem Abt zu St. Egydien, Friedrich, Hector
Pömer, und Johann Poliander.

Seit 1525 finden sich fast gar keine
Nachrichten von ihm, ausser daß in einem
Briefe Osianders an Brentius*) gesagt wird,
man sey ihm von Seiten des Raths nicht ganz
geneigt gewesen. Die Worte selbst sind folgende:

De Dominico (Sleüpnero) longa et
mirabilis fuit historia, quod miris technis
hoc egerit, ut Praeposito suo (dieß war
Peßler) excusso ipse succederet; quam in-
saniam callidi quidam Senatores clanculum
aluerunt, non ut, quod vellet, efficeret,
sed ut Praepositum, quem oderant, eiice-
rent. Interim de eo saepius consultatum,
quo pacto ita abigi posset, ut stipendium,
in omnem vitam promissum, solvi non opor-
teret. Foedum auditu, tamen factum,
atque haud scio, annon et effectum. Cum-
que res cum Praeposito non, ut vellent,
succederet, vim admoverunt, unde ille
jam propemodum Melancholia periit.
Detractum annuis eius reditibus 150 floren.

Aus diesem Briefe läßt sich vielleicht
die anderweitige Nachricht erklären, daß Peßler

*) Er ist wahrscheinlich 1532 oder 1533 geschrieben.

ſer endlich 1533 den 5 May die Probſten mit
allen Einkünften dem Rath übergeben, mit der
Bedingung, daß ihm lebenslänglich 250 fl.
und für den Hauszins 20 fl. gereicht werden,
und ihm auch der Probſteygarten vor dem
Thiergärtner = Thor bleiben ſollte.

Daß Peßler verheyrathet geweſen, er=
hellt aus einem ſatiriſchen Gedichte Hierony=
mus Emſers, welches Riederer *) anführt.
Zeltner beſtättigt es aus den Anmerkungen
in einem Kalender aus Veit Dietrichs Bib=
liothek, in welchem ſeines Todes und gleich
darauf des Todes ſeiner Frau Erwähnung
geſchieht, welche 1534 den 4 Julii Sbto ge=
ſtorben iſt. Es iſt nichts von ihr bekannt, als
daß ſie Margaretha Schultheiſſin geheiſſen.**)

Peßler ſelbſt ſtarb 1536| den 22 Au=
guſt am Timotheustag, und wurde in die
Kirche zu Poppenreut begraben; wie Zeltner
muthmaßt, aus Liebe zu dieſer Kirche und
auf beſonders gegebenen Befehl. Sein Grab
iſt unter dem Altar und hat die Aufſchrift:

Geor-

*) In den Nachrichten zur Kirchen = Gelehrten = und
Büchergeſch. III B. S. 439.

**) Waldaus Beytr. I B. S. 164.

Georgius Peſler I. V. D. Praepoſitus ad
S. Sebaldi, ſepultus in
Veteri Parochia *)
A. 1536.

Die von ihm in Kupfer geſtochenen Bildniſſe
findet man in dem Verzeichniſſe Herrn Schaffer Panzers, S. 180.

Verpoorten in den Analect. aevi ſu-
perioris oder Epiſt. Linkianis, in der nota
(h) ad Ep. II. begeht eine Verwechslung,
wenn er einen Peßler, der ein Auguſtinermönch war, und Staupißens concaptivus
zu Salzburg 1521 genennt wird, für Georg
Peßlern hält. Dieſer Auguſtinermönch hieß
Nicolaus, und kommt bald hernach als Lector
in der IV Epiſt. vor. Er kam nicht lange
nachher aus ſeiner Gefangenſchaft los und ins
Auguſtinerkloſter in Nürnberg zurück. Aus
des Nikolaus Leben in den Unſchuld. Nachr.
1732. S. 356 erhellt, daß dieſer ein groſſer Feind Luthers und des Nürnbergiſchen
Auguſtiner-Priors Volprecht geweſen, der
Luthern anhing.

XII.

*) Poppenreut heißt bekanntlich deßwegen die alte
Pfarre, weil ehemahls die Kirche zu St. Sebald
als Filia dahin gehörte.

XII.

Befreyungen der Stadt Nürnberg in Ansehung der geistlichen Gerichte *) in den Zeiten vor der Kirchenreformation.

Die Stadt Nürnberg hatte sowohl von den Kaisern, als von den Päbsten, die Freyheit zu wiederhohlten mahlen erlangt, nicht vor geistliche Gerichte geladen zu werden.

K. Heinrich VII hat 1313 die Bürger zu Nürnberg befreyt, daß sie in weltlichen Sachen von dem Bischoff zu Bamberg oder seinem Official nicht sollen gefordert werden, und den Schultheissen geboten, sie dabey zu handhaben.

K. Ludwig hat 1332 befohlen, daß niemand die Nürnberger um weltliche Sache vor geistliche Gerichte laden oder ziehen solle. **)

Pabst Innocenz VI hat 1361 auf Intercession K. Carls bewilligt: daß die Bürger zu Nürnberg nicht schuldig seyn sollen, vor dem Decanatgericht zu Bamberg zu erscheinen, sondern daß der Dechant soll schuldig seyn, in der Stadt Nürnberg die Sachen, so sich daselbst

*) s. Waldaus Septr. XXVIII. S. 270.
**) H. D. N. p. 279.

Ee 4

selbst zwischen Burgern und Inwohnern begeben, zu erörtern: weil die Stadt Nürnberg
so groß sey, daß fast der dritte Theil Menschen des ganzen Stifts Bamberg daselbst
wohnen, auch die Römischen Kaiser daselbst
viel residiren und Reichsversammlungen halten, auch zwischen Nürnberg und Bamberg
eine starke Tagreise sey, und dazwischen große
Wälder, dadurch oft wegen schädlicher Leute
nicht sicher zu reisen ist. Den Aebten zu Michelfeld und Weissenohe und dem Probst zu
Neuenkirchen hat er befohlen, den Dechant
dazu anzuhalten, und den Rath zu Nürnberg
bey dieser Freyheit zu handhaben. Diese päbstliche Bulle ist durch Marquard Mendel aus-
gebracht worden, welchen der Rath zu Nürnberg mit einer Supplik an den Pabst abgefertiget, und ihm Macht gegeben dem Cardi-
nal Pileo, oder andern, wo es vonnöthen, auch
in die Canzley 1000 fl. zu verehren.

Es hat auch P. Urban V in Kraft dieser Concession dem Dechant zu Bamberg 1382
befohlen einen Official zu Nürnberg zu verordnen, um die daselbst vorfallenden Streitigkeiten zu erörtern.

P. Bonifaz IX hat 1403. VI. Kal.
Mart. die Bürgerschaft zu Nürnberg befreyet,
daß

daß sie in bürgerlichen und peinlichen Sachen
nicht sollen schuldig seyn, zu Bamberg oder an
andern fremden geistlichen Gerichten zu Recht
zu stehen, woferne sie erbietig, vor ihrem ordentlichen Richter Recht zu nehmen und zu
geben, und hat dem Bischoff zu Wirzburg und
zu Eichstädt und dem Abt zu St. Egydien in
Nürnberg befohlen, die Bürger dabey zu handhaben, und vermög des Decrets Bonifacii
VIII um Geldschulden willen niemand zu
Nürnberg excommuniciren zu lassen.

Diese Bulle ist durch die Bischöffe zu Eichstätt, als Executoren, den Erz- und Bischöffen
zu Mainz, Salzburg, Prag, Bamberg, Wirzburg, Regenspurg, Freysingen insinuirt worden.

Wider diese Bulle hat Bamberg eine
Bullam revocatoriam erlangt, und sind beyde Theile nach Rom gewiesen worden.

1429 hat Heinrich, Abt zu St. Egydien, dem Rath vertragsweise versprochen, daß
er weder den Rath noch die Bürger vor kein
fremdes Gericht ziehen, sondern sich an Rechten vor des Reichs Richter zu Nürnberg be-
gnügen lassen wolle.

1444. 3. Id. Febr. hat P. Eugen IV
den Bürgern zu Nürnberg eine Bulle ertheilt:
Wenn päbstliche oder andere geistliche Richter

Burger

Burger zu Nürnberg citiren, daß sie die Ursache dabey melden, und ihnen wenigstens 6 Tage ansetzen sollen. Er hat dem Abt zu St.
Egydien in Nürnberg und zu St. Stephan in
Wirzburg geboten, die Burger zu Nürnberg
dabey zu handhaben.

1457. V. Kal. Aug. hat P. Calixtus
III alle Inwohner der Stadt Nürnberg, geistliche und weltliche, befreyet, daß sie von eini-
gem Richter über eine Tagreise von der Stadt
nicht sollen vorgefordert werden.

Dieß hat P. Pius II 1460 bestättigt
und die Bürger in weltlichen Sachen von allen
geistlichen Gerichten befreyet.

1470 ist eine Testamentsache, welche
vor das geistliche Gericht nach Bamberg gebracht war, wieder nach Nürnberg remittirt
worden.

P. Sixt IV hat dem Rath zu Nürnberg bestättigt K. Karls und Friedrichs Befreyung der Burger zu Nürnberg von fremden Gerichten, es seyen gleich Landgerichte
in Baiern, Franken, oder das Landgericht
des Burggrafthums Nürnberg. Er hat den
Schottenmönchen zu Wirzburg, Nürnberg
und Erfurt befohlen, den Rath dabey zu
handhaben, und die Sachen für sich zu ziehen. Datum Rom. 5 Cal. Iun. 1475.

Ein

Ein solcher Brief ist auch ausgegangen auf die Pröbste zu St. Sebald und zu St. Lorenzen, und der Capell des königl. Saals zu Nürnberg, unter dem Dat. Rom 5 Idus Mart. 1477.

1475. hat eben dieser Pabst den Klöstern der Schotten zu Wirzburg und Erfurt, und dem Dechant zu St. Jacob zu Bamberg befohlen: wenn die Geistlichen und Klöster zu Nürnberg in und ausserhalb der Stadt, von Geistlichen und Weltlichen beschwert und ihrer Güter entsetzt werden, sollen sie sich der Sache unterfangen, und entweder summarie, oder durch ordentliche Processe derselben abhelfen, damit die Beschwerden nicht erst nach Rom laufen dürfen.

P. Innocenz VIII ertheilte 1486. IX. Kal. Oct. die Freyheit: Wenn der Rath zu Nürnberg oder ein Burger von einem geistlichen Gerichte an den Pabst appelliren würde, daß solcher Appellation deferirt, und nicht die Appellanten, (wie etwa geschehen) deswegen excommunicirt werden sollen.

Den Pröbsten der Pfarren und des königl. Saals zu Nürnberg hat der Pabst befohlen, den Rath und die Bürger dabey zu handhaben.

XIII.

XIII.

Miscellaneen.

1.

Was ich von Georg Rüxner im I Stück dieser Materialien S. 9. gesagt habe, bestättigt folgendes Zeugniß D. Christoph Scheurls im Tucherbuch vom J. 1542, wo er gleich Anfangs sagt:

„Georg Richsner, genant Jerusalem, Pfalzgraff Friederichen Heroldt und Kündiger der Wappen, hat Meinen Herren Einem Rath dieser Stadt, a. 1526 den 12 Thurnier verehrt, welchen Kaiser Heinrich der Sechste, König zu Neapolis, Sicilien und Sardinien, Herzog zu Schwaben, Kayser Friederich des Ersten, genant Barbarossae, Sohn, Montag nach Lichtmeß a. 1198 in dieser Stadt Nürnberg gehalten haben soll, welcher hernach gleichwohl mit etwas Veränderung sampt allen andern Thurnieren, Herrn Johannsen, Pfalzgrafen bey Rhein, Herzogen in Bayern, Graff zu Sponnheim, zu Ehren, zu Simmern, auffm Hundtsrück im Druck außgangen ist."

2.

Im III St. der Beyträge des Herrn Pred. und Prof. Waldau zur Nürnb. Geschichte S. 256 wird gesagt, man habe bisher noch nicht gewußt, daß schon 1307 der Siechkobel und eine Kapelle zu St. Johannis vor Nürnberg vorhanden gewesen. Der Verfasser dieses Aufsatzes hat sich nicht erinnert, daß von eben diesem Jahr eine Urkunde im Cod. diplom. zu Gatterers Hist. Holzschuh. p. 16.

bereits

bereits abgedruckt ist, welche die Existenz dieses
Siechkobels beweiset.

In der in den Beytr. abgedruckten Urkunde
ist übrigens S. 250 statt qui *frugaliter* Nider Al-
tach dicitur, nach dem Context und Urkundenstyl zu
lesen *vulgariter.*

3.

In Doppelmayrs Nachr. von Nürnberg.
Künstlern S. 168 und 226. wird gesagt: Der
Schreib = und Rechenmeister Sebastian Kurz oder
Curtius habe 1590 zu Nürnberg die Unterweisung
Leonhard Wirschings in der Schreib = und Re-
chenkunst genossen. — Diese Nachricht halte ich
für unrichtig. Ich habe ein Rechenbuch vor mir,
welches 1594 in klein Octav von Bernhard Wirsigk, Rechenmeister zu Nürnberg herausgegeben,
und ebendaselbst durch Leonhard Heußler gedruckt worden, wie auf dem letzten Blatte bemerkt
ist. Dieser Bernhard Wirsigk war unfehlbar der
Lehrer des Sebastian Kurz. Das Nürnbergische
Gelehrten = Lexicon kann also mit diesem Manne
vermehrt werden.

4.

Zusatz zu S. 358 des 6ten Stückes.

Herr Meusel sagt im zweyten Theile seines
Künstlerlexikons, S. 147: Müller soll sich nie *Miller* geschrieben haben. Ehe er nach England ging,
schrieb er sich nicht so; aber seitdem er in London
ist, hat er sich sowohl auf Kupferblättern, als auch
in Briefen Iohn Miller geschrieben, (weil die Eng-
länder kein ü haben) Millar aber niemahls. Auf
diese Art ist die Anmerkung S. 358 zu be-
richtigen.

5.

Von dem im I B. dieser Materialien S. 271
genannten Burcard Matthesius sagt Adami in
vitis

vitis Theol. p. 403 im Leben Ioh. Matheſii: Ludum litterarium ad D. Sebaldum Norimbergae diu gubernavit, tandem Vicarius Bambergae factus.

Der Beyname Paratinus, den Joh. Roming auf ſeinen Schriften (nach S. 272.) führte, bedeutet wohl, daß Bayreut ſein Vaterland war. Auſſer den ſchon genannten Büchern ſind noch folgende von ihm bekannt:

Lactantius de opificio Dei c. praef. Io. Rommingii. Nurenb. per Frid. Peypus. 1514. 4. 8 Bogen.

Io. *Parreut* Exercitat. veteris artis logicae. Ingolſtad. 1492. 4.

6.

Zu den S. 306 angezeigten auf Koſten des Leonhard zu der Aych gedruckten Büchern gehört noch:

Sylva biblicorum nominum — Andr. Althammero autore 1530. 8. Norib. praelo Frid. Peypus, impenſa Leonh. a Quercu. vid. Hirſch. Millen. II. p. 47. n. 552.

Libellus de ritu et moribus Turcorum — Nor. Frid. Peypus, impenſis Leonh. a Quercu. 1530. 8. Hirſch. Mill. III. p. 40. n. 419.

Fridrich Peypus druckte auch einiges auf Koſten Johann Robergers. Z. E.

In d. A. Auguſtini undecim partes omnium contentorum index conſummatiſſimus. — 1517. fol. Hirſch. Millen. IV. n. 86.

Hortulus animae. 1518. 8. ib. n. 103.

Eben dieß Buch hatte ſchon 2 Jahre vorher (1516) Joh. Stüchs für Antoni Koberger gedruckt. Hirſch. Mill. I. n. 59.

Eben dieſer Joh. Stüchs druckte auch für auswärtige Verleger:

Die

Die Legend des heyligen vatters Francisci.
Nach der beschreybung des Engelischen Leerers Bo-
naventure in 4. Am Ende steht: Gedruckt vnd
vollendt, In der Rayserlichen (sic) Stat Nuremberg, Durch Hieronymum Höltzel, In Verlegung
des Erbern Caspar Rosentaler yetzundt wonhafft
zu Schwatz. Am Sybenden tag des Monats Aprilis. Nach Christi vnsers Herren gepurt. Tausent
Funffhundert, vn Im zwelfften Jare. (Dieß Buch
befindet sich in der Schwatz. Samml. zu Altdorf.)

Von einem andern Buche, welches 1514 eben
dieser Buchdrucker für Casp. Rosentaler gedruckt
hat, s. Hirsch. Mill. IV. n. 71.

Eben so hat Fridrich Peypus für Auswärtige gedruckt: Z. E. fur Lucas Alantsee Civem et
bibliopolam Viennensem. Hirsch. Mill. I. n. 2011

7.

Das Alter des Titels Hochedelgeboren,
welches S. 344. angegeben worden, bestättiget
auch folgender Umstand. Der erste, der 1687, den
30 Nov. mit dem Titel: Hochedelgeboren, an die
Leichtafeln angeschrieben worden, war: Johann
Paulus Imhoff auf St. Egidien Hof.

8.

Rathsverlaß.

Auf die von den Doctoribus Iuris et Medicinae unterm 28 April 22 Iun. et 5. Oct. h. a. vor-
getragenen Petita wurde ertheilt:

1) den fernern Gebrauch des zweyspännigen
Peuntwagens zu den Frühleichen bey vorkom-
menden Gelegenheiten, auf vorhergängiges Ansuchen, ihnen zu verstatten,

2) das Vortreten der 2 Einspänninger vom Hauß
aus bey Beerdigung ihrer Kinder, zu verwil-
ligen, und

3) übrigens mit der schon ehe bevor zuweilen
bekleideten, und nur auf Veranlassung einiger
Mitglieder neuerdings ihnen seltener ertheilten

ten Genannten-Stelle, selbigen in bishero
gewöhnlicher Ordnung an Handen zu gehen.
Den 23 Dec. 1790.

(L. S.)

Canzley-Registratur.

Publ. d. 28. ejusdem Herrn
Dr. und Cons. Colmar, und
Herrn Dr. Spieß, in Ver-
tretung des-allegirter Hin-
dernisse wegen-nicht mit erschienenen Herrn Dr. von
Korbenbusch von Buschenau.

Inhalt des siebenten Stücks

Materialien

zur

Nürnbergischen Geschichte.

Achtes Stück.

———◆———

I.

Nürnbergisches Hochzeitbüchlein, vom
Jahr 1485, welches verneut, gebessert
und geändert worden den 7 Febr.
1526.*)

Nachdem vnnser Herrn vom Rat vormals
got dem almechtigen zu lob vnd zu ern
vnd vmb gemeins nutz vnd notturft willen
aller der iren auch zu uermeidenn vnordenlich
kostlikeit so In lautmerungen **) hochzeitten
kirchgengen Schenkungen vnnd andern begani
gen vnnd geübt worden sind Gesetz vnd ordnung
fur genwmen gemacht vnd pey nemlichen pe
nen darJnn begriffen zw haltenn gepotten
haben welche gesetze allein gen den Stathaf-
tigen

———

*) Es sind hiebey drey verschiedene Handschriften ver-
glichen und eine aus der andern ergänzt worden.
Was eingeschlossen ist, zeigt einen spätern Zusatz an.

**) Oeffentliche Bekanntmachung der Verlobung, heut
zu Tag Handschlag.

Achtes Stück. F f

tigen Jren purgern gebraucht sein vnd des gemeinen mannes darJnnen gethonet worden
ift daraus dann demfelben gemeinen mann
durch verfaumnus feiner arbeit mit kirchgengen Coften Zeru.gen erüng vnnd fchenckungen
vnnd ander darlegung maniguelftig fcheden
vnd vnradt So des em ratte clerlich vnd eigentlich bericht ift gefloffen fein. Solches hin
für zw vermeiden vnd zw fürkummen fein die-
felben vnfer hern Jm peften vnd vmb gemeins
nutz vnnd notturft willen aller der Jren armer
vnnd reicher zw rat worden geleich formli-
chen *) vntter Jne Jn allen nachgefchriben
fachen on vntterfcheid zw haltten darJnnen
dann die von werde **) on alle mittel auch
begrieffen vnnd vnaußgefchiden fein follenn.

Wa die lautmerung gefcheen foll vnnd
wie der prewtigam der praut glückswün-
fchen, vnnd wen die praut alsdann
pey Jr haben mag.

Item zum erften wer ein lautmerung
haben will der foll es Jn den hewfernn thun
oder auf dem Ratthaws vnnd nicht Jn ei-
chem

*) Jn einer fpätern Handfchrift: ain billiche
gleichmeffikeit.
**) Wöhrd, die Nürnbergifche Vorftabt.

chem Closter vnnd dar zu mog man von yetl-
wederm tail. Sechtzehen manns oder weibsperson pitten vnnd darzw einen schreiber vnnd
nicht dar über Es were dann daſ ymantzs auß-
werttigs der hie nicht anhaims solcher lautmerung halb herre kümen were den möcht,
man auch dar zw pitten vnd nemen vnd an
der obgemeltten Zalle nicht gerechent werden
vnd wann die lautmerung geschehen ist so mag
der preutigam selbachttend seiner freund oder
gesellen zw der preut gen und Jr glücks wünschen Ob aber des preuttigams halb oder
sunst ymant merre mit ging der doch das vn-
gepetten von dem preuttigam oder von seinen
wegen tette das solte vngeuerlich sein vnd
daselbst solt man sie mit nichte anders eren
dann mit francken Wein reynischen oder andern wein Jn dem selben vngelt.

Item die praut wo die ein Junckfraw
ist mag zw der zeitt als sie der preuttigam
mit seinen freunden oder gesellen zw glücks
wünschung besucht wol zw Jr pitten vnnd
haben zwo Junckfrawenn eine auf Jrer vnd
die andern auf des preutigans seitten deßgleichen mag auch ein praut die ein wittib ist obge-
melter maß zw Jr pitten zwo frawenn einen
auf Jrer und eine auf des prewtigams seitten.

Wer

Wer und wieuil perſonen der praut
glück's wünſchen vnd ſie von des preuti-
tigams wegen begaben mogn.

Es mogen auch auf denſelben tag der
lautmerung zw der preut vnd Ihren zweyen
Junckframenn oder frawen ob ſie wittib iſt
kummen zwelff frawenn auf des preutigams
ſeitten vnnd zwelff frawen auf der preut ſeitten geladen oder vngeladen vnnd nit darüber
vnnd Ir glück's wünſchen vnnd die ſelben
frawen auf des preutigams ſeitten mogen die
praut von des preutigams wegen begaben nach
Innhalt des hernachuolgenden geſetz vnnd
den ſelben frawen vnnd Junckfrawen Sol
man als dann nichts zeeſſen geben noch nichts
anders zetrincken dann francken weyn Reyn-
niſchen oder andern weyn jn dem ſelben ungelt.

Wer auff den abent der lautmerung mit
der praut eſſen moge.

Es mag auch der prewtigam des ſelbi-
gen (tags oder) abents der lautmerung mit
zweyen ſeinen freunden oder geſelln mit der
prawt eſſen, So mag auch die prawt als dann
zwu frawen oder Junckfrawen pey Ir zw dem
mal behaltten doch daß eynige derſelben Junckfrawen an dem ſelben ende über nacht nit enthalten

halten werden oder da pleyben ſie ſein, dann
daſelbſt mit ſtettem weſen anhanms. Unnd
auch alſo das es doſelbſt mit ſpeis vnd getranck
anders nit gehalten werde dann es zw hochzeit
mallen zw halten geſatzt iſt pey der puß darauf
geſetzt

Hir Innen ſollen außgeſchloſſen ſein was
prawt vnnd preutigam geſchwiſteret hetten vnd
pen oder mit der lautmerung oder nachtmal
des ſelben tags mern vnd der ſelben eheliche
gemahel ſullen In der obgemelten antzal nit
gerechent werden vnnd wer der obgemelten
ſtuck eins oder mer vber fürre der ſolt von
ydem ſtuck ſo er darumb furbracht oder gerugt
wurde vnnd des mit ſeinem rechten nit benemen mocht, zw puß auf das haws *) geben
fanff gulden landswerung.

Was man den geſelln vnnd Hofierern
die von der praut oder Ir lautmerung
wegen oder In ander weiſe hofieren
geben mag.

Nach dem ain Newe vnnotturftige koſt-
ligkait auf erſtanden, [Und an einem erbern
Rate gelangt] iſt, doſ den geſelln nezutzeitten
von

*) D. i. Rathhaus.

Ff 3

von einicher praut vnnd lautmerung wegen
nachß mit der Statpfeiffern Iren freunden hofieren, mit sampt den selben hofierern nach oder
vor volbringung des hofierens kostliche mal gegeben worden sind. Ist ein [Erber] Rate
umb gemanns nütz willen dar an komen vestiglich gebietende. das hinfür nyemands weder
praut oder brewtigam Ire freunde. oder. sunst
ymand anders von Iren wegen sollichen gesellen vnnd hoffierern. zw einicher lautmerung
[oder Hairat wegen] weder vor oder nach dem
hoffieren einicherlay mal nie mer geben sol
Wo aber ymant zu einicher lautmerung oder
von einicher Heyrat wegen einer braut vnd
Iren freunden oder sunst, mit der Stat oder
andern hoffierern hoffieren wil. der mog, den
selben der Stat hoffierern, [darumb ein zimlich trinckgelt doch nit über ein reinischen gulden geben.*)] Und Inen auch andern gesellen
Und personen die zu solichem hoffierern geuor-
dert gebetten oder gebraucht weren zu einer
fart vnd nit mer obs vnnd kese vnnd prote.
[zu essen.] Vnd francken wein Reinisch oder
andern wein In dem selben vngelt zimlicher
wense zu trincken gebenn. vnnd nichtz anders
bey einer buß funf [Zehen] gulden reynisch

                                              Iannds

*) Dieß ist in der Folge ausgelassen worden.

larindowerung. (Jn einer neuern Ordnung
heißt es noch: Vnd Jst bey einem Erbern rath
erthailt das hinfüro der vncoßt mit dem wein,
So dem Stattpfeiffern Jm hofiren nachgetra-
gen worden, hiemit auch abgestellt sein soll,
bey peen funff gulden.) :

Wie der preutigam die praut bega-
ben mag.

(Jn einem neuern Exemplar ist hier ein-
geschaltet:

Item So ein hairat gescheen Jst vnnd
der prewtigam zu der prawt geet so mag er sie
vereren mit ainem ring den man nennt ein
Juncfrawring der mit allen dinngen nit vber
zehen guldin werd sein soll.)

Man sol auch furter zw der lautmerung ein
ybe praut nit hocher vnnd anders begaben dann
mit einem heftlein.*) oder ander gabe die vber
XVIij bis im XXV gulden Rh. auch ein ketten
die nit vber XViij gulden kost oder wert sey Vngeuerlich. So man aber praut vnnd prewtigam
zw firchen furt so mag Jr eins dem andern ein
mahelrinck**) geben doch das Jr nettweders
mahel-

*) Ein silberner Hafte oder Spange.
**) Ehering.

maßelrück mit ſampt dem ſtein dar Inne ober.
X [bis in XV] fl. Rh. nit koſt noch wert ſey
vngeferlich.

Vnd ſo der preutigam des nachts Eelich
peygelegen iſt So mag er oder yemandts anders von ſeinen wegen des morgens die praut
begaben mit eynen oder zweyen ſilberen kopffen (ſchewern) *) oder andern kleinoten vergult
oder vnuergult Alſo doch das die ſelben kopffen
(ſchewern) oder kleinot mit allen ſachen am ge-
wicht nit mer ober v marck (vngeuerlich) nit
haben Unnd wer der ytzgemelten ſtück eins oder
mer ober furre der muſt von yedem ober fär-
ren ſtuck XX. gulden landswerung zw puß geben ottgenadt. [das auch der ytzgenielten klei-
nat keins In hoherm werdt dann geſetzt Iſt
weder durch ſich ſelbſt noch yemandts von ſey-
nem wegen gegeben noch zw einem ſchein geliehen werden ſoll Nachdem ytzutzeiten vil koſt-
licher ring vnnd clainot dan erlawbt iſt, erſtlich von praut vnd prewtigam ainander (zw
empflichung **) der pen Im geſetz beſtimpt)
geliehen werden die ſie doch hernach gar be-
hallten.]

Das

*) Beydes ſind Namen der Trinkgeſchirre, Becher.
**) Vermeidung.

Das einich praut hinfür einicherley
hembd Schnür oder anders nit außgeben oder verschencken sol dann mit
vntterscheit.

Es sol auch hinfur einiche praut die hie
burgerin ist oder sunst ymands anders von I-
ren oder Ir hochzeit oder freuntschaft un-
mands *) eynicherley hembde. Schnür (krentz-
lein) oder anders schencken oder geben. weder
Iren oder Ires breutigams freunden preutfü-
rern ladern ehalten oder andern außgenomen
dem preutigam zimlicherweise eins mans vnnd
padhembd (auch ein hawben nachvermeldts
werds) Unnd den preutfurern Upnd tantzlä-
dern mit sampt dem preutigam yedem ein
schlecht Crenntzlein on snür vnnd on ander
kostligkeit geben bey eyner puß funf gulden
landswerung. (Ein späterer Zusatz: Item
die obgemelten stuckh damit die praut iren
preutigam veeren mag, sollen nit mer costen
oder werd sein dann das padhembd sunff guldin das mannshembd. zwen guldin, doch das
weder goldt noch silber darein gesitzt genet oder
gemacht

*) Am Rand: ausserhalbs der zweyer preutfürer vnd ob
yemands fremds der hie kein Inwoner oder eins Rats
Dienstnaim sein wurd.

Ff 5

gemacht sey vnnd die hawben zwen gulbin mit
allen dinngen bey der bestimpten pen.)

Wie vil pferd die tantzlader zum Tantz, laden geprauchen mugen.

Er sol auch hin für ein yeder Tantzlader
zum Tantzladen nit mer haben. noch geprauchen. dann iij. pfert vnnd eins dem hegelein.*)
dann welcher bar zu mer pferd hette. oder geprauchet der sol. von ydem vbrigen pferd zu
puß geben iij. gulden lanndswerung. on alle
gnade.

(In einem neuern Exemplare heißt es:

Wie uil pferd die tantzlader zum tantzladen geprauchen mugen.

Es soll auch hinfüran ein yeder tanntzlader zum tänntzladen nit mer haben noch gebrauchen dann zway pferdt ains für sich vnnd das
annder für ainen knecht vnd das auch zu solichem tanntzladen sich selbst noch den knecht In
ainicherley farb**) oder weyse nicht von newem
kleyden

---

*) Hegelein heißt in neuern Hochzeitorbnungen auch
Hengelein. Dieß scheint der Spruchsprecher
zu seyn, welchen ich in einem alten Trachtenbuch mit
der Aufschrift: Vorhängelein, gefunden habe,
vermuthlich von den Schildern, mit welchen er in
seinem Amtshabit behängt ist.

**) Livree.

kleyden soll dann welicher ausserhalb des kegel-
leins darzu mer pferd oder knecht het oder gepraucht oder sich von newem kleidet, der must
von ydem stuck das er vbertreten wurde funff
gulbin on gnad auff das Haws zw pus geben)

Von Trinckgelt.

Item Es sol auch die praut oder Inmant
anders von Iren wegen von einichem begaben.
so Ir von dem prewtigam oder von seinen wegen der heyrathalben beschicht. nit mer zu trinckgelt geben. dann XV dn. *) Desgleichen sol
auch praut vnnd prewtigam. das erstmal so sie
des heyrathalben aussen essen nit mer geben zu
trinckgelt. oder kuchengelt dann. XV dn.

Aber annder personen. die pey solchen oder
andern malen vnnd wirttschaften wern geladen
oder vngeladen sollen es mit trinckelt, vnnd
kuchengelt haltten, wie der Stat gewonheit
ist nemlich das von einicher person nit vber ij
Dn *) gegeben werde.

Wie vil personen man zu dem kirchgang laden mag.

Item So ymant hochzeit haben will er
sey arme oder reich. Burger oder Inwoner So
                                                    sol

*) Pfenning.
**) Zwey Pfenning war also das Trinkgeld !

sol man von peden teilen zu dem kirchganck nit
mere personen bitten danut auff nttwederm tail
XXiiij mann vnnd XX iiij frawen. Es wert
dann das nmannts auswertigs der hie nit won=
hafftig der selben hochzeit halben her komen
were den oder die selben mocht man auch dar=
zu pittenn vngeuerlich Unnd wer das vber fur
der sol darumb .X. gulden lanndswerung ver=
fallen sein.

Das der preutigam oder sein freunde vnnd
gesellen am tag der hochzeit oder zu an
dern tagen zu dem kochen wirtten oder
andern enden nit wirtschaft male frustuck
oder essen haben sullen.

Nach dem auch ein newigkait entstanden
ist das zu zeitten der hochzeithalb die prewti=
gam mit sampt etlichen Iren gesellen ben den
kochen mal vnnd wirtschaft gehabt haben, Ist
eins Rats meynung vnd gebott Das hinfur
einicher prewtigam oder einicher seiner freunde
oder gesellen auf den tag der hochzeit oder auff
ander tage von derselben hochzeit oder freunt=
schafft wegen weder zu kochen wirtten (1557
heißt es: weder ben denn wirten auff meiner
herrn truckstuben, Im Schiesgraben.) oder
andern enden einich mal frwstuck wirtschaft
oder

oder eſſen nicht haben oder gebrauchen ſollen
(daß auch der preutigam ſeine gefreunten oder
nemands anders vohn ſein oder Jrenn wegenn,
dieſelbig wirtſchafft ob er gleich ſelbs nit dabey ſein könnth oder wollt nit verlegenn noch
ainichen vorthayl, es ſey wenig oder vil dartzu
gebenn ſölle alles) bey einer pene funf gulden
die ein iglicher der bey ſolchen maln früſtucken
wirthſchaften oder eſſen geweſt were gemainer
Stat veruallen ſein ſolte.

Wie uil vnd was perſonen man zu den
    maln der hochzeit laden vnnd haben
                mag.

    Item man ſol auch zu den maln der
hochzeit nymant laden, noch da eſſen laſſen
vngeuerlich dann der prawt vnnd prewtigams
vater vnnd muter anhern anfrawen geſwiſtergit vnnd der ſelben geſwiſtergt eeliche gemahel
vnnd ob icht geſte vnd frembd lewte die hie nit
wonhaft oder anheims zu der hochzeit herkomen weren die mag man dartzu laden vnnd da
eſſen laſſen Wo aber vater vnnd muter bede,
oder Jr eins nit verhanden wären So mag
man an des oder der ſelben vater oder muter
ſtat die oder das nit verhanden were ein oder
zwu ander perſon bitten vngeuerlich vnnd wer

                                das

das vberfure der ſolt XX gulden lanndswe=
rung zu puß geben.

Was Speyſe zu den hochzeit maln verpotten ſein.

Man ſol auch zu ennicher hochzeit weder
Rephun haſelhun vaßhun *) vorhannen pirck=
hennen pfaben **) noch koppawnen, weder ge=
ſoten oder gepraten Auch weder hirſſen noch
Reheren praten nicht geben noch ennicherley
viſch oder hochzeit kraut außgenomen auff en=
nem yden tiſch mag man einen gepraten kop=
pawn geben vnd ob das were das ymant auff
den ſelben tag nit fleiſch eſſe den ſelben perſo=
nen, mog man ein eſſen oder zwey von viſchen
beſcheidenlich geben (deſgleichen mag man auch
ob man will für ains der gewonlichen hochzeit
gericht ain eſſen viſch ſpeiſen vnd geben) on
geuerde Vnnd wer das vberfnre vnnd annders
hielt der ſolt .XX. gulden lanndswerung
darumb zu puß geben.

Von Triſanet vnd Confect oder notwein.

Item man ſol auch zu keiner hochzeit kei=
nerley Triſanet oder confect notwein ***) oder
anfing

*) Faſanen.

**) Pfauen. In der That ein großer Luxus gegen wel=
chen dieß Geſetz gegeben iſt!

***) Der Notwein iſt in einem ſpätern Exemplar
ausgeſtrichen. Vermuthlich war es ein gemachter
künſtlicher Wein.

anfing gelt nit geben außgenomen den eehalten
im hauß der hochzeit einen gulden landßwe=
rung oder dorvntter nit mer pej einer peen V
gulden landswerung.

Wen man Speyß auß dem hauß geben mag.

Es sol auch hinfür weder von prgut
oder von prewtgam oder von Jren freun=
den oder Jren eehaltten oder sunst von
nmant annderm von Jren oder derselben
hochzeit vnd freuntschafft wegen ausserhalb
des hauß der hochzeit ennicherley speiß oder
getranck weder auff die orgeln oder sunst an=
derswohin nicht gegeben noch auch einich gelt
oder ander erstattung oder steur dafür oder
dar an gegeben noch geschickt werden bey einer
puß V gulden. Außgenomen dem Turner
auff dem turn der pfarrkyrrchen Jn der die
hochzeit eingelentet wurdet mag man geben
ein virtel francken weins oder anders weins
Jn dem selben vngelt.

Ob aber nmant auf denselben tag der
hochzeit icht gebetten oder geladen geste hette
mit den mocht er es Jn Speyse vnd getranck
geben halten noch laut annder Stat gesetz.

Von den Statknechten vnd putelen.

Es sol auch hinfur nymants zu ennicher
hochzeit oder schenck noch von derselben hoch=
zeit

zeit schenncf oder Tentz wegen ennichem Statknecht noch putel keinerley mal noch essen geben Sundern wo die zu solchen hochzeitten
oder Tenntzen nmant dyncken der mag In darumb ein zimlich trinckgelt geben nemlich wo
derselbenn dyenenden Statknecht oder putel
zwen oder mer do weren den sol nit vber ein
ort eins gulden vnnd wo Jr einer were nit
vber. IX. haller gegeben werden.

Was wein man auf der hochzeit geben mag.

Item man sol auch zu einer nden hochzeit keinen anndern wein zu trincken geben
dann francken wein Reinischen wein oder andern wein in dem selben vngelt Es were dann
das einich geste hie wern die auff derselben
hochzeit essen vnnd den von Rats wegen wein
geschenckt wurde denselben Schenckwein mocht
man auff der hochzeit wol trincken vnnd geben
vngeuerlich Unnd wer der nechst obgeschriben
vier stück eins oder mer vberfure, der solt
von eynnem nden vberfarn stuck So er darumb
furpracht oder gerugt wurde vnnd sich des fur
sich vnnd seinen gewalt mit seinem Rechten
nit benemen mocht. XX. gulden lanndswerung zu puß veruallen sein.

Wen

Wen man nach dem Tisch zum tanntz
vnnd auch nach dem tisch zu der
praut laden mag.

Item man mag auch nach dem Tisch
zum tanntz vnnd auch nach dem tisch zu der
praut laden wen man wil doch also das man
nymannts ichts anders zu essen oder trincken geben sol dann obs vnd confect vnnd francken
wein Reinisch wein oder anndern wein In
dem selben vngelt ongeuerde. Wer das vber-
fur der sol. X. gulden lannbswerung zu puß
ueruallen sein.

Von Spilleuttn.

Item man sol auch keinerlej Spilleut, noch
loterer *) zu keiner Hochzeit mit herein noch
zu der maltzeit laden noch da essen lassen, Aufgenomen die, die mit eine prewtigam, oder
prawt, vom land herein komen, oder die der
Stat schilt trügen, mit sampt dem hegelein der
zum Tantz ledt, Vnd ob auff denselben tag, einich fürst hie wer, vnd der Spiellewtt auff die
hochzeit kömen. Die möcht man auch da essen
lassen vngeuerlich. Ob aber nmants solcher
spilleut die der Stat schilt truge, zu haben
nicht

*) Lustigmacher, scurrae. Daher kommt Lotterbube.

Achtes Stück.   Gg

nicht vermöchte, oder haben wöll, *) der möcht
wol an denselben stat, einen zwen, oder drei
ander haben; Vnd bestellen vngeuerlich, Vnd
wer der stück eins oder mer vberfüre der müst
von einem yedem vberfaren stück, zehen guldein
landsfzwering zu puß geben.

Was man den Tantzladern zu essen vnd zu trinken geben mag.

Item den tantzladern, vnd irn mitreittern
mag man auch des morgens wol ein früsup-
pen, mit sampt einer oder zweyer gesoten hennen, vnd dartzu franckenwein, reynischen wein
oder andern wein in demselben vngelt zetrinken
geben ongeuerlich.

Von der hochzeit schencke.

Item man mag auch An dem tag der hochzeit wol ein schenck haben, vnd dartzu von ne-
dem teil bitten sechzehn Mann vnd ob icht gest
zu derselben hochzeit herkomen die hie nit wonhafft oder anheymis weren, die möht man auch
dartzu laden, doch das man an derselben schenck
nichtz zu essen geb, dann obs, keß, vnd brot,
vnd nichtz zu trinken dann franckenwein, reynischen

**) Es stand also frey, Spielleute zu haben. Ein wei-
ses Gesetz! Heut zu Tag muß man sie bezahlen,
wenn man sie auch nicht braucht.

nifchen wein oder andern wein in demfelben vngelt vngeuerlich vnd wer der ſtück eins oder
mer vberfüre, der müſt von einem nden vberfaren ſtuck zehen guldein landßwerung zu puß
geben.

Wo, vnd wie die hohzeit ſchenck ſol gehalten, vnd volbracht werden.

Item wer hinfür ſeiner hohzeithalb, einen Tantz, auff dem Rathauß hat, vnd derhalben ein ſchenck haben wil, der ſol die nün-
dert *) anderswo halten, oder haben, dann auff
dem Rathauß und Stuben, ſo dartzu beſchi-
den, vnd geordent iſt.

Vnd der oder dieſelben die ſolche ſchenck
alſo haben werden, ſollen dartzu keinerlei
Silbergeſchirr noch trinckgefeß, noch auch
panckſlach,**) Tiſchtücher noch handtzwelfen***)
gebrauchen dann das ſo ein Rat dartzu geordent vnd dem haußknecht beuolhen hat, vnd
mit eſſen vnd trincken, ſol es gehalten werden nach lautt des geſetz nechſt obbegriffen,
Vnd dem haußknecht oder ſeinem gewalt ſol
von ſolchen Dingen partzeleihen, veber zwei
virteil

*) Nirgend.
**) Bankdecken; anderwärts Banklaken. ſ. Friſch.
***) Handtuch.

virteil weins nit gegeben werden, Wer das
vberfür vnd anders hielt, der solt zehen
guldein landßwering zu puß geben,

Von hohzeit höfen.

So auch nmant sein kint, oder Freunde zu der ee verlobt oder zulegt, so sollen
dieselben noch ir freund, von derselben hohzeit oder Freuntschafft wegen keinen hohzeit
hoff oder wirtschaft nit haben, in einem halben Jar dem nechsten darnach volgend Ausgenommen auff den Nechsten tag Nach der hochzeit vnd in dem hauß do die selb hochzeit gehalten ist vnd sunst nyndert mag man solcher freuntschaft oder hochzent halben ir wern eine oder zwü
morgens zum frümall zwölff person vnd auff
den abent zum Nachtmal dyeselben, oder ander VII person vnd dartzu prawt vnd prewtigam, woll laden vnd haben vnd also vber solche antzall alß dan nyemant mere da essen lassen weder geladen noch vngeladen doch so einiger prewtigam sein prawt in sein haus oder
wonung do er sein anwesen hatt in meynung
die fürpas da selbst wesenlich pey im zu behalten heimfüren würde so mag derselb prewtigam als dan für sich selbs zu derselben heimfürung

fürung auch einen Hochzeithoff haben mit antzal
der VII perſon vnd in maß wie obgemilt iſt, vnd
wer das vberfüre vnd anders dan wie vor ſtett
hilte vnd ſich des ſo er darvmb gerügt oder fürpracht würde für ſich vnd ſeine gewalt mit
ſeinen Rechten, nit benemen mochte der ſoll
darvmb gemein ſtat fünfzig gülden landßwerung zu puß verfallen ſein vnd geben.

Wer vnnd wie man praut vnd preuti-
gam vereren mag.

Wolt aber einicher des preutigams oder
praut freunde dieſelben praut oder preutigam
eren, der mag praut oder preutigam einmal
vnnd nicht mer ſelb ſechſt auf einen tag nach
der Lautmerung vnd vor der Hochzeit nach
tiſch zw Im hanm laden vnnd die vereren mit
obs keſs vnnd prot vnnd Franckenwein Reini-
ſchen wein oder anndern wein In demſelben
vngelt vnnd dieſelben ſechs perſon alß dann
ob man will oder annder an Jrer ſtat zu dem
nachtmall haben Doch das Jr mit ſampt praut
vnnd preütigam vber ſechs perſonen nit ſein
noch da eßen weder geladen oder ungeladen
vnnd auch Alſo, das es In demſelben mall mit

G g 3 eſſen

eſſen vnnd trinken geben anders nit gehalten
werden dann von den maln der Hochzeit ge=
botten Iſt, vnd das dieſelben perſonen die dem
preutigam oder praut ſolich erung wie Jezge=
mellt iſt thun wollen, dem preutigam oder praut
an ſipſchafft alſo gewanndt Natürlich vater
vnd muter Anhern Anfrawen Schweher ſchwi=
ger vnnd geſchwiſtrigit von ainem oder zwayen
pannden vnnd ſonnſt nymand vnnd wer das
vberfüer darumb gerugt mit ſeinem rechten
darfür nicht möcht kummen die ſollen drey gul=
din landßwerung zu puß geben.

Von Schencken.

Es ſol auch von beden teilen nymants
dem andern, nachdem ſie zuſamen verlobt, oder
beigeſchlaffen ſindt, In zweien monaten den
nehſten darnach volgend nichtz ſchencken noch
geben weder cleinot, gelt oder geltz weert,
darum man einich cleinot kauffet dann was
praut vnd prewtigam In obgeſchribener maß
erlaubt iſt vngeuerlich vnd wer das vberfür
der müſt zweinzig guldein landſwerung zu puß
geben on gnad.

Von hohzeit ſchenck.

Desgleichen ſol nymants wer der oder
die ſein nymant aufgenomen auf keiner hoh=
zeit,

zeit, noch von keiner henrat, noch hohzeit wegen, so die erstlich gescheen, noch. In zweien
monaten den nehsten darnach vnd man hohzeit
gehabt hat nichtz schencken dann wer das vberfür vnd darum fürpracht wurd vnd sich des
für sich, vnd seinen gewalt, mit seinen rechten
nit benemen möht der solt (dorumb funff pfund
newer haller vnd dartzu*) so uil auff das
haws geben on gnad. so uil der schenck gewesen wer.

Wen man auff die hohzeit kleiden mag.

Wie woll ein erberer ratt, in vergangen tagen der Cleidüngen der genen halb, So sich
ie zu zeitten, zu den preutigam duff die hoh-
zeitt bekleidett haben ein gesetze vnd ordnung
pen mercklichen penen außgeen lassen haben,
württ doch In demselben gesetz mangerley be-
helff gesucht, das zu verkumen So gepietten
vnser hern vom Ratt daß weder prautt noch
Preütigam noch niemant von Irn wegen zu
oder auff einich Hochezeitt niemant weder auff
seinselbs kost noch des preutigams oder prautt
noch nimantz van Iren wegen kosten zu im
in sein farbe kleiben, außgenomen ein preutigam mag einen knecht oder einen knaben zu
Im kleiden dan wer sich darvber in des preutigams

*) Dieß steht am Rand.

tigams farbe kleidet vnd darvmb fürpracht
wurden der müst auff das rathauß zu buß geben x gulden an gnaden 1436 ab. 10.Detzem-
ber sontag außgerufft.

Von Baden vnd wirtschafften darnach.

Item es sol auff keiner hohtzeit, weder
Braut noch Brewtigam, noch nymant von iren
wegen, nymant verpaden noch padgelt für sie
zalen, noch auch nach dem Bade einicherlei
mal noch Zech haben, Außgenomen einerBrawt,
vnd prewtigams haußgesind, für die mügen sie
padgelt zalen ongeuerd, (bey peen funff gulden
Reinisch Landswerung.)

Von krenntzlein.

Es sol auch zu einiger Hochtzeit weder die
praut oder nemannd von Jhren wegen einich
krenntzlein nit außgeben außgenommen dem
preütigam Tantzladern Preütfürern vnnd
Spielleüten [vnnd den frembden so auff die
Hochtzeit hieher kommen weren.*)]

Das man nur einen tag hochzeiten soll,

Item man soll auch nur einen tag Hochtzeit hallten Nemlich an dem tag als man zw
kirche gegangen Jst vnnd des nachts beyligen
wollen

*) Ein späteres Zusatz.

wollen vnnd wer das vberfür der soll zehen
guldin landßwerung zw pus verfallen seyn.

Vom Ayrkuchen.

Man soll auch des anndern tags nach der
Hochzeit zw dem Ayrkuchen nit mer laden
noch haben dann von yedwederm thayl zehen
frawen vnnd praut vnnd preutigams schwester
vnnd nit darüber vnnd denselben soll man
nichts zu essen noch zw trincken geben, Annders dann Ayrkuchen Fladen oder Speckku-
chen, vnnd Franckenwein Reinischen wein, oder
anndern wein In demselbenn vngellt, vnnd
wer das vberfuer, der soll zehen guldin zu pus
geben, Doch so sollen In diesem vnnd annderm hie vorbegriffen stücken außgeschlossen
sein pfewffer vnd Hofierer die In obgemellter
mas zw hallten erlaubt sein, vnnd darzw auch
das Hawßgesinde vnnd die personen die vngeuerlich zw derselben Hochzeit dyenenn.

Von lone der Spileut.

Item man soll auch der Stat pfewffern
vnd trumettern zw einicher Hochzeit nicht mer
geben dann Ir yglichem ein gulden landßwerung vnd der andern zweyen Spileut einem
der Stat schilt tragend vnd auch dem Hegellein einen halben Guldin landßwerung.

Gg 5   [Des-

Desgleichen Paukher, vnnd pfeuffer der schiltragende neben ein halben guldin.*)

Aber auff den tag der Leytmerung oder so nemand prewtgam vnd praut alß obstet haimladen vnnd zu solichem des Hegelleins auch pfewffers vnnd paukhers notturfftig vnnd die alßbalth erfordert vnd gebrauchen wurde. Sol man zu solichen Zeyten oder Person darumb nicht mer geben dann ein ort eins gulden.

Das Hinfuro zw Lautmerung oder Haimladen kein Stadtpfeyffer vnnd Paucker gepraucht werden sollen bey peen fünff gulden Landßwerung.

Desgleichen ob nemandt zw solichen erzytten oder auff den Hochzeit tag den schell leman mit seinem weyb vnnd gesellen zw hofieren erfordern vnnd haben wurd, soll man dem für sich vnnd sein zwgewanndten des tags nicht mer geben dann einen halben guldin vnnd darzw eßen vnnd trynncken. So nach Ist dem schelleman dit lustung gethan vnnd nach geben, das er mit seinen Hofieren des nachts auff der gassen zw den lautmerungen auch sonnst seiner belonung halb frey sein soll, vnnd zw Hochzeiten so auf den tag der Hochzeit der aychuchenn auch gehalten

*) Dieß steht in einem andern Exemplar.

ten wirdet Soll Jm ein guldin Wann sie
aber bede Hochzeit vnd anrsuchen nicht auff
einen sonndern zwen tag nach einannder ge-
halltten ydes tags ein halbe guldin gegeben
werden Actum Sabato post Anndree Anno rc
1509.

Hochzeitlader.

Eynem hochzeitlader am tag der hochzeit samentlich ain gulden.

Item am mitwochen nach letare den andern tag apprillis 1511 Jst zw ainem erba-
rem rat erthailt Hinfüro dem schwennter
vnnd anndern seins gleichen so auff den grös-
sen Hochzeitten dienen von einer Hochzeit
annderhalben guldin zu geben.

Statpfeiffer.

So Hinfüran yemand die Statpfeuffer
nachts zw Hofiern geprauchen will der soll Ine
ain guldin zw geben, vnnd sie darumb pflichtig sein auff desselben begern vor acht Hen-
sern oder ortten zw Hofieren vnd Hoffrecht zu
machen Wolle aber yemand weitter oder an
mer ortten darüber lassen Hofieren, derselb
solle von ainem yedem ort vnnd vor yedem
Haws zw Hofieren ein Halb ort eins guldin
den Statpfeyffernn zugeben schuldig sein.

(Eine

(Eine spätere Randschrift macht folgende Bestimmung: pflichtig sein allain vor der praut vnd Jrer beden Junckfrauen heusern zu hofiren vnd vber diese drey heuser soll vor kainem anndern Haus vor vnd nach der hochzeit nit hofirt werden bey ainer peen fünff gulden.

Ferner ist der Zusatz beygeschrieben:

Es ist bey Einem Erbern Rat verlassen das hinfüro des preutigams vnd der praut beeder vater vnd mutter auch Jren beden junckfrauen vor Jren heusern gehoffirt soll werden. 23 Dec. 1522.)

Wie lang ein Brawt die vom land herein kompt gefreyt sein sol.

Item wenn ein Prawt, von andern Steten oder vom land herein kommet, die mag das erst Virteil Jars tragen was sie will, darnach sol sie zu allen geboten sein als Als annder Burgerin ongeuerde,

Das die Junckfrawen vnd Frawen zu Lautmerungen bey nacht nicht hofieren oder versamment wanndeln sollen.

Item So als dann an einen Rat gelangt hat von ettlichen Junckfrawen vnd frawen ein newigkeit geübt worden Ist In dem das sie zw lautmerungen auff der gassen Hofieren gann

ganngen ſein das doch Junckfraulicher vnd
frawlicher Zucht nit zimt Iſt ain rate daran
kommen ernſtlich gebietende, das Hinfüro
kain Junkfraw oder fraw zw einicher lautmeᵣ
rung oder einichen anndern Haymladen ben
nacht auff der gaſſen nicht Hofieren noch ſunſt
verſammelt wanndeln ſollen, das ſie auch ſunſt
ben nechtlicher weyl nit zum meet oder wein
geſürt werden, oder ſelbſt dartzu ſollen geen,
dann weliche das oberfur, die ſoll dren gulbin zw pus auff das Haus geben.

Item das auch weder zw Hochzeitten
Lautmerung oder Haimladen vater muter
Schweher Schwiger vnnd andere, die die
Hochzeit hallten, vber die erlawbten antzale
perſon zu ainicher malzeit weder Junckfrawen
nach nemannd annders nit laden oder nemand
von Jren wegen In Jren oder Anndern Hewſern ſolichs zuthun erſuchen oder befehlen ſollen ben zehen guldin landßwerung.

Es ſoll auch fürbas zw den Hochzeiten nach
dem kirch ganng vor den Hewſern, nit mer zu
trincken gegeben werden. Auch ſollen ſich fürpas
der praut muter oder nemandt annders von J-
ren wegen zw den Hochzeitten nit mer In den
Hewſern darInnen die Hochzeitten Iſt geſeg-
nen

yen laſſen dann an einen ennde deſſelben
Hawſs.

Auch ſoll fürpas ain yeder preutigam oder
ſein Freunde auff ainer Hochzeit eins yeden
tags den leütten die mit Jne zw Hauß geen
nit mer dann einmal nemlich des abents Nach
dem tanntz danncken.

Es ſoll auch hinfüron zw fürung der frauen
den Hochzeitten verwanndt auſſerhalb beder
ſchwnger vnnd der geſte die der Hochzeit Halben Herkomen weren von praut oder preütigam oder yemand anndern von Jren wegen
einich manßpild nit gebetten oder beſtellet werden bey einer pen drey guldin landßwerung.

Es hat auch ein Erber Rat dem Pfen-
der ernſtlich vnd ſtatlich beuolhenn mit ſeinen
Knechten vnd Rügern ein vleiſſig auffſehen zu
haben, Wo ſolch obgemelt geſetze vberfaren
würden, die vberfarer darum zu Rugen vnd
darinn nit zu ſchonen, von dem dann ein Rat, die
puße on genade nemen will, darnach ſich me-
nigelichen wiſſe zu richten vnd darvor zu be-
waren.

———————

Wiewol auch in uergangen Zeytten zu
gutter meynung erlaubt vnd vergont worden
iſt das man auf die hochzeit den geſten ſo ſolicher hochzeit halben herkomen ſind hat vier
viertail

viertail weyns oder darundter schenken mügen
vnd aber solichs überhant genomen vnd vil Kut-
ten mercklichen vncosten bracht hat, das zů fůr-
komen hat ein erber Rate sölich vergunst vnd
erlaubmis der weinschenk widerumb aufgeha-
ben, also das hinfür nyemant auf einich hoch-
zeyt oder von solicher hochzeyte oder heyrat
wegen weder gesten oder andern einichen weyn
schenken sol bey einer peen zehen pfundt newer
haller.

Wie man es mit außwendigen hochzeitten haltten sol.

Wir burgermeister vnnd Rate der Stat
Nürmberg haben Jn betrachtung gemains nutz
vnnd vmb mercklicher vrsach willen vns dar zů
bewegende furgenomen vnd beslossen Ernstlich
vnnd vestiglich gebietende das hinfur eynicher
vnser purger oder burgerin zu noch auff einich
hochzeit die außwendig diser Stat ver oder nahent gehaltten werden mit ziehen oder kumen
sullen Sie sein von Burgern oder gesten dor
zu geladen oder nit Außgenomen praut vnd
preutigam vnd des selben vater vnnd muter
Anherrn anfrawen vnnd geschwisterget vnnd
der selben geschwisterget eelich gemaheln wo
aber der braut oder preutigams vater oder muter

ter eins oder mer nit vorhannden weren So
mogen an des oder der selben abwesenden vater oder muter stat ander person der selben zal
geladen gebetten vnnd gehaltten werdenn.

Dor zu So mag die praut die hie purgerin ist vber die obgemelten erlaubtten anzal zu
solcher Jrer hochzeit laden oder mit Jr furen
zwei Frawenpild.

Deßgleich mag ein prewtigam der hie purger ist, vber die obgemeltten erlaubtten anzal
zu seiner außwenndigen hochzeit laden oder
pringen ij manßpild.

Wo aber praut oder preutigam leiplicher
geswisterget nit hette, oder ob es die hette vnnd
doch der keins abwesens Jugennt kranckheit
oder annder sach halbenn zu solcher seiner
hochzeit nit gehaben mocht oder wolte So mag
praut oder preutigam an stat vnnd für diesel-
benn geswisterget so es der nit hette, oder vor-
uermeltter verhinderung halb nit gehaben
mocht oder wolt zu Sampt den obgemeltten
erlaubtten personen zu solcher seiner außwenndigen hochzeit laden furen vnnd mit nemen
noch zwu ander personen nemlich der preutigam zwai mannspild vnd die praut zwei
frawenpild.

[Doch

[Doch wo yemandt eehaffter vrſach halb zu
ſolchem mer perſon bedurffen wurde dem ſoll
das bey einem erbern rath zu ſuchen vnnd zu
bitten vnverpoten ſeyn.]

Vnd wo ainicher prewtigam oder praut
die vnnſer burger oder burgerin weren ſollichs
vberfüren vnnd zu ſolicher Jrer auſwertigen
hochzeit vber die gemeltten erlaubtten vnnd zugeben anzal mer perſonen vnnſer purger oder
burgerin durch ſich oder Jren gewalt oder y-
mant von Jren wegen beten luden oder mit
furten vnnd ſich des für ſich vnnd Jren gewolt
ſo ſie darnmb gerugt oder ſurpracht werden
mit Jren Rechten nit benemen mochtten So
ſolt die ſelb vberfarende perſon vnnſer purger
oder purgerin von einer yden perſon die durch
ſie oder von Jren wegen zu oder auff ſolich
Jr auswendige hochzeit gebeten geladen oder
mit gefurt werden vnnd die vnſer burger oder
burgerin weren zu puß auff das hawß geben
.X. gulden on gnad.

(Eine ſpätere Handſchrift von 1526 hat
hier noch folgenden Zuſaß:

Deßgleichen wo einich vnnſer purger oder
purgerin außerhalb der obgemeltten erlaubtten
vnd beſtimbt anzal zu einicher außwerttiger hochzeit vngeladen kemen der yede ſo ſie darvmb
gerugt

Achtes Stück.   H h

gerugt oder furpracht wurden, vnd ſich des mit
Jrem rechten nit entſlaen oder benemen mochten muſten darvmb vnnſer Stat zu puß geben
r fl. on gnad,

Darzu ſo ſullen es auch Jn vnd zu ſolichen
außwerttiger hochzeit prawt vnd prewtigam
vnd all vnnſer purger vnd purgerin die jn obgemelt anzal weiſe vnd vntterſcheit pey vnd ju
ſolichen Hochzeitt ſein mugen mit Schenckun-
gen kleidungen geſmuck vnd anndern nit anders gehaltten, dann wie vnnſer Stat vordere
geſetz derhalben außgangen, dauon Junhallten
pey den penen jn denſelben geſetzen begriffen.
Anno ꝛc. lrrviij° (1578)

Von Geſellen Tentzen.

Vnnſer Herren vom Rate haben gemerckt
vnd zu hertzen genomen vngeordent vberfluſſig
kait vnd koſt die ſich mit den Tentzen ſo die
erbern geſellen hie haben bey etlichen Zeitten
vaſt vnd vnbillichen gemert haben vnd darumb
got zu lobe hochfart zuuermeiden auch vmb
eins gutten gemainen nutz willen So ſetzen vnd
gebietten ſie ernſtlich vnd wollen, Wer nu
furbas einem geſellen tantz haben ſol, vnd wil
das weder dieſelben noch kain ir freunde, auf
dieſelben zeyt in dem haws darin er wonhafftig
ist

ist nymandt zu tisch laden biten noch auch vn=
gebetten nymant zu essen geben sullen dan (die
so zur preut gepetten wurdt sampt zwaien junck=
frauen auch zwen junger gesellen desglei=
chen)*) den pfeiffern hegellein vnd possaw=
mern, die ine auf dieselben Zeit zu dem Tantz
hoffiren vnd dienen sollen vnnd wollen ir gut
freunde so yderman do heymen gessen hat ine
zu eren slechtiglich mit ine zu dem Tantz geen
das mugen sie tun dieselben noch nyemant von
iren wegen sollen anch fürbas darumb weder
statknechten putteln lochhuttern noch andern
keinen weyn mere geben [noch dieselben aini=
chenn wein mit sich haimb tragenn] als ytz
und etliche zeytt bestheen sunder das gantz ver=
meiden vnd nur erbern frawen vnd mannen
[desgleichen obgemelltenn personen] dieweil
der tantz werdt slachtiglichen obs vnd zu trin=
ken geben.   Woll mag man dem haußwirtt
mit eym firtell weins verern vnd den statknech=
ten vnd puteln mit xxrii dn. verern.

Item es soll auch niemandt so man ein
tanntz hat den statpfeiffern vnnd posaunern auf
das mayst nit mer dann yeden einen halben
guldin geben vnd dem heggelein halb als vill,
vnd wer der obgeschriben stuck eins oder mer
vber=

vberfure vnnd geruegt wurde der muſt funff
guldin on gnad zw puß geben.

* * *

Wiewol vormals durch einen erbern
Rate zu uermeidung vnnotturftiger vnd uber-
fluſſigen Coſtung der Hochzeithalten ſtatliche
vnd wölermeſne Geſetze wie es mit den lautmerungen hochzeit malen Hochzeit Hofen
Tanntzen vnd andern gehalten werden ſol gemacht ausgangen vnd offennlich verrufft ſindt.
ydoch ſo iſt in kurtze von etlichen daneben ein
ſunder newykait entſtanden furgenomen vnd
gevbt alſo das etliche den Hochzeitten verwandt
vnterſtanden haben, auf den Tag oder abentt
der lautmerung auſſerhalb der perſonen die
nach lautt der Stat geſetze zeladen vnd zehaben
erlaubt ſindt vnd ander weibsperſonen von
frawen vnd Junckfrawen nach dem mal zum
Tanntz zuberuffen vnd zeladen vnd wann aber
das nicht allain eins Coſten ſunder auch dorzu
vil muhe vnd uber laſts waltet, Darumb ſolche abzeſtellen So iſt ein Rate vmb gemaines
nutz vnd notturft willen daran komen ernſtlich
vnd veſtiglich gebiettende das hinfur nymands
von einicher hochzeit oder freuntſchafft wegen
auf den Tag oder nacht der lautmerrung oder
ſunſt auf einich zeitt nymant zu prawt oder preutigam laden bitten noch beruffen ſollen dann
die

die perſonen ſo zu den zeitten wie in den vorgemelten auſgegangen geſetzen zugegeben vnd
vergont vnd erlaubt ſindt bey den penen in
denſelben Geſetzen begriffen.

Doch ob preutigam oder prawt leipliche geſwiſtergit oder geſwiſtergit kindt hetten die
mochten ſie vnd derſelben elichen gemaheln
allein an dem Tag der lautmerung zu abend
vnd zu kainen andern hochzeit malen oder hofen nach dem Tiſch zum Tanntz zuſampt den
perſonen ſo nach laut der vorausgegangen Geſetzen erlaubt ſindt laden, vnd wer das uber-
fure vnd mer perſonen dann ytzuerlaut hat auf
den Tag der lautmerung oder auch zu einichen
andern hochzeit malen Hofen oder Tenntzen
hat oder lude oder laden ließ, darumb gerugt
oder furbracht wurde vnd ſich des fur ſich vnd
ſeinen gewalt mit ſeinem rechten nit benemen
mocht der ſolt dorumb gemainer Stat zu buß
veruallen ſein vnd geben zehen gulden.

Ob auch einich ander oder mer, perſonen
dann die Ihnen ſo nach laut des Hochzeit puch-
leins vnd des ytz uerleſens Geſetze zeladen erlaubt vnd zugeben ſindt von frawen oder Junckfrawen zu ſolichen wirtſchafften Malen oder
Tenntzen geladen oder vngeladen komen die darumb gerugt oder furbracht wurden vnd ſich des

Hh 3   mit

mit kein rechten nit benemen mochten, der nde
folt gemainer Stat zu Buß veruassen sein, vnd
geben drey gulden die man on gnade vnd vnuer-
schont meniglichs nemen will.

· Vnd nachdem auch Im hochzeit puchlein
mit besundern verpenten gesetzen ausgedruckt
ist, were vnd weliche personen preutigam vnd
prawt nach der lautmerung vnd vor der hochzeitt heim laden mugen Ist eins erbern Ratz
maynung ernstlich vnd vestlglich gebiettende
das auch von denselben nit mer personen von
frawen bilden zum mal oder Tanntz geladen
werden noch vngeladen dabey sein sollen dann
dieselben Gesetze Innhalten dann wer das uber-
fur mer person zum mal oder Tantz lude oder
die vngeladen darzu komen oder ·dabey wern
dorumb gerugt wurden vnd sich des mit Jrem
rechten nit benemen mochten der nde solten ze
bus veruassen sein vnd geben die pene in denselben gesetzen begriffen.

II.

Jetztlebende Mahler in Nürnberg.

Johann Philipp Bayer, auf dem Steig,
geb. zu Stadtkronach im Bambergi-
schen, 1729, Historien- und Frescomahler.

Georg

Georg Christoph Gottlieb von Bemmel, beym Lauferthor, geb. 1738, Porträtmahler.

Ein Sohn des vorigen, gleiches Namens, geb. 1765, mahlt Landschaften.

Carl Sebastian von Bemmel, in der hintern Kreuzgasse, geb. 1743, mahlt Landschaften, welche besonders in England sehr beliebt sind.

Johann Bierlein, mahlt Porträte (s. III Stück S. 152.)

Christoph Wilhelm Bock, mahlt in Pastell. (s. das III St. S. 152.)

Johann Martin Däubler, am Henkerstege, mahlt Landschaften in Wasserfarben nach Dietzsch.

Margareta Barbara Dietzschin, auf dem Milchmarkte, geb. 1726, mahlt Blumenstücke.

Christoph Fröer, in Gostenhof bey der Bauernwache, ein Schüler Eph. Jac. Sengs, mahlt in dessen Manier Landschaften, Köpfe, Thiere ꝛc.

Paul Götz, Stadtmahler, hinter dem Schießgraben, geb. 1724, mahlt historische Stücke, Tapeten, ganze Zimmer ꝛc.

Johann Andreas Christian Held.

Hh 4 Chri-

Christoph Daniel Henning, liefert Porträte und Landschaften (s. III Stück S. 153.)

Heinrich Hessel, aus St. Petersburg, zeichnet Porträte in Rothstein und Pastell, und ist im Treffen sehr glücklich. Er sticht auch Porträte in punzirter Manier in Kupfer.

Georg Erasmus Hoppert, Oelmahler, auf dem Steig, mahlt eiserne Cassentruhen für Kaufleute.

Johann Eberhard Jhle, im Katharinenkloster, geb. zu Eßlingen 1727, Director der Mahlerakademie. Er verfertigt Bildnisse und Kabinetstücke.

Abraham Wolfgang Küfner, (s. III St. S. 154.)

Ludwig, ein Schüler Anton Urlaubs, mahlt Porträte, Zimmer.

Lutz, Dosenmahler beym Weißenthurm.

Nicolaus Andreas Müller, bey der großen Waag, geb. 1752, mahlt Blumen.

Georg Wolfgang Pfefferlein, ein Schüler von Paul Götz, Illuminist und Oehlmahler.

Carl

Carl Johann Georg Reuß, logirt im schwarzen Kreuz, mahlt besonders Porträte in Oehl, sticht auch in schwarzer Kunst.

Johann Philipp Rößler, an der Fleischbrücke, mahlt in Oehl.

Johann Georg Friedrich Rupp.

Schulz, beym goldenen Schild, mahlt Porträte, und renovirt alte Porträte und andere Mahlereyen.

Schweigländer, geb. aus Schwaben, wohnt auf dem Neuenbau, mahlt in Oehl Porträte, historische Stücke, z. E. Schweppermann nach Küfner.

Christoph Jacob Seng, im Katharinenkloster, geb. 1727, mahlt in Oehl und Wasserfarben Thiere, Landschaften, Bataillenstücke und vorzüglich alte Köpfe.

III.

Ehemahlige Rechte Nürnbergs in gewissen Pfarren.

Nürnberg hatte ehehin in mehrern Pfarren gewisse Rechte, welche in den folgenden Zeiten aufgehört haben.

Es

Der neue Spital zum H. Geist zu Nürnberg hatte den Pfarrsatz zu Herzogaurach.

Aus einem Rathschlag von 16 Dec. 1532.

„Frau Gyselta, Aebtissin zu Kitzingen hat die Lehenschaft der Pfarrkirche zu Herzogaurach samt zweyen Filialen zu Obermichelbach und Veitsbrunn, und die Zehenten zu H. A. und auf 22 herum gelegenen Dörfern dem Regenten des neuen Spitals zu Nürnberg überlassen, auf Bitte des Stifters dieses Spitals, Conrad Großens, weil dieser die Aebtissin aus dem Judenthum gelöset, viel Leistgeld für sie bezahlt, und das Kloster vor verderblichen Schäden verwahret hat. Hierauf hat Bischoff Otto zu Wirzburg gedachte Pfarre mit ihren Renten und Einkommen dem neuen Spital zur Unterhaltung der Dürftigen einverleibet, unter der Bedingung, daß der Regent des Spitals ihm als ordinario perpetuo Vicario einen Pfarrverweser präsentiren, und demselben ein ziemliches Auskommen geben solle. Laut der Verträge von 1337.

Dieser Pfarrverweser sollte, nach der bischöfflichen Bulle, seyn presbyter secularis idoneus. Ueber die Tauglichkeit des präsentirten Pfarrverwesers hatte also der Bischoff

Biſchoff zu urtheilen. Weil die Präſenta-
tion einem weltlichen geſchickten Prieſter
nicht geſchehen, ſo verbot der Biſchoff
von Wirzburg bey Bann und Geldpön den
Zehenden nicht zu reichen, weil der Spital ſchuldig ſey, davon den Pfarrverweſer zu
unterhalten, welches er nicht thue, wenn
keiner präſentirt ſey.

Es wurde daher angerathen, dem Biſchoff einen erbaren frommen Prieſter, der
ihm annehmlich wäre, in der Maaß und Form,
wie es vor Alters herkommen, zu präſenti-
ren."

Aus einem Rathſchlag vom 7 März 1550.

„Veitsbrunn und Michelbach waren 2
Filialen, welche von Herzogaurach aus verſehen wurden.

Nach der Reformation hat man mit
Wirzburgs Bewilligung dem Pfarrer zu Herzogaurach eine jährliche Competenz von 140 fl.
ausgeſetzt; Nürnberg hat dagegen die Pfarr-
gefäll eingenommen, und ihre 2 Filiale mit
eigenen evangeliſchen Prieſtern verſehen.

1550 iſt der Pfarrer zu Herzogaurach,
Conrad Talner von ſeiner Pfarre vertrieben,
und von Wirzburg ein anderer geſchickt worden,

den, der auch wahrscheinlich im Besitz geblieben."

Nürnberg scheint noch 1589 diese Pfarre besetzt zu haben; denn in einem Excerpt
von diesem Jahr heißt es:

„Vrban Rennisfilv, Fiscalis ließ sich
bey Johann Dürr Präsentation vernehmen,
sein Bischoff achte zwar dieselbe von den sta-
tibus noſtrae religionis von unnöthen, in
diesem Fall möge mans paſſiren laſſen."

1601 iſt das Pfarrlehen zu Herzogaurach Bischoff Johann Philipp zu Bamberg;
doch mit Vorbehalt der Zehenden und der
Filiale abgetretten worden. Der Bischoff er-
ließ statt des Reverſes ein Dank- und Er-
klärungsschreiben.
Rathsverlaß vom 25 Sept.

* * *

Dem Kloster Himmelsthron und dem
Spital zum h. Geist haben Ludwig und Fridrich
Grafen zu Oettingen das Ius patronatus der
Pfarre Gunzenhausen, samt zugehörigen
Zehnden übergeben, Erichtag vor Nicolai.
1343, als das Kloster noch im Spital zu
Nürnberg geweſen. Der Abt zu Elwangen
hat seine Lehenschaft daran erlaſſen. P. Cle-
mens VI hat auf Interceſſion K. Carl IV die

Pfarre

Pfarre dem Kloſter incorporirt, dergeſtalt daß
ſie die Einkommen einfangen und die Pfarré
durch einen Vicarium verſehen laſſen mögen,
doch daß ſie demſelben davon ſein Auskommen
verſchaffen. Datum zu Avignon. 1347.

* * *

A. 1552. haben Biſchoff Weigand zu
Bamberg, Wolf Dietr. von Pappenheim, Dechant und das Capitel dem Rath zu Nürnberg
verpfändet und übergeben Stadt, Schloß und
Amt Vilſeck mit aller Zugehörung auſſer der
Geiſtlichkeit um 28000 fl. und ſollte der Rath
auf den Unterthanen Steuer, Reiß, Folg und
Frohn haben, doch das Stifft zu Bamberg in
deſſen Anſchlag um 2 zu Roß und 5 zu Fuß ent-
heben. Dat. Nürnb. d. 11 Jenner 1552.
Dieſe Verpfändung iſt a. 1559 wieder abge-
löſt worden, vermög einer Urkunde d. 4 Merz
datirt. Der Rath hat in ſolcher Zeit das
Exercit. Augſp. Conf. daſelbſt angerichtet,
dabey es verblieben bis A. 1615.

* * *

1646 erhielt Nürnberg das Patronat-
recht der Pfarre zu Wilhermsdorf und des
Filials zu Neidhardtswind; trat aber daſſelbe 1668 wieder an den Grafen von Ho-
henlohe ab, mit dem Vorbehalt, daß auf ewige
Zeiten

Zeiten in dem Kirchengebet für den Rath zu
Nürnberg als Benefactorem dieſer Pfarre
ſolle gebeten werden. (ſ. Waldaus Beytr.
II B. S. 340.)

Von mehrern Pfarren, die 1561 Nürn⸗
bergiſch waren und in dieſem Jahr von Nürn⸗
berg aus viſitirt wurden, ſ. dieſe Materialien
IV St. S. 240 — 246.

IV.

Nürnbergiſche Geiſtliche durften bisweilen auſſer ihrer Pfarre noch andere Pfarren fremder Herrſchaften annehmen.

Die Bünauiſche Pfarre zu Forth und Büg
war bald mit Eſchenau, bald mit Rüſ⸗
ſelbach, bald mit Igensdorf verbunden. Sie
ſoll ehehin ein Filial von Eſchenau geweſen
ſeyn.

M. Chriſt: Eſchenbach, Pfarrer zu E⸗
ſchenau, hatte von 1651 — 1653 die Pfarre
zu Forth.

Conrad Feuerlein, Pfarrer zu Eſchen⸗
au, hatte von 1654 — 1664 zugleich eben
dieſelbe.

1672 wurde die Pfarre zu Forth, dem Pfarrer zu Rüsselbach, M. Chr. Rößner, conferirt.

1707 hat Georg Caspar Zimmermann, Pfarrer zu Eschenau, mit Genehmigung seiner Kirchenherrschaft, die Pfarre Forth angenommen.

Von 1735 — 1748 versah dieselbe Zacharias Hessel, Pfarrer zu Igensdorf.

1748 bekam dieselbe wieder der Pfarrer zu Eschenau, Johann Leonhard Raab.

*   *

Die Pfarre zu Katzwang wurde von Johann Georg Treu, Pfarrer zu Kornburg 11 Jahre lang Vicariatsweise versehen.

V.

Beytrag zur Nürnbergischen Kirchengeschichte.

In der Sacristey zu St. Egydien findet sich auf einer länglichten Tafel folgendes geschrieben:

Christlöbl. Kirchenpflegamt
des WohlEdelGestrengen, Fürsichtigen und
Hochweisen Herrn
Georgs Imhoff,

des

des ält. geh. Raths und Hochverdienten
Kirchenpflegers ꝛc. ꝛc.

so dero Magnificenz und Herrlichkeit
auf vorhergehende ordentliche Wahl und recht-
mäſſige Uebergebung in dem H. Namen des
höchſten Kirchenpatrons J. C. im J. 1648
am 2 Aug. mit vieler frommer Chriſten, und
ſonderlich des ganzen hieſigen Miniſterii herzl.
Glückwünſchung rühmlich haben angetretten.

Nachdem der allgemeine Reichsfried zu
Münſter d. 2 Aug. beſchloſſen, und in bemeld-
ten 1648 Jahr d. 14 Oct. unterſchrieben worden, iſt darauf angeſtellt, und in der Stadt
und auf dem Land gehalten worden im J.
1649 d. 7 Febr. den Aſchermittwoch ein Faſt-
Buß- und Bettag.

1649 den 11 Febr. als den darauf folgenden Sonntag Invocavit ein Friedens-
dankfeſt.

A. 1649 iſt die Kirch zu St. Jacob nebſt
deren miniſtris von dem deutſchen Hauß allhie, wiewol mit groſſer Müh und Arbeit ver-
mittels göttlicher Gnade ganz ſepariret, und
liberiret worden.

1650 den 27 Febr. den Aſchermittwoch
ein Buß- und Bettag.

Den

Den 9 Jun. den 1 Sonntag nach Trin.
ein Bet - und Friedensdankfest wegen der allhier damals angestellten völligen Unterschreibung der abgehandelten Executions Friedens-
Tractaten, und ist bey dem Gottesdienst vor
Mittag das Gebet und die Predigt auf glücklichen Fortgang solcher Unterschreibung gerichtet worden, nachmittags aber hat nach verhoff-
ter Unterschreibung die Danksagung in der Vesper sollen verrichtet werden; dieweil sich aber
selbige Unterschreibung wegen viel entstandener
Scrupeln biß nach 4 der kleinen Uhr verzogen,
und der Gottesdienst in etlichen Kirchen wegen
solches Verzugs gar nicht, in etlichen aber
sehr ungleich, auch wohl bey angehender Nacht
verrichtet worden: Als ist deßwegen von neuen
angesetzet worden

1650 d. 16 Iun. am 2 Sonntag nach
Trin. ein Friedensdankfest.

1651 d. 12 Febr. am Aschermittwoch
ein Bußtag.

1652 d. 3 Mart. am Aschermittwoch ein
Bußtag, und dabey verordnet worden, daß man
künftig allezeit auf die Freitag ein Stück aus
der Historie des Leidens Christi in den Bet-
stunden ablesen und Passionslieder singen solle, wie in einem absonderlichen Büchlein

Achtes Stück. J i 1652

1652 bei den jungen Endtern gedruckt begriffen.

1653 den 24 Febr. am Aschermittwoch
ein Bußtag.

Den 5 Jun. am Sonntag Trin. ein
Dankfest wegen des zu Regensburg erwählten
Röm. Königs Ferdinandi IV.

In diesem Jahr ist auch von' des Herrn
Kirchenpflegers Herrl. angeordnet worden,
daß in einem jeden conventu ecclesiastico
nach verrichtem Gebet ein Stück aus den libris
normalibus, so durch sonderbare Gnade Gottes endlich allhier in öffentlichen Druck kommen, von einem der anwesenden ministrorum
ecclesiae nach ihrer Ordnung soll abgelesen
werden. *)

1654 d. 8 Febr. am Aschermittwoch ein
Bußtag.

Den 16 Jul. am 8 Sonntag nach Trin.
ein Trauertag, da wegen des am 29 Jun. zu
Wien verstorbenen röm. Königs Ferdinandi
IV auf allen Kanzeln selbiger trübselige Todesfall nach der Frühpredigt den Zuhörern weh-
müthig angezeigt, darauf in allen Kirchen 3
Viertelstund mit allen Glocken geläutet, und
vom

---

*) Dieser unnütze Gebrauch ist erst seit wenigen Jah-
ren abgestellt worden.

vom Rathhauß alle Tänze, Freudenspiele ꝛc. ꝛc. bis auf folgenden Michaelistag verbotten worden.

1655 den 28 Febr. am Aschermittwoch ein Bußtag.

Den 25 Sept. am XV Sonntag nach Trin. ein Dankfest wegen des vor 100 Jahren geschlossenen und bestätigten Religionsfriedens.

1656 d. 20 Febr. am Aschermittwoch ein Bußtag.

eod. anno eine wöchentliche Passionsvesperpredigt am Freitag in der Kirche zum H. Geist angeordnet worden.

1657. d. 11 Febr. am Aschermittwoch ein Bußtag.

An dem Sonntage Oculi sind absonderliche Passionspredigten in der Kirche bei St. Aegidien angeordnet worden, welche an denen Tagen, da die Passionspredigten bey St. Laurenzen angestellt, sollen gehalten werden.

An dem Sonntag Mis. Dom. ein Trauertag wegen der zu Wien verstorbenen Kaiserl. Maj. Ferdinandi III glorw. And. da, als nach der Frühpredigt solcher bedauerl. Todesfall den Zuhörern angedeutet worden, fast eine ganze Stund mit allen Glocken geläutet, und vom

Ji 2   Rath-

Rathhauß alle Freudenspiele 2c. biß auf Jacobi
verboten worden.

Den 2 Aug. den 10 Sonntag nach Trin.
ist die Vermahnung zur Fürbitte wegen der
Wahl eines Haupts in dem H. Röm. Reich
nach der Frühpredigt in allen Kirchen gethan
worden, wie denn auch deßwegen etwas in dem
gewöhnlichen Kirchengebet geändert und ein
neuer § hineingesetzt worden.

1657 ist die Kirch zu St. Sebald renovirt, der Gottesdienst indessen in der Pre-
digerkirch gehalten und nach Verfließung 7
Monathen auf das Christfest selbiges Jahrs
wiederum solennissima inauguratione in der
renovirten Kirche angefangen worden.

1658 d. 25 Febr. am Aschermittwoch ist
ein Bußtag gehalten worden.

Auch ist in diesem ephoratu eine bey 26
Jahren verbliebene durchgehende Kirchen- und
Schulvisitation in den Städtlein und Dorf-
schaften auf dem Land des ganzen Nürnbergischen Gebiets angestellet, die befundene Män-
gel abgestellet, und alles in eine christliche Har-
monie gebracht, auf der Universität Altdorf
den Herren Professoribus ihr Salarium, so
vorher gemindert worden, völlig ergänzet, ein
thea-

theatrum anatomicum *) und ein Winter-
hauß in horto medico erbauet **) die bibliotheca academica mit Erkaufung der Oelha-
fiſchen juriſtiſchen Bibliothek, ***) die Anzahl
den Herren Profeſſorum Iuris mit dem 4ten
Collega vermehrt, und das Obſervatorium
aſtronomicum ****) vielfältig verbeſſert worden. — Allhier ſind die leges ſcholaſticae
revidirt, und was nothwendig, auf eine ſonderbare Tafel geſchrieben, dem Gymnaſio
und den Schulen eingehändigt, die lectiones Gymnaſii gedruckt, und befohlen worden, daß die Herren Profeſſores auditorii
publici alle Quartal ihre lectiones durch den

Herrn

*) Es wurde daſſelbe 1650 unter dem berühmten
Anatom, D. Moriz Hofmann, errichtet.

**) Dieß wurde auch 1656 auf Veranſtaltung D.
Moriz Hofmanns erbauet.

***) Aus der Bibliothek des Conſulenten und Pro-
canzlers Johann Chriſtoph Oelhafen von Schöllen-
bach kamen 1659 in die Univerſitätsbibliothek 1040
Stück Bücher, welche theils die Curatoren kauften, theils deſſen Sohn der Univerſität ſchenkte.

****) Es wurde unter Direction des Abdias Trew
auf einem Thurm der Stadtmauer gegen Mitternacht 1657 errichtet. Das jetzige Obſervatorium
auf dem Collegiengebäude iſt erſt 1713 unter der
Aufſicht des Profeſſor Müllers entſtanden.

Herrn Directorem in das ehrlöbliche Vormundamt einschicken sollen. Die bibliotheca publica allhier ist mit vielen kostbaren
neuen autoribus gezieret, das theatrum pro
comoediis et tragoediis agendis in dem Augustiner Closter vollzogen, ein absonderliches
bequemes Haus und Garten bey der Carthau-
sen 1658 m. Martio für diejenigen Personen, so von päbstlichen und andern irrigen,
zu unserer seeligmachenden Religion treten,
gewidmet und erkauft, gleich von Anfang
dieses Christlöblichen Kirchenamts den Herren
Geistlichen die eine Zeit lang vorher verbli-
bene Wintersteuer unausgesetzt gereichet, in
den Sacristeien Oefen gebauet, und denselben
zu Aufnahm und Beförderung des H. Pre-
digtamts viel andere Hülf mehr geleistet
worden.

VI.
Anfrage wegen einiger Altdorfischen
Agendbücher.

Diakonus Hirsch, ein großer Kenner der
Nürnbergischen Geschichte, erwähnt
in den Anmerkungen, welche er seinem Er-
emplar des Nürnbergischen Agendbüchleins
vom

vom Jahr 1691 beygeschrieben, einer Aus,
gabe desselben, welche sonst niemand kennt,
beschrieben oder gesehen hat, nämlich eine,
welche 1554 zu Altdorf gedruckt seyn soll.
Seine Worte sind: Excusae sunt omnes,
quas novi, editiones Norimbergae, exceptis duabus, quarum prior Altorfii pro-
diit anno 1554. Wörtlich kann diese Nach,
richt nicht richtig seyn; denn 1554 war zu
Altdorf noch keine Druckerey. Sollte inzwi,
schen diese Ausgabe doch existiren, so möchte
sie vielleicht zum Gebrauch des Altdorfischen
Ministeriums bestimmt gewesen seyn.

Inzwischen läßt sich die Existenz eige,
ner Altdorfischer Agendbücher im vorigen
Jahrhundert anderwärtsher beweisen, wenn
ich gleich noch keines derselben bisher zu sehen
erhalten konnte.

Das erste hat den Titel gehabt laut ei,
ner handschriftlichen Nachricht:

„Vermahnungen bey Leichbegängnuß
„der Verstorbenen zu verlesen, samt ange,
„hengter Form bey Stroh Hochzeiten zu ge,
„brauchen, und dem gewöhnlichen Gebet nach
„Erwählung Rectoris Magnifici gestellt durch
„das Ministerium zu Altdorff. Gedruckt
„zu Altdorff, bey Balth. Scherffen 1620.“

Ji 4   Am

Am Ende steht ein „Anhang der Vermah=
„nungen auf etliche Special - Caſus gerichtet."
    Von dieſem handeln folgende beyde Ver=
läſſe: der erſte iſt vom December 1626.

Uf des Herrn Kirchenpflegers mündlich Für=
bringen, als man unlängſt wegen etlicher Exami-
nandorum zuſammen kommen, und die fünf Prediger dazu erfordert worden, hat M. Pickel*) auf die
Bahn gebracht, daß wegen überhandnehmender
Unzucht nicht unrathſam wäre, wann ſolche Leut,
die vor ihrer Hochzeit mit einander zugehalten, ſich
copuliren lieſſen, daß ihnen bey ſolcher Copulation
etwas ernſtlicher ſollte zugeſprochen werden, wie
zu Altdorf geſchehe, hab darauf ein Tractätlein
hervor gezogen, ſo zu Altdorf 1620 gedruckt, darinnen etliche Vermahnungen begriffen, ſo bey Leichen, Straffhochzeiten, bey Erwehlung des Rekto-
ris ſollen abgeleſen werden, ſo wie der Titel ver-
mag, durch das Miniſterium zu Altdorf begriffen, iſt verlaſſen: weil in dieſen Vermahnungen, davon bisher meiner Herren keiner Wiſſen-
ſchafft erlangt, viel ungereimt Ding begriffen, ſo
von den Miniſtris könnte mißbraucht werden, diejenige ſo damahls im Miniſterio zu Altdorf geweſen, zu erfordern und zu Red zu halten, weil
ſolch ding der Kirchen Ordnung anhängig, aus
weſſen Befehl oder Erlaubnis Sie dieſe Vermah=
                                                    nung

*) M. Paul Piggel, Prediger zu St. Lorenzen.

nung begriffen, wer der Autor ſey, und warum ſie
ſich unterſtehen dürfen ohne Vorwiſſen oder Erlaubniß eine Aenderung mit der Kirchenordnung
vorzunehmen und dazu ſolche ding in den Druck zu
geben, ſo doch in der Kirchenordnung und Agendbüchlein zuvor die Nothdurft genugſam begriffen;
man ſoll auch den Buchdrucker hören, warum er
und aus weſſen Befehl er dieſe Vermahnungen gedruckt habe; dann Bericht wieder bringen, räthig
zu werden was man bedenken laſſen, oder ihnen
anzeigen ſolle.

Scholarchae.

Der zweyte Verlaß iſt vom 23 Febr.
1627 und iſt folgenden Inhalts:

M. Jörg König, Pfarrers zu Altdorf, M. Joh.
Saubertus und M. Georg Ritters Entſchuldigung
wegen des 1620 zu Altdorf gedruckten Traktätleins,
Vermahnungen bey Leichbegängniſſen der Verſtorbenen vorzuleſen, ſoll man Herr M. Fabricio und etlichen Herren Hochgelehrten zu bedencken zu ſtellen,
ob ſolches meiner Herren Kirchenordnung und A-
gendbüchlein gemäß? was davon oder darzu zu
thun? und ob es in andere Pfarren auch zu geben?

Herr C. Fürer.

*   *   *

Von einem eigentlichen Altdorfiſchen
Agendbüchlein handeln folgende Briefe und
Bedenken.

Ji 5

I. Dem

I.

Dem HochEdlen, Geſtrengen und Groß Mann
veſten Herrn Chriſtoph Andreas im Hof wohlver-
ordneten Pfleger alhie in Altdorf: Meinem inſonders Großgünſtigen Hochgeehrten Herrn.

HochEdler und Groß Mannveſter,
Inſonders Hochgeehrter Großgünſtiger
Herr Pfleger.

Demnach Ihre Hochadeliche Geſtreng und
Herrlichkeiten, die Herren Land Pfleger unſere aller-
ſeits Hochgebietende Herren, im jüngſt verwichenen Jahr groß geneigt verwilliget, daß unſer nun
über ein halbes Seculum gebrauchtes und faſt ſehr
abgenuztes Altdorfiſches Agendbüchlein wiederum auf Pergament aufgelegt, und ein neues in die
Kirche verſchaffet, auch die Formula ordinationis
eccleſiaſticae zu künftigen beſtändigen Gebrauch mit
beygedrucket werde: darbenebenſt aber Hochgünſtig
erinnert, daß, bevor es zum Druck würde übergeben, alles zuerſt hinein nach Nürnberg ad reviſio-
nem möchte geſchickt werden. Als habe Euer Hoch-
Edel Geſtreng ſo wohl die Agenda als die Ordina-
tions Formel hiemit wollen überliefern, mit fleiſſi-
ger Bitte, dieſelbe an Hochermeldter Herren Land
Pflegere Hochadel. Herrlichkeiten zu übermachen
und das Werk beſter maſſen zu recommandiren, daß,
ſo bald möglich, beydes, abſonderlich die Agenden,
als deren wir nicht können entbehren, zurückgeſen-
det werden. Was in dieſen gedruckten Agenden

ad

ad marginem an ein Paar Orten geſchrieben, iſt
des ſel. Hn D. Weinmanns Hand. Sonſten ſind meine
Hrn Collegen nebenſt mir der Meynung, es könn=
te an denſelbigen wohl eines und anderes geändert
werden: wir wollen aber hierinnen dem Herrn Re-
viſori, dem es zu Nürnberg wird übergeben wer=
den, nicht vorgreiffen, als welcher alles genau wird
in Acht nehmen.   Nur gegen meinen Hochgeehr=
ten Herrn Pfleger eines und des andern zu gedcn=
ken, ſo ſtehet p. 15. Gern ſterben bringet der
Glaub, Wohl ſterben bringen die Früchte des
Glaubens. Beydes ſcheinet hart geredet zu ſeyn.
Erſtlich: Gern ſterben bringet der Glaub. Auf
ſolche Weiſe müſten manche, die ſich ſelbſt entlei=
ben, prodigi vitae, Waghälſe, und die lüderlichſten
Bürſlein die glaubigſten Leute ſeyn. Auch diejeni=
ge, die in Gott vertrauen, ſich zu ihm alles gutes
verſehen, und ihn für einen gnädigen barmherzigen
Gott halten, ſterben manchmahl doch aus menſchli=
cher Schwachheit ungern oder wünſchen aus einer
andern Urſache noch länger zu leben. Und wenn
diejenige unglaubige und alſo verdammte Leute ſind,
die ungerne ſterben, ſo ſollte man ſchier ſagen, wie
dorten ſtehet: wer kan denn ſelig werden? Marc.
X. 26. Noch härter lauten die nächſtfolgende Wort:
Wohl ſterben bringen die Früchte des Glau=
bens, Ich wollte dieſes nicht gerne einem Papi=
ſten vorſagen, wie würde er mit ſeinen guten Wer=
ken über uns triumphiren? ꝛc. Pag. 20. ſcheinet der

Locus

Locus 2 Sam. XII. 13. auch nicht allerdings a pro-
pos allegiret zu seyn. Ein Gelehrter wird schwer-
lich solches läugnen. Und dergleichen wäre noch
mehr zu erinnern. Verbleibe hiemit

E. HochEdel Gestreng

Gebet und bienstgeflissener
d. 7. Januarij   Ioh. Saubertus D.
1675.

2.

Denen WohlEdlen Gestrengen Fürsichtig und
Hochweisen, Eines WohlEdlen Raths des Heil.
Römischen Reichs Stabt Nürnberg wohlverordne-
ten Herren Landpflegeren

Meinen Großgünstig gebietenben Herren,

WohlEdle, Gestrenge, Fürsichtige und Hoch-
weise E. Wohlabel. Gestreng und Herrl. seyen meine gehorsam: auch jederzeit willige Dienst treuen
Fleisses zuvor,

Gebietende und Großgünstige Herren.

Was Hr. Johann Saubertus SS. Theol. D.
et P. P. auch Stabt Prediger allhier wegen Erneu-
erung und Umbrückung des allhiesigen Agendbüchleins Collegarum nomine an mich schrifftlich
gelangen lassen, das werden E. Wohl Abel. Herrl.
und Gestreng beyliegend großgünstig zu ersehen
haben. Wann ich dann dessen Ansuchen wie der
Augenschein und hiebey kommendes Agendbüchlein
selbst bezeuget, nicht für unrichtig erachtet: Als
habe Eur. Wohl Abel. Herrl. und Gestr. Ich be-
sagtes Agendbüchlein ad revidendum gehorsamlich
über-

überſenden und mir E. Ergl. Beſcheidt erholen wollen, ob ſelbiges und wie viel Exemplaria derſelben
auf das neue ſamt beygelegter addition gedruckt und
von allhieſigen Amt die Unkoſten ſollen genommen
werden. Damit zu Eure WohlAdel. Geſtr. und Herrl.
beharrl. Egl. mich in Unterthänigkeit empfehlend.

E. Wohl Adel. Geſtr. und Herrl.

Altdorf

den 9 Januarij　　　　　　gehorſamer
　　1675.　　　　　Chriſtoph Andreas Im Hoff.

3.

Daß im Altdorfiſchen Agendbüchlein etl. Phra-
ſes und auch ganze Sätze einer Aenderung und
Verbeſſerung bedürftig, achte ich wohl erinnert und
auſſer Zweiffel geſtellet zu ſeyn : abſonderlich; was
von Hrn. D. Sauberto ad pag. 20. über die Worte
Davids 2 Sam. XII. 18. iſt vermeldet worden. Pa-
gina ultima und anders mehr wäre auch wohl beſſer einzurichten. Es heiſt doch : Dies diem docet
et poſtera aetas ſemper plus videt priore. Und bieweil dann Ehrengedachten Hn. D. Sauberto und
deſſelben Collegae Hn. Prof. Reinhart oder dem geſammten Miniſterio Altdorfenſi aus vielfältiger
Vorleſung dieſer Formularien die Sach am beſten
bekannt, ſehete ich meines wenigen Orts für gut
an, daß die Geſtrengen und Hochweiſen Herren
Land Pflegere Wohl Adel. Herrl. beſagtem Altdorfiſchen Miniſterio das Werk aufzutragen Egl. ge-
ruheten : daß nehmlich Sie insgeſammt ſolch

Büch-

Büchlein ordentlich und accurate durchgiengen, die loca emendationis indiga zusammen trügen, die Verba, Phrases und Periodos auch ganze Formularien nach Belieben anders formirten, an Statt der alten etliche von neuen nach wohlerbaulichen heutigen Lehrart cum dictorum scripturae delectu aufgesetzte Vermahnungen einrücken, das Hüten der Gänse oder Kühe bey dem Actu ordinationis und andere solche verba inania alibi occurrentia auffen liessen, und also dem Werk eine recht völlige Gestalt gebeten und wohl mundirt herum schickten. Da wäre alsdann fertiger und leichter heraus zu kommen und empfiengen Sie indessen Ihr büchlein, dessen Sie nicht lange entbehren können, desto reifer wiederum zurücke.

Absque praeiudicio
pr. d. 14. Ian. 1675.
Iohannes Fabricius
Prediger mppria
Mit Hn Ioh. Fabricii WohlEhrwürden
ist gleicher Meynung
Iustus Iacobus Leibniz mppria.

Vielleicht machen diese Nachrichten einen Besitzer dieser Altdorfischen Agenden, die unter die ausserordentlichen Seltenheiten gehören, aufmerksam, und veranlassen eine weitere Vergewisserung dieses Gegenstandes.

VII.

VII.

Miſcellaneen.

I.

1601.

Da beym Hochzeitladen große Unordnungen ein-
geriſſen, und öfters mehr als 900 Perſonen zu den
Mahlzeiten geladen worden, auch deswegen Beſchwerden geſchehen, ſo hat man ſolch überflüſſiges
Laden nach der neuen Ordnung des Hochzeitbüch-
leins verboten, und inzwiſchen dem Hochzeitlader
nach der alten Ordnung von einer Frühmeß-Hoch-
zeit 4 fl. und von einer Tagamts-Hochzeit 5 fl. zu
nehmen erlaubt.

2.

1603. den 6 Jan. als am Oberſttag, reichte
Johann Speth, Pfarrer zu Förrebach und Caplan
zu Happurg, ſeinen Pfarrkindern bey Austheilung
des heil. Abendmahls den Kelch zuerſt und hernach
erſt die Oblate. Er wurde deswegen vor die drey
vorderſten in den Pfarrhof bey St. Sebald zur
Verantwortung vorgeladen, und entſchuldigte ſich
hauptſächlich damit, daß, weil er an hohen Feſt-
tägen den Pfarrer zu Happurg aushelfe, er gewohnt ſey den Kelch alleine zu reichen.

Da aber dieſe Entſchuldigung nicht für hinlänglich angeſehen worden, wurde er 3 Täg und
3 Nächt auf den Thurn gelegt, und ſollte ſeines
Dien-

Dienstes entsetzt werden, wurde aber wegen seines Weibs und Kinder doch wieder bey dem Amt gelassen.

M. Johann Schellhammer Prediger bey St. Lorenzen entwarf die Vermahnung, welche gedachter Speth dieses Vorfalls wegen von der Canzel an seine Gemeine ablesen muste.

Rathsverlaß vom 14 und 20 Januarii.

Ein ähnliches Versehen begieng 1612 der Pfarrer in Feucht, *Pancraz Lauterbach*, indem er einem Förster und dessen Frau den Kelch zuerst reichte, weil die Communicanten sehr schnell hinzugegangen.

3.

Um das Jahr 1605 zählte man über 150 Rüchleinbacher in Nürnberg.

Rathsv. vom 5 April dieses J.

Inhalt des achten Stücks.

Materialien
zur
Nürnbergischen Geschichte.

I.

Von D. Johann Aichholz, einem Wiener Arzt, und dem von ihm gestifteten Stipendium.

Johann Aichholz war 1520 zu Wien geboren. Er verlor seine Eltern schon in seiner Jugend, fand aber an Johann Pilhamer, einem Arzt und Rath des Königs Ferdinand, einen zweyten Vater, welcher für seine Erziehung und Bildung sorgte, so wie nach Pilhamers Tod dessen Wittwe. Im Jahr 1543 ging er nach Wittenberg, und wurde daselbst 1547 auf Philipp Melanchthons Empfehlung Magister der Philosophie. Nach seiner Zurückkunft in sein Vaterland wurde er Hofmeister einiger Adelichen, mit welchen er eine Reise nach Frankreich und Italien machte, und zu Padua Doctor der Arzneywissenschaft wurde. Nach seiner Reise durch Italien kam er 1557 nach Wien zurück,

dispu-

disputirte daselbst den 17 September pro loco
in facultate medica, wurde im folgenden
Jahr Magister sanitatis und Pestdoctor, für
welche Stelle er viele Jahre lang eine jährliche Besoldung von 200 Gulden zog. Im
Jahr 1560 wurde er Professor der Arzneywissenschaft, und fing an dieselbe öffentlich
zu lehren. Er war öfters Decan seiner Facultät und 1574 Rector der Universität, in
welchem Jahr ihm seine einzige aus zweyter
Ehe erzeugte zwölfjährige Tochter starb. Er
war als praktischer Arzt so berühmt, daß
er öfter zu Kranken nach Mähren und Ungarn,
und von K. Rudolf II. nach Prag gerufen
wurde, um diesem ein Geschwür an der Seite
zu heilen. Er lehrte Anatomie und Chirurgie, und legte sich auch auf Botanik. Er
machte mit Carl Clusius, dem Aufseher des
Gartens K. Maximilians II, seinem Tisch-
genossen, und andern Doctoren und Studi-
renden im Sommer öfters Excursionen in die
Steyermärkischen Gebirge und an die Unga-
rische Gränze, und sammelte auf denselben
seltene Pflanzen für seinen Garten, welche in
Clusii Observationibus Pannonicis meist beschrieben und abgebildet sind. Er starb 1588
den 6 May, und wurde auf dem neuen Kirch-

hof

hof vor dem Schottenthor begraben. Da aus seiner dreymahligen Ehe keine Kinder am Leben blieben, so machte er, auf Veranlassung unsers vortrefflichen Joachim Camerars, mit dem er sehr fleißig correspondirte, *) eine wichtige Stiftung für studirende Nürnbergische Aerzte und Wundärzte, deren nähere Bedingungen aus folgendem Revers erhellen, welchen der Rath zu Nürnberg ihm ausstellte:

Wir Bürgemeister undt Rath der Statt Nürnberg bekennen mit diesem Brieff für uns undt unsere Nachkommen undt die Bürger gemeiniglich daselbst, daß wir mit wohl bedachtem Mutt undt unserer Statt nutzen undt Notturfft willen, recht undt redlich verkaufft undt zu Kauffen gegeben haben dem Ehrwürdigen undt Hochgelährten Herrn Johann Aichholtzen der Artzeney Doctor zu Wien 400 Gulden guter grober ganghaffter Landmüntz zu 15 Batzen oder 60 Kr. den Gulden gerechnet ewiges Zinß undt Geldes umb zehen tausent Gulden jetzt berührter Wehrung, welche wir dann Baar zu unserm Wohlbegnügen eingenommen undt empfangen haben, die wir undt unsere Nachkommen Ihm dem benandten D. Aichholtz die Zeit seines lebens alle Jahr jährlich

*) Auf der Trewischen Bibliothek zu Altdorf befinden sich noch viele seiner Briefe an Camerar.

jährlich von unserem Commun - Geldt alhie zu Nürnberg reichen undt geben sollen undt Wollen alle wegen, undt mit erster gantzer Jahrs - Zinß bezahlen anzufahen auff den j: Newen Jahres tag dieses schier kommenden 1587. Jahr ohne alles verziehen, verbietten undt verhafften aller Geist. undt Weltlichen Personen undt gerichten, auch ohne allen seinen schaden ohngeverde.

Wann aber gedachter Herr D. Aichholtz nach dem willen Gottes des Allmächtigen, über kurtz oder lang mit todt abgangen seyn wirdt, Alßdann sollen wir schuldig undt pflichtig seyn, wie es dan ermelter Herr Doctor Aichholtz also mit uns be. dinget undt geschloßen, angeregte 400 fl. ewiges Zinß undt Geldes förder jährlich zu bestimbter frist seiner gelaßenen Wittib als Inhaberin die- ser unserer verschreibung Ihr lebenlang, sie ver. heyrathe sich gleich weiter oder nicht, gegen ge- bührlicher Quittung allhie in unserer Statt Nürn- berg zu entrichten undt zu bezahlen. Da aber ernante Wittfraw Aichholtzin mit hinterlaßung ei- nes oder mehr Kinder die Sie mit gedachten Herrn D. Aichholtzen ihrem haußwirth ehelichen erzeuget, auch mit dem todt abgehen würde, so sollen undt wollen wir dieselbe Aichholtzische Kinder alle zu uns in unsere Statt Nürnberg erfoddern undt auf- nehmen, undt sie von diesem jährlichen Geldt nach eines jeden inclination undt neigung alß nemblich
die

die Knaben, ſo lange der Mannliche Stamm undt
Nahmen bey Ehelichen Nachkommen in weſen iſt,
zu ſtudiren oder worzu ein jeder ſonſten zu gebrauchen ſeyn wirdt, Die töchter aber in der Furcht
Gottes undt zur Haußhaltung erziehen undt unterhalten laßen, undt wann die töchter zu ihren
Jahren kommen, ſollen ſie alßdenn mit vnſerm
Rath undt vorwißen verheyrathet werden, undt
folgendt mit undt neben ihren Brüdern zugleich,
oder da deren keiner vorhanden, Sie dieſe 400 fl.
jährliches undt ewiges Zinß all ihr lebenlang zu
genieſen haben. Wie dann gedachter Herr D. Aichholtz deßhalben in ſeinem teſtament auch verordnung thun wirdt.

Wann aber auß Verhengnuß des Allmächtigen die Aichholtziſche Kinder, oder auch obgedach-
ten Herrn D. Aichholtz haußfraw ohne Eheliche
leibes Erben von bemelten Ihrem Herrn undt
haußwirth erzeiget über kurz oder über lange alle
mit tobt abgangen ſeyn werden, auf denſelben
fall ſollen wir zur ewiger weiterer zinßreichung
ihren Erben undt Nachkommen auch nicht verbunden ſeyn, ſondern angeregte jährliche undt ewige
Zinß zu ſambt der haubtſumma uns undt gemeiner unſerer Statt verfallen ſeyn, doch alſo undt
dergeſtalt, daß wir ſchuldig ſeyn ſollen dieſelben
zinß gedachten Herrn D. Aichholtzen zu ehren für-
der alßdann zu einem ewigen undt immerwähren-

Kk 3   den

den Stipendio Medico zu verwenden, unbt darvsn
jebesmahl 2 ober 3. arme gelahrte promotos Ma-
giftros Philofophiae et Linguarum peritos atque
ad difcendam artem Medicam una cum chirurgia pariter pronos et aptos, pro unanimi judicio et
dele&u noftri Collegii Medici zu verlegen, beren
jeber anfänglich 3 Jahr auf eine berümbte Vni-
verfität in Teutfchland, barauff bas Studium Medicum am beften ift, unferer Medicorum zugleich
guttachten auch mit nottürfftigen Verlag unterhalten werben follen. Aber nach außgang ber zen
Jahr follen fie hieher erforbert, unbt von unferm
Collegio Medico examinirt werben, welche bann
wohl proficirt erfunben, bie follen fürter noch 3
Jahrlang in Italiam ober Galliam verfchicfet werben ihr Studium Medicum zu continuiren, zu com-
pliren, unbt enblichen gar in Do&ores Medicinae
zu promoviren zu welcher promotion, ba etwa
ein mehrers über bie beftimbte zehrung von nöthen
feyn würbe, wollen wir baßelbige pro judicio Collegii noftri Medici auch bargeben, nach verlauf-
fung biefer 3 Jahr unbt verrichter Promotion, follen alßbann bie Stipendiati Do&ores fchulbig unbt
verbunben feyn, fich wieber anhero zu. ftellen ad
Collegii noftri Medici judicium et cenfuram de
ftudiorum profe&u, v. ob wir Jhrer bebürffen,
uns unbt gemeiner unferer ftatt ober wohin wir
Sie fonften promoviren würben, vor anbern umb
ein zimlich Dienftgelb zu bienen. Welche aber nach
den

den erſten zen Jahren in bemelden Examine un-
fleißig unbt untüchtig erfunden unbt erkant worden, die ſollen abgeſchafft werden unbt an Jhrer
ſtatt alſo auch anderer promovirten unbt durch
uns weiter verſehner Doctoris ſtell, alßbalden andere arme Magiſtri, allermaßen, wie obgemeldet
mit gutem vorwißen, Rath unbt guttachten unſe-
res hieſigen Collegii Medici, (Welches auch zu
beſſer Gedächtnüß dieſes Stipendii unbt obligation
ein gleichförmig Original unbt exemplar haben ſollen) angenommen, v. dieſe Aichholtziſche verorb-
nung alſo zu ewigen tagen, unbt ſo lang unſere
Res publica mit Verleyhung Gottes Allmächtigen
im weſenblichen Stande ſeyn würde, continuirt
unb fortgeſetzet: Auch ſolche Stifftung zu des Herrn
Fundators Ehren vnd Chriſtlicher Gedächtnüß Stipendium Medicum D. Ioh. Aichholtzii Viennenſis
genannt werden.

Solche des Herrn D. Aichholtz bey uns gethane trewhertzigen anmuttung, vnd darauf zwiſchen uns erfolgte abrede unbt vergleichung, haben wir obgedachte Bürgemeiſter vnd Rath der
Statt Nürnberg von ſeiner Ehrwürden zu freundlichen gefallen angenommen. Gereden unbt verſprechen darauf bey unſern wahren Worten, guten trawen unbt glauben allen oberzehlten durch
uns vnd unſere nachkommen getrewlich vnd wie
obſtehet unverzüglichen zugeleben vnd nachzukom-

Kk 4   men,

men, ohne alles verbieten undt verhafften aller
Geiſt= undt Weltlichen Perſohnen undt gerichten,
auch ohne alle andere außzüge, wiederrede undt
behelffe, wie die genannt ſeyn, vnd erachtet wer=
den möchten, zu vrkundt dieſes Brieffs mit unſe=
rer Statt Nürnberg anhangenden Inſiegel beſie=
gelt. Gegeben zu Nürnberg am erſten neuen
Jahrstage nach Chriſti unſers liebſten herrn v.
Seligmachers Geburt im 1587ten Jahr.

Nach dem Bericht in Jöchers gel. Lex.
ſ. v. Aicholz, *) hat ſich die Hälfte dieſes
Capitals dadurch verloren, daß ſeine Wittwe
einen Doctor der Rechte Starzer heyrathe=
te. Zur Notiz von dieſem wichtigen Stipen=
dium gehören noch die folgenden Nachrichten
aus den Acten des Nürnbergiſchen Collegii
Medici:

Extractus ex Actorum medicorum
libro I. pag. 98.

Admoniti fuerunt Ampliſſimi Dni.
Praefecti a Collegio, ut impoſterum
diligentior haberetur obſervatio Stipen=
dii Medici Aicholziani, neque tam fa=
cile conferretur in quemlibet ignotum
et peregrinum, qui illo frui cupiat, non
ſalutato, ſed potius contemptim habito
Colle=

*) Die obige Nachricht iſt etwas ausführlicher, als
was Jöcher von ihm erzählt.

Collegio Medico praeter mentem Domini
Testatoris, qui prudenter cavit, ut omnes illi imprimis vero Civium et Medicorum Noribergensium filii, qui sunt apti
et proni ad studia medica, et beneficio
illo gaudere volunt, prius a Collegio Medico, examine morum et eruditionis prae-
vio eligerentur, tum demum Senatui Am-
plissimo pro confirmatione sisterentur.
Petitionis huius causa fuit, quod non tan-
tum a. 1611 sub decanatu Clarissimi et Do-
ctissimi Viri Dni. Balthasaris ab Herden p.
m. idem factum fuerat, verum et ante annum a Dno. Georgio Noesslero Medicinae
Professore Altorfino, pro fratre suo praeter
morem et testatoris expressam voluntatem
apud Nobiliss. et Amplissimos DD. Duum-
viros idem beneficium clam Collegio Medico extorsum fuerat.

Ao. 1623 Mense Novembr. Actor.
Tom. I. p. 109.
Dni Secretarii Aerarii Publici se posthac
neminem inscio et improbante vel
etiam invito Collegio Medico, ad-
missurum promiserunt.
A. 1634. tom. 1. Actor. Med. p. 167.
Senatus Decretum.

damit

Damit aber das Aichholzische Stipendium jedesmahls wohl angelegt, und solchen Subjectis, so deßen würdig, conferirt werde, seind die Herren Deputirte ersucht, hinführo bey Vergebung deßelben mit und neben den Herren Medicis wohl zuzusehen, daß deren Supplicanten Qualitaeten und Beschaffenheit halber, nothwendiger Bericht einzuziehen. Actum 14 Febr. 1634.

p. Apothecker Herren.

II.

Bedenken der Herren Prediger zu Nürnberg an E. E. Rath wegen eines Finanz-Projects, vom Jahr 1634.

Edle, Fürsichtig, Erbar und Weise, gebietende günstige Herren,

Demnach man uns in nechst verwichenen Tagen von Obrigkeit wegen proponirt, was maßen hiesiges aerarium publicum in äußersten difficultäten begriffen; und man hierauf, denselben zu begegnen, neben andern Mitteln auch dieses aufgesucht, so allbereit vor vielen Jahren dem löblichen Magistrat an die Hand gegeben, bisher aber nicht in

Acht

Acht genommen worden, nemlich: daß jedes,
mals, da ein Kind uf die Welt und zur
Tauf kommen, demselben zum Besten ein
Reichsthaler von der Dotenschenk für gewiß,
oder auch nach der Eltern Belieben ein meh,
rers, von zwey bis 100. oder 1000. Thlr.
bey dem aerario hinterlegt, und dann hin,
wiederumb, im Fall solch Kind erwachsen
und sich verheirathen sollt, ihme alsdann ex
publico dreimal so viel restituiret werden
könnte. *) Massen alle interessirte Umstän,
de, wie auch die objectiones und responsa,
oder remedia in besondern Schriften verfasset,
deutlich vor uns abgelesen und unser Gutbe,
dünken großgl. hierüber erfordert worden:

Als haben wir alles in schuldigem Ge,
horsam angehört und verstanden. Wann
wir aber dazumal, weil die Sach nit von ge,
ringer importanz, uns zwar nur in etwas,

nit

*) Dieses Project scheint aus Italien entlehnt wor,
den zu seyn, wo in mehrern Städten solche Hey,
rathscassen errichtet sind. Man legt nämlich bey
dem Aerario für eine Tochter, die einem geboren
wird, eine gewisse Summe Geldes an, welches
aber keine Zinsen trägt. Wird sie 18 Jahre alt,
so bekommt sie zehenmahl so viel, als für sie ein,
gelegt worden, zum Heyrathgut. Stirbt sie, so
geht die eingelegte Summe verloren. Anm. des H.

nit aber allerdings zur Genüge resolviren
können, sondern uns dahin erbotten, in gegenwärtigen Conventu ecclesiastico unsere
Gedanken hievon schriftlich beyzubringen: So
haben wir nit unterlassen sollen, selbiges mit
Wenigem zu effectuiren, unterthänig bitten-
de, Jhro Herrl. geruhen, solch unser herz-
liches wohlgemeint einhelliges Bedenken in
grossen Gunsten zu vernehmen.

Was demnach das Werk selbst zu vor-
derst belangt, gestehen wir gerne, daß es
zwar auf guten Ansinnen der Hochgeehrten
L. Obrigkeit hafte, und vielleicht vor Jahren
a recenti huius consilii party, da noch nit
so viel und mancherley Accisen und Uflagen
bey hiesiger Stadt auf die Bahn kommen,
seine Stelle ohne sondere Widerrede unter den
Leuten hätte finden können; dieweil aber je-
ziger Zeit die gemeine Burgerschaft grossen
Theils wegen ermeldter so vielfältigen Accisen in schwere gefährliche Einbildung und
Wehmuth, in erbärmliches Klagen und Win-
seln gerathen: Als können Jhro Herrl. hoch-
verständig ermessen, was harten Anstößen
heutigs Tags bei so beschafnen Dingen, die
Aufrichtung und Publicirung dieses Werks
unterworfen.

Dann

Dann erſtlich zu beſahren, weil an hieſigen Ort allbereit nit allein faſt alles, was
zu des Menſchen alimentation und conſer-
vation gehörig, ſondern auch bey den leidi-
gen Todesfällen die Kränze, Truhen und anderes in die Acciſen eingeſchloſſen worden, daß
durch Beharrung dieſes neuen Conſilii ein
neues Klagen verurſacht werden möchte, wie
nemlich zu Nürnberg des Menſchen Geburt,
leben und Tod verzellt, geſchätzt, und mit
Uflagen beſchwehrt werde.

Sonderlich aber fürs Andere, mögte
es anderer Orten dieſer Republik einen ſelt-
ſamen Nachklang erwecken, da man ohne das
viel Redens bißweilen einnehmen und hören
muß, wie anderswo über hieſige Stadt theur
geklagt worden, daß mit den neuen Zöllen
und vielfältigen Auflagen ſie einig und allein
vielen andern Städten folgige Urſach und
Anlaß gegeben.

Drittens weil ein armer Kindsvater
in dieſer kümmerlichen und weit andern Zeit,
als da dieß conſilium gegeben worden, an
Mangel eines einigen Reichsthalers mehr
Verluſt, als die Vorfahren mit vielen, er-
leiden muß, ſo mögte er ſich über die Maß
beſchwehrt befinden, da er denſelben ihm,

ſeinem

seinem Weib und Kind, bey seinem Selbst-
bedürfen entziehen, und gleichsam auf blin-
des Glück in andere Hände geben sollte.

Zum 4ten mögte es dahin gedeutet
werden, als lief es wider die christliche Lieb
oder normam omnium actionum politica-
rum, indeme ein armer Vater um des verstorbenen Kinds willen des depositi pecunia-
rii entbehren sollte. Denn ob es schon wegen der Begüterten etwas scheinbarl. sich dar-
geben läßt, sind doch dagegen die Armen,
quorum causa est favorabilis, billig in
christliche consideration zu ziehen.

Welches alles wir keineswegs darum
berühren, als ob wir hiemit nodum in scir-
po suchen, und unnötig widersezlicher Weis
E. E. Raths intention disputirlich machen,
oder auch unser privat Verschonung attendi-
ren wollten (wiewol sich noch immerdar zu
verwundern, daß hiesige Kirchendiener mit
allen und allerley oneribus civilibus, deren
etliche auch unserm Amt nit geringen Schimpf
herbeiziehen, belegt werden, dergleichen Exempel fast an keinem Ort in der ganzen evangelischen Christenheit zu befinden) Sondern es
ist einig und allein zu diesem End wolmeinend
von uns angesehen, auf daß obige Besorg-
lichkeit

lichkeit und erzehlte pericula zeitlich und der=
maſſen abgeſchnitten werden, damit wir als=
dann mit guten Gewiſſen der chriſtlichen Ge=
mein ſolchen Handel publice vortragen, und
dann das Werk ſelbſt keinen Anſtoß leiden
möchte.

Iſt derowegen hierauf fürs andere haubt=
ſächlich wol zu bedenken, wie ſelbige publi-
catio mit gutem Gewiſſen und glücklichem
ſucceſs auf die Kanzel zu bringen, da wir
ohne Maßgebung einfältig dafür halten:

Erſtlich daß vorher den Genannten des
gröſſern Raths, wie auch darauf durch die
Haubtleut den Bürgern insgemein hievon An=
zeig geſchehen könnte: inmaſſen da allerley
ſcrupuli, wie in ſolchen Dingen zu geſchehen
pflegt, ſich unter ihnen ereignen werden,
wir alsdann dieſelben durch commendation
des guten Zwecks und Erläuterung der Um=
ſtände mit Fleiß zu eximiren Gelegenheit hät=
ten; welchergeſtalt dieſes negotium weit beſ=
ſer facilitirt würde, als da der Anfang auf
der Canzel gehling und unverſehens gemacht
werden ſollte, cum repentina, praeſertim
ſi ſint odioſa, non doceant animas, ſed
turbent, teſte Menandro.

Fürs

Fürs andere, daß es nöthig seyn würde, nit allein inter concionandum deſſen zu gedenken, ſondern auch zum Ueberfluß nach der Predigt aus einem ausführlichen Concept (wie ehedeſſen geſchehen) die Gebühr abzuleſen.

Drittens, daß bey obgeſetzten Fall, wann arme Eltern auf zeitliches Abſterben ihrer Kinder des dargelegten Gelds notorie aufs höchſte benöthigt werden, denenſelben, wo nicht alles, jedoch etwas davon nach den Umſtänden, großgünſtig zu verſprechen, ſintemal die Nothleidende hierdurch weniger Urſach hätten, das Werk durch unnöthiges Klagen verhaßt zu machen.

Viertens, daß in favorem totius cauſae et propter conſcientiam der Burgerſchaft gegen dieſer neuen Ordnung wiederumb eine gratification mit Aufhebung der Getraid Acciſen zu erweiſen, und ihnen der Muth ſolches Innhalts zu machen ſeyn möchte: damit eine Burgerſchaft zu ſpüren hätte, wie gut es Ihre Herrl. mit derſelben meinten, als wären Sie entſchloſſen, beſagte Auflag großgl. fallen zu laſſen; welche captatio benevolentiae ſowol bey vorhabenden Werk, als in andern Dingen merkl. Frucht ſchaffen würde.

würde. Im Widrigen, da solch Klagen und
Seufzen der Armen wider ermeldte Auflag
continuirt werden soll, ist leicht zu ermessen,
daß unsre Zuhörer großen Theils, nit allein
ihren gefasten Wahn, als wollte man die
Auflagen und onera bey der Burgerschaft
in infinitum extendiren, noch ferner behaub-
ten, sondern auch uns Kirchendiener, wie
ehemaln geschehen, in dem Verdacht halten
mögten, daß es (wir machen es auch so süß
in der Kirchen als es immer seyn kan) dennoch nit für, sondern wider die armen Leute
auslaufen werde. Dann weiln wir bey hie-
bevor ergangner Anstellung der Accisen dem
gemeßnen christlichen Befehl nach, die Commun, (so viel tausend Seelen) offentlich ver-
gewissert, daß man keineswegs gemeynt wäre, diejenigen Victualien, deren der arme
Mann zur nothdürftigen Erhaltung des Lebens nit entbehren könnte, zu belegen, als
welches ganz unverantwortlich vor Gott und
der Welt fallen würde, und aber das gerade Widerspiel (wiewol wider unser schrift-
mässiges, treuherziges und unterthäniges Ersuchen und Bitten) dennoch erfolgt ist: So
sind hiedurch alle dergleichen unsere Verruf-
fungen und monitiones von den Accisen

Neuntes Stück.   L l   und

und Auflagen den Leuten verdächtig gemacht
worden.

Deswegen wir noch auf diese Stund
in unserm Gewissen uns höchlich beschwehrt
und schuldig finden, weil dieser Zeit leichtlich
heut oder morgen, einer und der ander
zur künftigen Rechenschaft aus diesem Leben
abgefordert werden möchte, dieselbe noch in
tempore zu liberiren. Bitten derowegen
ganz flehentlich, da ja Ihre Hrl. von unserer
absonderlichen übergebnen Schrift (worüber
wir bis dato keine einige Antwort vernehmen
können) die Gedanken beywohnen sollten, als
ob darinn wider Gottes Wort und Willen,
wider die Lieb des Nächsten, und unser eigen
Amt; und nit vielmehr aus Gottes erhei-
schenden ernstlichen Befehl, aus dringender
Gewissensnoth, und wegen Vorbauung künf-
tiger Strafen, etwas von uns gesucht, und
dahero dem hohen Respect der L. Obrigkeit
zu nahe geredet worden wäre, daß dieselbe
großgl. ermeldt unsre schriftlichen Anbringen
mit beygefügten Fundamentis (welche wir
auf Begehren mit mehrern auszuführen ge-
willet sind,) bey Straßburg oder Ulm durch
hochgelehrte doctores theologos (massen
auch sonst in politicis dubiis geschieht) auf
die

die Prob sehen, und richtige gewissenhafte
decision uns hierüber widerfahren lassen woll=
ten. Schließlich wünschen wir von dem Al=
lerhöchsten, daß er bey vorstehenden Haubt=
werk die consilia in Gnaden dahin richten
wolle, damit es nicht wider seines heiligen
Namens Ehre, sondern zu dessen väterlichen
Wolgefallen, und zu gemeinen Nutzen wohl
erspriessen, auch wir dabey allezeit ein reines
gesundes Gewissen behalten mögen.

Welchem allgewaltigen Gott Ihre Hrl.
sammt und sonders, wir unten benannte zu
beharrl. Wolstand an Leib und Seelen, glück=
licher Regierung und Erhohlung des allgemei=
nen Gottwohlgefälligen Fridens, uns aber
zu Dero großen Gunsten und patrociniis
gehorsamlich empfehlen.

Ihrer E. und Hrl.
unterthänige

M. Ioh. Saubertus.

M. Ioh. Weber.

M. Christo. Welhamer.

M. Corn. Marci.

M. Ioh. Dietelmair.

III.

Nürnbergische Halßgerichts - Ordnung vom Jahr 1481. *)

So man vber ein schedlichen Man verpürgen will, vnd den vom leben zum
Tode mit Recht bringen wil
laut also.

Item der Richter sol zwen Schöpfen
oder mer zu Im nemen, vnd der anclager sol da sein, vnd der anclager soll also
sprechen, Herr der Richter erlaubt mir ein
fürsprechenn Der Richter sol sprechen. Wes
begert Jr. D, anclager sol sprechen. Ich
begere des Herrn N. Der Richter sol zu
dem anclager sprechen. Ich gann euch sein
wol. Der anclager sol sprechen zu den Schöpfen. lieber Herre Ich bit euch. Das Jr mir
mein Wort sprecht. Der Schöpfe sol sprechen, Herre der Richter habt Jr mir erlaubt dem Anclager sein Wort zu sprechen
S·

*) Diese noch ungedruckte Ordnung ist ganz verschie-
den von der im historisch diplomatischen Magazin
I B. S. 271 abgedruckten Ordnung des Halß-
gerichts, welche vielmehr bloß eine Ordnung
des peinlichen Rechtstags ist.

So spricht der Richter Ja. So spricht der
Schopf. So ding Ich Im wandell vnd wes
Im notturfft Ist zu dem Rechten vnnd.
erlaubt vnns ein Gesprech.

Vnd so spricht der fürsprech Herr Rich,
ter Der anclager heist mich reden Ir habt
einen schedlichen Man Ine des Henligen Romischen vnd In Eweren panden Nach des
leibs vnd leben Er fumen wil. vnd wil das
verpürgen als Recht Ist vnd begert vnd pit.
das Ir die pürgschafft von Im aufnempt.
Vnd Im des einen Rechttag sezen wöllt:
Der Richter fragt des Rechten. Die Schöpfen sollen vrteylen zum Rechten. Will er dem
Rechten nachkommen vnd des verpürgen als
Recht Ist. So sezt Ir Im pillig ein Rechttag
als Recht Ist. Der anclager spricht durch sein
fürsprechen. Ja Ich wil es thon. Vnd stelt darum zwen Man, die dem Richter globen das sie
pürge wollen sein. das der anclager, dem Rechten nachkomen wolle als Vrteil vnd Recht geben hab. Wo er des aber nicht tette So
müsten die pürgen dem Richter zehen pfundt
haller verfallen sein. Nach dem als das
Starpuch aufweißt. Vnd so das gelübde dem
Richter geschehen Ist, so sezt der Richter
dem anclager einen Rechttag vnd bestymbt

Im

Im den auch Jne vierzeßen tagenn So globt der anclager, feine púrgen, on Jr fchedenn von der púrgfchafft zue ßelffen.

Item So der Richter vnd die Schö- pfen zue gericht gefeffeu fino Sol der ancla- ger beη der Túr fteen vnd fprechen Herre der Richter Erlaubt mir ein fúrfprechen zum erften zum andern zum Dritten mal von gerichtswegen Sol der Richter fprechen, Wes begert Jr, aber der anclager. Jch be- gere meins Herrn N. So fol der Richter Ein ηeden Schöpfen an dem Ring fragen, mit den Worten, Herr N. Jch frag euch auff Eweren aηde, ob er Jne wol geuodert ßab So follen die Schöpfen fizende mit em- ploßtem Haubt erteηlen Er ßab Jn wol ge- uordert Er fol Jmß gepieten zu dreηen ma- len von gerichts wegen, Das er dem An- clager fein Wort fpreche.

Item fo fol dann der Richter demfel- ben Schöpfen gepieten mit den Worten Herr N. Jch gepewt euch zum erften zum andern zum Dritten mal von gerichts wegen Das Jr dem anclager fein Wort fprecht.

Item fo fol der Schopfe dan auffften vnd zue dem anclager tretten vnd fprechen Herre der Richter Erlaubt Jr mir dem Anclager

clager sein Wort zue sprechen Sol der Richter antwurten Ich gan euch sein wol, aber
der fürsprech So ding Ich wandel, vnd wes
er notturfft Ist, zum rechten, Vnd ob Ich
In Sawmet, das er mein Wandel müg haben Des bit Ich mein herren die Schopfen
zugedenken Herre der Richter Erlaubt vnns
ein sprach Sol aber der Richter antwurten
Ich gan euch sein wol So soll sich dann der
Schopfe zue dem anclager wendten, vnd fragen wie er In ansprechen wol vnd darauff sprechen Herre der Richter bekent Ir dem Anclager der Bürgschafft Sol der Richter antwurten. Ja aber der Schöpf, des bit Ich
mein Herrn die Schöpfen zugedenken, vnd
darauff sprechen Herre der Richter, Wölt
Ir des anclagers Wort hören Sol der Richter antwurten. Ja. aber der Schopfe sprechen Der steet hie, vnd heist mich reden.
Ir habt ein schedlichen Man Jne des heiligen Romischen Reichs, vnd In Eweren
panden, Nach des Leib vnd Leben Er kumen
wil, als Recht Ist, Er mant Euch, das
Ir Im den wölt für Gericht stellen, vnd bit
euch darnach zue fragen, ob Ich Im den
wol geuodert hab. Ob Ir Im den Recht
pillich stellt, vnd wie Ir Im den stellen solt

Sol der Richter aber Ein yeden Schöpfen fragen mit den Worten Herre N. Ich frage euch auff Eweren eyde Ob er den Wol genodert hab außgenumen des anclagers fürsprechen, sol er nit fragenn So sollen die Schöpfen Sitzende mit entplößten Haubt erteylen Er hab Im den wol genordert, Er sol In gepunden vnd gefangen für gericht stellen Darauff aber der Schöpf Herre der Richter Also ermant er euch Das Jr In stellen laßt Nach der Schöpfen Vrteil Darauff der Richter sprechen sol zue dem pütel der Im Gericht steet. Heiß In herauff füren Derselb pütel dann herauß zue den andern seinen gesellen schreyen sol fürt In auff her Die sullen es dann thun.

Item So der arme für gericht kompt, Sol der Richter aber des anclagers fürsprechen zue dreyen Malen von gerichtswegen gepieten wieuor das er dem anclager sein Wort spreche, Der sol dann aber auffsten vnd zu dem Anclager tretten vnd sprechen Herre der Richter wölt Jr des anclägers wort hören Sol der Richter antwurten. Ja. vnd aber der Schöpf sprechen Dem hab Ich Wandel gedingt, vnd steet hie, vnd bit geröchts zue dem Diep, der da gegenwurtig steet gepunden

den vnd gefangen Jm plaben Rock, vnd spricht,
Er sey mit seiner Dieberey So schedlich gewest das Jr vil pillicher Richt vber sein Leip,
vnd leben dan das Jr das sat. Verjehe er
Jm der Dieberey, das were Jm liebe Wolt
er Jm aber der sawgen So wöl er das zue
Jm bringen, mit Zweyen geswornen Schöpfen am Ring als Recht Ist, die da mit
sampt dem Richter, der dan den pan hat
gehabt, zue derselben Zeytte von dem heiligen Romischen Reiche bey Jm Jn der ge-
senncknuß gewesen sind vor den er der Dieberey bekandt hab.

Item so sol dann der Richter sprechen
zue dem armen Nym ein fürsprechen auff welchen er dan dewt oder nennt dem sol der Richter den auch zue dreyen malen von gerichts
wegen gepieten das er dem armen sein Wort
sprech der sol dann auffsten zue dem armen
tretten vnd sprechen herre der Richter sol
Jch dem armen sein Wort sprechenn Sol der
Richter antwurten. Jch gan euch sein wol.
Aber des armen fürsprech So ding Jch Jm
wandell Ob Jch Jn Sawmet, das er mein
wandel müg haben, des bit Jch mein herrn
die Schopfen zu gedenken Herre der Richter
Erlaubt vnns ein sprach, Sol der Richter

Ll 5 aber

aber antwurten, Ich gan euch ſein wol, So
ſol ſich dann der Fürſprech mit dem armen
vnderreden, vnd ſo er Jne vernumen hat,
Sol er ſich wendten zu des anclägers Fürſprechen Darauf des anclagers fürſpreche aber Reden vnd ſprechen ſol Der anclager bit gerichts
zu dem Diep etc. geleicherweiß wieuor Wil
dann der arme die anclage gedulten, vnd nit
lawgen, So ſol ſein fürſprech Darauff Reden
vnd ſprechen Herre der Richter wölt Jr des
armen antwurt hören Sol der Richter ſprechen. Ja der arm bekennt der Dieberey vnd
ſpricht Er hab ſich layder vergeſſen, vnd bith
euch Herr der Richter vnd mein herrn die
Schöpfen vmb gotzwillen Jr wollet Jm
genade vnd Barmherzigkeit beweiſen vnd ſol
ſich des armen fürſprech wenden, vnd zue
dem armen ſprechen, Iſt dem alſo, oder Iſt
das dein Maynung Darauff des anclagers fürſprech aber reden vnd ſprechen ſol Herre der
Richter Nun fragt darnach Ob er der Dieberey genug bekannt habe, alſo das ſein der
anclager genneß vnd der gegenwärtig Diep
entgelt ꝛc.

Dann ſol der Richter aber ein yeden
Schopfen, außgenumen die zwen fürſprechen fragen mit den Worten Herr N. Ich frag

euch

euch auff Eweren ayde Ob er der Dieberey
genug bekannt hab So sollen die Schöpfen
aber sizende mit entploßten Haubt erteylen
Er hab der Dieberey genug bekannt, Also
das sein der anclager genneß, vnd der gegen=
wertig Diep entgelt Sol des anclägers für=
spreche aber sprechen. Herre der Richter Nun
fragt darnach wie man Im vber sein diep
richten sol, Sol der Richter aber fragen,
mit den Worten. N. Ich frag euch auff ew=
ren ayde Darauff die Schöpfen mit sizende
vnd emplößten haubt sollen erteylen mit ha=
hen *) zu dem tot oder mit dem Schwert zu
tot Ob es ein Frauen pild Ist, So sol die
Vrteil also lauten, lebendig zum tode begra=
ben. Die vrtayl eines Mörders laut also mit
Schlaiffenn vnd mit dem Rad zum tode.
Des Anclägers Fürsprech aber sprechen sol
Herr der Richter Seintdemal Im der Ancla=
ger sein leip vnd leben mit dem Rechten ab=
gewunen hat So fragt darnach Ob Im ye=
mandt darvmb Veh oder veintschafft zu tra=
gen oder das Jn arckgen Im anndten oder
esern wolt, was Rechts er zu demselben solt
habend vnd wartend sein Sol der Richter
aber ein yeden Schöpfen, vnd auch die für=

                                    sprechen

*) Hängen.

sprechen fragen mit den Worten Herre N. Ich
frag euch auff ewern ayde Die ſüllen dan aber
ſizende vnd mit emploßten Haupt erteylen
Das ſelb recht alszu dem gegenwertigen Diep
Darauff aber des anclagers fürſprech Reden
vnd ſprechen ſol herre der Richter alſo ertha-
net euch der anclager, das Jr Jn Richten
laſt Nach der Schopfen Vrteyll.

So der Arm lauget.

Jtem Wen aber der arm Der anclag
nit gedulden vnd Jn lawgen ſteet So ſol des
anclagers fürſprech ſprechen Herre der Richter Seintdemalen der arm der Anclag Mit
gedulten vnd Jn lawgen ſteet. Vnd der Anclager Jm Anfang auffbringen Jſt gangen,
So fragt darnach ob man ſein bringen Jcht
billich verhöre vnd geſchehe dan darnach das
Recht Jſt, Sol der Richter fragen ein yeden Schöpfen mit den Worten Herre N.
Ich frag euch auff ewern ayde: So ſöllen
die Schöpfen erteylen. Man verhöre ſein
pringen pillich vnd geſchehe dan darnach das
Recht Jſt, So ſol des anclagers fürſprech
aber ſprechen Herre der Richter Nu fragt
darnach, Wenn er das zu Jm bringen ſolle,
So ſol der Richter aber fragen wieuor: Vnd
die

die Schopfen ertepſen hewt oder zu tagen
Darauff des Anclagers fürſprech ſprechen ſoll
Herre der Richter Er wil hewt volfarn dargegen des armen fürſprech Reden vnd ſprechen
ſol Herre der Richter So fragt darnach Ob
er das hewt nit zu Im precht. Ob der Arm
Icht billig ledig were Darauf der Richter
aber fragen vnd die Schöpfen ertepſen ſollen
Bringt er das hewt nit zu Im So ſep er
vor dem Clager pillig ledig ꝛc.

Darauff des anclagers fürſprech aber
Reden ſol herre der Richter alſo begert der
Anclager Jr wöllet Herrn N. verhörn. Was
Im darumb wiſſent ſep dem ſoll dann der Richter zu dreyen malen gepieten von Gerichts wegen, das er ſage was Im darvmb wiſſent ſep
der Schopf ſol dan auffſten vnd ſprechen
Herre der Richter Erlaubt mir ein fürſprechen Sol der Richter antwurten Ich gan
euch ſein wol: wes begert Jr, welchen er
dan nennt Dem ſol der Richter auch zu drey-
en malen von Gerichts wegen gepietenn, das
er demſelben Zewgen ſein Wort tun Der ſol
dann auffſten vnd ſprechen Herre der Richter ſol Ich Herrn N. ſein Wort thun. Sol
der Richter antwurten. Ich gann euch ſein
wol Der ſol Im dan auch andingen als recht

Jſt,

Iſt, vnd ſprechen Er heiſt mich reden das er
mit ſampt dem Richter, bey Im In der ge-
ſencknuß geweſen ſey vnd das er des vnd des
ſtücks derer einß, oder zwey nennen ſol, mit
ſampt ander dieberey bekannt hab, So ſol aber
des Anclagers fürſprech ſprechen Herre der
Richter Nu fragt darnach, ob Im der zewg
wol geſtanden ſey, alſo das ſein der Anclager genneß vnd der gegenwertig Diep entgelt
So ſol der Richter aber fragen, vnd die
Schöpfen erteilenn der Zewg ſey Im wol be-
ſtannden, alſo beſtee Im der ander Auch So
geſchehe darnach was Recht Iſt So ſol dann
des Anclagers fürſprech den andern Zewgen auch begern zuuerhörn Der ſol dan durch
fürſprechen auch gehört vnd gehanndelt werden, als der erſt, vnd ſo der auch geſagt hat
Sol des Anclagers fürſprech den Richter
aber Bitten zue fragen Ob Im bede Zewgen
wol beſtanden ſindt Alſo das ſein der Anclager genneß vnd der gegenwertig Diep entgelt
Der ſoll dann aber fragen, vnd die Schöpfen erteylen, Im ſind bede Zewgen wol
beſtanden alſo das ſein der Anclager genneß
vnd der gegenwertig Diep entgelt So ſol denn
des Anclagers fürſprech aber ſprechen Herr
der Richter Nu fragt darnach wie man v-
ber

ber ein Diep richten sol das geet dan nach
dem form hynnauß als vorgeschribenn stet ꝛc.

Item So einer lawgent vnd In die zwen
Schöpfen vber sagt haben, vnd der Richter Nu fragt wie man den schedlichen Man
Richten sol, alßdenn so sol der Richter
die zwen Schöpfen die den schedlichen Man
besagt haben Der Vrteyll auch fragenn ꝛc.

Wie man vber ein todtenn Menschen Rich-
tenn soll.

Zum ersten Sol der Anclager ein fürsprechen vodernn Der sol Im von dem Richter
Erlaubt vnd gepotenn werden, Sein Wort
zu Reden, vnd Inn den andingen vnd begern den schedlichen Man für gericht zue stellen nach gerichts Ordnung geleicher weiße als
vber ein lebendigenn.

Item vnd wenn man den todten Leichnam für gericht bracht hat Der sol gepunden
sein So sol der Richter des Anclagers fürsprechen gepieten zue dreyen malen von gerichtswegen vt Informa das er dem anclager sein Wort sprech Der sol denn zue Im
tretten, vnnd Im sein spruch darlegen geleicherweiß als zue einen lebendigenn.

Item

Item Denn sol der Richter den todten mit namen nennen, vnd laut sprechen Hanns oder Chonntz Nym einen fürsprechen zum ersten zum andernn zum dritten mal von Gerichts wegen, vnd so er den ein weil schweigt, vnd nit redt Sol sich der fürsprech zue dem Anclager wendten vnd denn sprechen Herre der Richter Ich Mann er sey tode vnd hab kain leben nicht fragt darnach wie es nun besteen sol So sol der Richter am den Ring Einen yeden Schöpfen fragen mit den Worten, Herre N. Ich frag euch auff eweren ayde Wie es nun besteen sol, Die sullen denn vrteilen Das er zwen Schöpfen am Ring hynnauß gebe, die den armen besehen Ob er lebendig oder tode sey. Vnd geschehe denn darnach, was Recht Ist.

Item Denn sol der Richter selber zwen Schopfen am Ring benennen vnd gepieten mit den Worten: Herre N. vnd Herre N. Ich gepeut euch zum ersten zum andern zum Dritten mal von gerichts wegen das Ir hin auf geet, vnd den armen besecht, ob er vernufft hab, lebendig oder tode sey Die söllen es denn tun vnd so sie In denn besehen haben, vnd wieder Ine das gericht kumen sein, So sol der Richter Ir yeden offenlich fragen, mit

den

den worten Herr N. Ich frag euch auff eweren ayde wie Ir den armen gefunden habt,
Die follen denn offennlich fagen das fie In
gefunden vnd gefehen haben, als ein todten
Menfchen der do weder Vernunfft noch leben
In Im hab Denn foll der Richter aber an
den Ringk fragen einen yeden Schöpfen
mit den Worten Herr N. Ich frag euch auff
eweren Ayde was Nu Recht fey Die follen
denn vrteilen Seytenmaln die Schöpfen gefagt haben, das der Tode fey, vnd kein
leben hab So folle er Im felbs einen für-
fprechen, auß den Schöpfen am Ringk
geben Der Im fein Wort fprech vnd gefchehe
dann darnach was Recht Ift etc.

    Item denn fol der Richter Ein
Schöpfen am Ring benennen vnd Im zu
dreyenmalen von gerichts wegen gepieten vt
Informa das er dem todten Menfchen fein
Wort thue Der fol denn auffften vnd fprechen Herre der Richter Seytmaln der Menfch
tode Ift, vnd nit Vernunfft hat So fragt
darnach Ob man Im Ichft pillich Ein lerern
geb So fol der Richter aber fragen, mit den
Worten Herre N. Ich frag Euch darvmb auff
euern ayde Die fullen den erteilen Nach dem
der Menfch tode fey vnd nit Vernunfft hab

Neuntes Stück.   M m   So

So geb man Jm pillich ein lerern aus den Schöpfen am Ringk.

Item Darauff der Richter Des Todten fürsprechen fragen sol mit den Worten Herre N. wes begert Jr zue einen lerer Der sol denn ein Schöpfen am Ring mit namen benennen Dem sol der Richter alßpald zu dreyen maln von gerichts wegn gepieten, vt Informa das er des Todten lerer sey der sol es den thun, vnd zu dem fürsprechen tretten. Die süllen sich mit einander vnnter Reden, vnd der fürsprech darauff sprechen Herre der Richt Seytdemal, das der Mensch tode Jst, vnd nit Vernufft Jn Jm hat So fragt darnach Ob Jch vnd sein lerer Jm Jcht pflichtig vnd schuldig sein pestes zu werben vnd das trewlichst zu. hanndeln So sol der Richter aber fragenn vnd des die Schöpfen erteilen Sie mügen Jm wol pestes Werben vnd das getrewlichst Handeln Nach Gerichts Ordnung als Recht Jst.

Item Darauff des Todten fürsprech zu des anclagers fürsprechen sprechen sol, was hat mein Herre zu sprechen Der sol denn des Anclagers spruch darlegen, auff meynung der pit gerichts zu dem mörder Der do liegt gepunden

punden vnd gefanngen vor gericht rc. geleicher weiße als zu einem lebendigen So sol
des todten fürsprech, Nachdem der nit Vernufft noch Leben hat der anclag nit gedulden,
vnd sprechen, Herr der Richter Er Ist des
vnschuldig des man In zeicht Darauff des
anclagers fürsprech sprechenn sol Herr der
Richter Seydemal des Todtenn fürsprech
der anclag nit gedulten wil, vnd der Ine
lawgen stet vnd nachdem der Anclager Im
anfanng auff pryngen Ist gangn So fragt
darnach Ob man daßelb sein pringen Icht
pillich verhör, vnd geschehe denn darnach was
Recht Ist das geet denn mit verhörung der
Zeugen vnd andern hynnauß Nach dem gemeinen Form gleicherweiße als zue einenn lebendigen wenn er lawgennt rc.

Hernach volgt wie man auff verlewmüt

Freyheitbriefe Vber ein Verleumuten
Menschen Richten sol.

Zum ersten Sol der anclager Ein fürsprechen vordern der sol Im von dem Richter Erlaubt vnd gepeten werden Sein Wort
zue Reden vnd In andingen, als Nach gerichts Ordnung vt Informa.

Item vnd darnach Sol er sprechen
Herre der Richter Ir habt einen schedlichen

verlewmuten Man Jne des Heyligen Römii-
ſchen Reichs vnd Jne Eweren panden Näch-
des leib vnd leben er kommen wil als Recht
Iſt etc. vt Informa.

Item vnd wen der verlewmut Man
denn an das gericht kommen Iſt So ſol der
Richter des anclagers fürſprechen von
gerichts wegen gepieten vt Informa. Das
er dem Anclager ſein Wort ſprech der ſol
denn zu Im tretten vnd ſprechen Herre der
Richter der Anclager begert etliche Brie-
ſe zuuerhoren vnd zuuerleſen laſſen Vnd pit
euch darnach zue fragen, ob man die Icht
billig verhore vnd darnach geſchehe das Recht
Iſt So ſol der Richter fragen, vnd die
Schöpfen erteylen. Man hore ſie pillich
vnd geſchehe denn darnach was Recht Iſt etc.

Item alsden Sol der lewmut briefe
vnd die gemein beſtettigung eines Kayſers o-
der königs der zu Zeiten Iſt durch einen Redlichen Schreiber der darzu geuodert ſol ſein
offenlich Im gericht verleſen werden.

Item darauff Sol des Anclagers fürſpreche ſprechen Herre der Richter Nun
fragt darnach ob der anclager wol bracht
habe das Schöpfen vnd Rate Oder der
Merer teyl vnuter In gewalt vnd macht haben

.ben das sie vber einen yeden verlewmuten
Man Der In solichem schweren leumut Ist
Richten vnd den vom leben zue dem Tode
erteilen mügen Darauff der Richter aber
fragen vnd die Schöpfen erteilenn sollenn.
Er hab wol bracht das Schöpfen vnd
Rate oder merer teyl vnnter In Ein verlewmuten Man vom leben zum tode erteilen
mügen etc.

Item Darauff des anclagers fürsprech
aber Reden vnd sprechen sol Herre der Richter der anclager pit gerichts zu dem verlewmuten man Der do gegenwertig steet gepunden vnd gefangen vnd spricht, Er sey sein
vnd des Lannds verlewmuter Man Im dem
lannde vnd der stat mit seinem lewmut so
schedlich gewesenn das Ir Im vil pillicher
Richt veber sein leib vnd veber sein leben,
Den das Ir des last, versehe er Im des
lewmuts Das were Im lieb, wolt er Im
das läwgenn So wolle er das zu In bringen
mit zweien gesworen Schöpfen am Ring
als Recht Ist, die daben vnd mit gewesen
sein Das der merer Teyll Schopfen vnd
Rats auff Ir ande erkennt haben Das dieser verlewmut Man pesser tode denn lebendig sey.

Item

Item zue merken das man albeg uor Im Rate zwen Schöpfen darzu beſcheiden ſol wen es noth thue einen In vorgemelter weyſe zu vberſagenn.

Item Darauff ſol der Richter den armen einenn Fürſprechen heiſſen nemen, vnd er bekennen denn oder ſawgen So get es denn nach dem gemeinen form hynnauß.

Item auch Iſt zu merken, Das Man vber einen verlewmuten Man mit dem Schwert Richt.

IV.

Geſetze der Geiſtlichen an der Laurenzer Pfarrkirche zur Zeit des Pabſtthums *)

Leges et ſtatuta, ſecundum quae Diaconis in Parochia ad D. Laurent. ante annos amplius centum, regnantibus adhuc Pontificiis tenebris vivendum fuit, erant ex Archivo deſcripta. 13 ſtatuta, eaque exceptis ad doctrinam falſam pertinentibus, bonis moribus accommodata.

I. Quia

*) Dieſes merkwürdige Document gehört wohl in die Zeit vor 1478. da in demſelben noch des Plebani gedacht wird.

I. Quia focii in divinis praefunt cu-
rae animarum et ad id deputati, quod
Chrifti fidelibus iuxta inftitutionem ecclefiae ecclefiaftica miniftrent facramenta:
ne igitur in his quid committatur erroris
et negligentiae, curent diligenter debitas
obfervare ferias et unumquodque facra-
mentum, ut inftitutum eft, geftibus val-
de devotis et compofitis miniftrent, ne
fcandalum generetur et peccatum nutria-
tur. Propter quod vocati ad actum va-
dant celeriter: nullus pro alio fe excufet,
fi ftatim non occurit is, quem ordo tan-
git ne negligentia committatur.

II. In ecclefia omni honeftate et gra-
vitate utantur, non fimul, ac cum aliis
colloquentes. Ibi enim ceu fignum ad
fagittam pofiti funt; unde aliis oftendere
debent, qualiter oportet in domo Domini converfari. Sub miffa regali Cho-
rales fedeant ad latera libri, et cantent
eam mature et tractim, nifi temporis bre-
vitas aliud exigat, ut cum fint exequiae,
in quibus cum fchola non feftinent. Idem
gravitatem teneant in Vigiliis et orando
fuper fepulchris, ut debito fatisfaciant,
ne praetereuntes levitatem aliquam notent

M m 4 repre-

reprehenſione dignam: vita, verbo et exemplo ſe ſacerdotes praeferant.

III. Poſt prandium et ſub pauſa ec-
cleſiam non ingrediantur abſque neceſſi-
tate, ut ſtationes cum mulieribus ob-
ſervent Nec aliis temporibus in eccleſia, vel iuxta cum illis loquantur, maxime in coemiterio, et cum illis, quae
ſub ſcholis vendunt. Etiam quamvis exi-
re poſſent, qui non ſunt hebdomadarii,
tamen id quantum fieri poteſt, vitent, ne
diſcurrere videantur per civitatem : et
non ſine licentia exeant, niſi illa petita
et obtenta, et dicant, quo ire velint, ut
neceſſitatis tempore inveniri poſſint. Et
exeundo ad ſolatia nullus vadat ad loca
ſuſpecta et inhoneſta, ut ſaepius factum
eſt, dum licentia in alium et honeſtum
finem data eſt. Contrarium facientes gra-
vi ſubiaceant poenae.

IV. Item iuvencularum et matrona-
rum introitus frequens plurimos ſcanda-
lizat et honeſtatem clericalem deturpat.
Ideo nullus mulierem aut iuvenculam cu-
iuſcunque ſtatus, aetatis vel conditionis
exiſtat, et quocunque gradu affinitatis vel
conſanguinitatis ſibi attineat, niſi mater
ſua

fua vel foror effet, ad cameram fuam vel
aulam ducere praefumat, fub poena pri-
vationis ftatus ipfo facto. Si autem ex
iufta et honefta caufa, fed raro cum ali-
qua loqui habet, vel ei honorem colla-
tionis habere voluerit, faciat inferius
prope portam vel cum licentia Procuratoris. *)

V. Item in curia fervetur honeftas
maxima praecipue circa horam prandii et
coenae. Nullus alium perturbet factis vel
verbis aut ftrepitu pedum in cameris, et a-
liis fcurrilitatibus. Et fit concordia et
unitas inter eos, qui vero zizaniam adver-
fitatis feminarit inter eos, mox expellatur,
ne morbida pecus totum ovile inficiat.

VI. Inhibitum eft faepius, ne quif-
quam proprium iuvenem habeat et fre-
quentia illorum difcurrentium furfum deor-
fum in curia, qui quicquid cernunt et audiunt, in tectis praedicant et fcandala plura exinde orta funt et emergunt in dies
maiora. Idcirco talibus fe exonerent,
nec amplius recipiant, aut publice vel
occulte

*) Dieß war der Name des nachher fogenannten
Schaffers.

Mm 5

occulte ad ſe venire et diſcurrere patiantur. Si quis contra fecerit, puniatur arbitrio Domini vel Procuratoris, et taliter ut aliis in exemplum cedat.

VII. Omni ſeptimana burſa detur, et ibi corrigamus exceſſus contra praecepta et ordinationes curiae. Et ſi quis rebellis eſt, in duplo et triplo puniatur, ſi vi emendatus minime vult inceptis finem imponere, privetur capitulo et a curia, tametſi utilior exiſteret in eccleſia vel curia: nulla praevaleat utilitas et qua ſcandalum vel periculum formidet.

VIII. Facta Capituli ſecretiſſime teneantur: ſed ſi quis iuxta feminarum morem, quae nihil reticere norunt, abſconditum aliquid prodiderit, ſubeat graviſſimam poenam, ut doctrina tacendi doceatur in poena.

IX. Quia Capellanus et ultimus non uadunt ad matutinam, ſtatim finitis matutinis, dum alii redeant in curiam, ipſi ſint in eccleſia ad exequendum actus neceſſarios, ut puerperas, peregrinos et confiteri uolentes: et ibidem poſt miſſas ſuas maneant. Reliqui cum curia redeunt, non ſe iterum ad lectos ſuos reponant, sed

sed se praeparent, ut vocati ad aliquem
actum, sine mora sint praestiti et sub pul-
su primo missae sint in ecclesia, supplen-
do officium illorum, qui celebrant. Haec
intelligantur extra tempus Quadragesimae
et Aduentus, ac maiores solennitates,
quia tunc nullus curiam redire debet post
matutinam.

X. In maximis solennitatibus tam in
Vesperis quam in missa custos suum officium exerceat, sero cum thuribulo, ma-
ne cum sacramento ministrando. Diaco-
nus post eum in ordine suppleat uices
eius in regendo uel ministrando. Ita
seruetur cum illo, qui Cancellas sub publica missa ascendere debet, ut proximus
post eum in ordine ministret ob reueren-
tiam altaris et ne ornatus destruatur.

XI. Collector sit magis diligens in
officio suo: pluries quaerit et non inue-
nit, ut alium subornet, qui loco sui uices eius suppleat.

XII. Caetera debite obseruanda suppleat prudens Procurator, ut omnia in
ecclesia recte, ordinate et bene fiant, ne
diuinus ordo turbetur, negligatur popu-
lus,

lus, et honeftas curiae et laudabilis con-
fuetudo deftruatur.

XIII. Haec omnia promiffa in uir-
tute fanctae obedientiae et fub poena re-
bellionis et periurii firmiter et inuiolabiliter obferuentur et legantur omni fepti-
mana femel in Capitulo per Procuratorem
vel feniorem, cunctis audientibus et fic
examinentur, ut transgrefforibus poenae
debitae inferantur et in promiffis culpabiles fecundum qualitatem delicti grauiter
puniantur.

Statuta et ftatuenda, ordinationes
et laudabiles confuetudines in omnibus fideliter obferuare in die affumtorum in Capitulum huius ftatus loco praeftiti facra-
menti quilibet promifit. Et inprimis fa-
lutem, honorem, utilitatem et omnia
ftatus fui bonitatem quomodo libet con-
cernentia fideliter fouere, ampliare et pro-
mouere: Item obedientiam feruari con-
fuetam a fociis in diuinis huius ecclefiae,
in licitis et honeftis, Plebano et eius Procuratori f. uices gerenti pro tempore
rationaliter et fideliter obferuare, correcti-
ones ipforum et emendationes pro ex-
ceffibus et erroribus humiliter fufcipere:

item

item verbo, uita et exemplo facerdotem
fe praeferre: Cultum diuinum et facra-
mentorum adminiftrationem deuote, rationaliter, honefte celeriterque peragere,
fideli diligentia adimplere praedicta cura-
bunt. In promiffis vero culpabiles f. re-
belles quicunque ideo fuerint, fecundum
qualitatem delicti grauiter uenient puni-
endi.

* * *

Conftitutio in capitulo Laurent.
facta propter accidentia comprehende-
bat IX puncta.
I. Quicquid datur alicui fociorum ab in-
tronifatione puerperarum f fponforum
f. peregrinorum a adminiftratione fa-
cramentorum, uel ratione actus facer-
dotalis, totum cedat Capitulo.
II. Quicquid in Parochia datur uel lega-
tur focio in fuppellicio uel in pallio
aliquem actum facienti, totum cedit ad
comunitatem Burfae.
III. Item quicquid infirma perfona tempore infirmitatis dederit Confesfori
fuo, totum cedit ad burfam. Et adda-
tur, qui fit non Confesfor, dum tamen fit Capitularis, quicquid legatum
uel

uel datum, totum cedat Capitulo, fi perfona ifta moriatur.

IV. Si qua perfona comparauit ab aliquo fociorum tringinta miffas continuas de quibus det aliquod falarium, illud omne cedit ad Burfam, et focii miffas illas inter fe pariter complebunt.

V. Item Procurator et caeteri Domini, omnia quae de ftola et teftamentis cuicumque eorum tam Procuratori tam alicui ipforum peruenerint, data f. legata fuerint, in communem ipforum burfam reponere et aequaliter debebunt diuidere. Et quod cuilibet ipforum in confeffione tribuitur, quod Confeffionales appellant, fibi foli debetur, quadragefimali duntaxat tempore excepto, quo medietatem confeffionalium Plebano debet quilibet eorum affignare.

VI. Aegrotante aliquo fociorum, five decumbat in lecto fuo, five iaceat in Curia Plebani five ex, portio fua ex Capitulo per fraternam compaffionem fibi porrigatur.

VII. Si quis fociorum in fuis negotiis iter arripuerit, fi ultra hebdomadam abeft,

por-

portione ſua carebit, ſecus, ſi fuit in negotio Plebani, uel ecclefiae, quia tunc ſemper participat.

VIII. Item qui in Vigiliis usque ad Pſal- mum: Dominus regit me etc. ſe ab- ſentauit portione uigiliarum carebit.

IX. Item ab antiquo eſt ſtatutum et no- uiſſime per Capitulum generaliter con- cluſum: Cum quis ſociorum in diuinis, recedit a Curia ante purificationis Ma- riae, quod tunc de Praedicatorum por- tione nihil debebitur ei. Si quis uero ſociorum ante tempus Purificationis, aſſumtus, capitulum intrauerit, taxa- bitur ei portio ſecundum ratam tem- poris.

Actum et denuo concluſum Anno. domini 49.*) ſexta feria ante Cath. Petri,

---

V.

Von Hector Pömer, dem letzten Probſt zu St. Lorenzen.

Zeltner im Leben Johann Ketzmanns gibt als ſeine Eltern an Hanns Pömern und Brigitta Rummlin. Allein Zeltner iſt ſelbſt

*) Wahrſcheinlich 1449.

selbst nachher eines Beffern belehrt worden,
und hat in der ungedruckten Nachricht von
Hector Pömern, die ich hier benütze, seine
Eltern richtiger angegeben. Sein Vater
hieß Hector I Pömer, und war ein Sohn
Hanns Pömers und der Brigitta Rummlin.
Hector I war 1482 alter Genannter worden, wurde aber 1495 wegen des anhalten-
den Podagra wieder des Raths entlaffen,
und starb 1499, laut des Todenschilds bey
St. Sebald. Er hatte zur Ehe 1) Ursula
Imhofin, und 2) Anna, Johann Schmid-
meyers Tochter. Mit letzterer zeugte er
auffer zwey andern Söhnen, den nachmahli-
gen Probst, Hector Pömer.

Dieser studirte zuerst in Heidelberg,
und wurde daselbst 1513 Bacularius und
Magister artium. Nachher setzte er seine Studien zu Wittenberg fort. Sein Paedagogus
war Georg Ebner, nachmahliger Pfarrer in
Leimburg. *)

Die Stelle eines Pröbsts zu St. Lorenzen erhielt er, als er sich noch zu Wittenberg
aufhielt, nach dem Tod Georg Behaims.
Die

*) Dipt. der Landpfarrer S. 354. Ob Paedagogus
einen Hauslehrer oder einen Hofmeister auf der
Universität hier bedeute, weiß ich nicht.

Die Todeszeit dieses seines Vorgängers wird sehr verschieden angegeben. In den Dipt. Laur. S. 38 heißt es: Er starb den 3 April 1521. Nun ist aber das Vocations‌schreiben an Pömer schon vom 2 Jun. 1520, und das in den Dipt. Laur. S. 21. ange‌führte Monument setzt Behaims Tod auf den 1 Jun. 1520. Nach dem Monument aber auf Pömer (Ebendas. S. 22) ist die‌ser 19 Jahre 9 Monate Probst gewesen, als er starb; also wäre er im Monat April 1521 zu seiner Würde gelangt. Wie sind nun diese Varianten zu vereinigen?

Behaim starb schon den 1 Jun. 1520. und die Angabe vom 3ten April 1521 ist zu‌verlässig falsch. Eben dieß bestättigen auch 1) das Schreiben Sixt Oelhafens an Pö‌mer, mit welchem er ihm seine Vocation nach Wittenberg schickte, welches vom 3 Jun. 1520 ist. (s. Riederers Nachr. zur Kirchen‌Gelehrten- und Büchergesch. IV B. S 87) 2) das Präsentationsschreiben des Raths zu Nürnberg für den neuen Probst von 4 Jul. 1520 (s. Wills kleine Beytr. zu der Diplomatik. S. 126) Das Vocations‌schreiben ist gleich nach Behaims Tod, den 2 Junii ausgefertigt worden. Im Junius

Neuntes Stück.　　　N n　　1520

1520 erhielt also Pömer die Vocation, trat aber seine Stelle noch nicht gleich an: denn erst, nachdem er zum Probst ernennt war, ließ er sich zu Bamberg zum Priester weihen, und zu Wittenberg zum Doctor creiren. Er war daher am 26 Dec. 1520 noch in Wittenberg, und schrieb von da her an den Rath. *) Er mag also erst in den ersten Monaten des J. 1521 seine Probstey wirklich angetreten haben, und von diesem Termin an in seinem Monument gerechnet seyn.

Es wird allenthalben von ihm bezeugt, daß er ein sehr gelehrter Mann gewesen. Bey der Reformation der Nürnbergischen Kirche hat er auf eine kräftige Art mitgewirkt. Er hat den Andreas Osiander, bisherigen Lector der Hebräischen Sprache, zu seinem Prediger berufen. Dieser aber hat, sonderlich im J. 1523, mit Willen seines Probsts und mit großem Unwillen des bey dem damahligen Reichstag anwesenden päbstlichen Nuntius, die Wahrheit des Evangeliums vorgetragen. So sehr er die Gelehrsamkeit Osianders zu schätzen wußte, so wenig billigte er doch dieses heftigen Mannes Hitze und Eigensinn.

Zeltner

*) S. Nbg. Gel. Lex. III B. S. 207.

Zeltner hatte einen eigenhändigen Zettel Pömers gelesen, worin er sein Mißfallen darüber an Hieronymus Paumgärtner deutlich
und mit Nachdruck bezeugt. Osiander ehrte
aber Pömern sehr, und nannte ihn, noch
lang nach seinem Tode, in einer gewissen
Schrift, *) seinen Herrn.

Pömer war ein Liebhaber von Büchern.
Veit Dietrich mußte, da er noch in Wittenberg studirte, ihm, was von neuen Büchern
herauskam, überschicken, oder doch dem Titel nach anzeigen. Ein solcher Brief Dietrichs von 1529 (in dieß Jahr setzt ihn
Zeltner) steht in den Unschuld. Nachr.
1725. S. 116, worin er zugleich berichtet,
was Luther öffentlich gelesen. Pömer correspondirte auch mit Luthern, wie aus der
Collect. Epist. Phil. Mel. Lugdun. p. 69.
erhelt. In der Buddeischen Sammlung
der Briefe Luthers wird auch eines seiner
Schreiben an Luther erwähnt, aber sein Name irrig in Hector *Bohemus* verwandelt.

Was Pömer in Verbindung mit Peß-
lern und Volprecht für rasche Schritte in der
Reinigung des Nürnbergischen Kirchenwe-
N n 2   sens

*) Beweisung, daß ich nun über 30 Jahr allweg
einerley Lehr von der Gerechtigkeit des Glaubens
gehalten. Königsb. 1552.

fens gethan, und mit welcher Standhaftig-
keit sie sich gegen den Bischoff in Bamberg
betragen, welcher sie als Ungehorsame, Re-
bellen und Schismatiker in den Bann that,
ist bereits hinlänglich bekannt. Der Bischoff
in Bamberg verlangte zwar ihre Absetzung
und wollte andere an ihre Stelle verordnet
haben: allein weder der Rath, noch der Abt
zu St. Egydien, dem sonst die Belehnung
der Pröbste anvertraut war, befolgten dieses
Urtheil; und der Bischoff, von dessen Ge-
richtbarkeit in kirchlichen Sachen man schon
längst los zu kommen gesucht hatte, mußte
es dabey bewenden lassen.

Zeltner findet es bemerkenswürdig, daß
in der Sentenz des Bischoffs in Bamberg gegen die beyden Pröbste und den Augustiner
Prior, *) die Pröbste, welche diese ihre
Würde von Pabst Sixt IV bekommen, allezeit nur Rectores Parochiarum, und nur
ein einzigesmahl Praepositi nuncupati heissen. Er hält dieß für einen deutlichen Beweis, daß auch nach dem Vertrag von 1513
diese Würde dem Bischoffe zuwider gewesen.

Bey dem Colloquio auf dem Rathhause,
dem Pömer auch beywohnte, hielt er einen
besondern Protokollisten, den oben genannten
M. Ge-

*) f. Strobels Miscell. III Samml. S. 73.

M. Georg Ebner, und nahm nachher deſſen
Protokoll zu ſich; bewies alſo auch hiedurch
ſeinen beſondern Eifer für die gute Sache.

Nachdem die Reformation zu Stand
gekommen, ſcheint Pömer wenig mehr an
kirchlichen Sachen Antheil genommen zu haben, auſſer durch Vorſchläge, die er in Gemeinſchaft mit Peßlern wegen der künftigen
Kirchenordnung that. Er hat, wie Zeltner
glaubt, deßwegen ſich auch bey dem Rath
beliebter gemacht, als Peßler, und an ſeiner Beſoldung keine Schmälerung erlitten.
Inzwiſchen ging es ihm, ſo wie Peßlern,
mit ſeiner Beſoldung zimlich hart, wie ich
künftig noch beweiſen werde.

Zeltner rechnet ihn auch unter die
Nürnbergiſchen Conſulenten, aber ohne Beweis. Weder auf ſeinem Epitaphio, *) noch
auf ſeinem Porträt von Andreas Khol führt
er dieſen Titel; Rothſcholz macht ihn aber
in ſeiner Sammlung zum Conſulenten. —
Auf dem Kholiſchen Blat ſteht hinter ihm ein
Täfelein mit der Inſchrift: POST. S. deren
Erklärung ich nicht geben kann.

Er war an Catharina Spanin verheyrathet, **) welche nach ſeinem 1541 erfolg-

N n 3 ten

*) Dipt. Laur. p. 21.
**) ſ. Wills Kl. Beytr z. Dipl. S. 135, wo dieß
auch aus ſeinem Teſtament beſtättigt wird.

ten Tod Hannſen Kuhn zur Ehe nahm, und 1548 d. 3 December ſtarb.

Hector Pömer wohnte im Pfarrhof zu St. Lorenzen. In ſeinem Siegel führte er nebſt dem Pömeriſchen Geſchlechtswappen den Roſt des H. Lorenz. Er wurde auf dem Kirchhof zu St. Rochus begraben. Sein Denkmahl iſt in der Lorenzer Kirch an einem Pfeiler zur Seite des Altars. (ſ. Dipt. Laur. S. 21.)

VI.
Altdorfiſche Kirchenliſte vom Jahr 1792.

I. Derer, die copulirt worden, ſind in allem 31 Paar.

Darunter waren:

Led. Manns-P.	18	Led. Weibs-P.	14
Witwer	6	Witfrauen	10
		Unehrbare	7 Paar.
			31

Proclamirt wurden 44 Paar.

II. Der Kinder, ſo die heilige Taufe empfangen, waren in allem 134.

Darunter ſind:

Söhne	70
Töchter	57
Unehelich - geborne Söhne	4
— — Töchter	3
Summa	134

III. De-

III. Derer, die geſtorben und begraben worden, ſind in allem 115.

Darunter ſind: -

Verheyrathete Manns-Perſonen	20
Witwer	5
Ehefrauen, darunter eine Kindbetterin	14
Witfrauen	15
ledige Manns-Perſonen	5
Jungfrauen	1
Kinder: in allem 49; und zwar: Söhnlein	26
Töchterlein	23
Todgeborne Söhnlein	2
— — Töchterlein	4
Summa	115

IV. Der Erwachſenen, die in der Kirche communicirt haben, ſind 3781

Privatim haben die heil. Communion erhalten 51

Kinder, die das erſtemahl communi-cirt haben, ſind 72; als: Knaben 27
Mägdlein 45

Mithin in allem Communicanten 3904

Nn 4

V.

V. Perſonen, denen das heil. Predigtamt anvertrauet, und die in hieſiger Kirche ordinirt worden, ſind 3; und zwar:

Herr Chriſtian Gottfried Auguſt Eiſen, Pfarrer in Fiſchbach.

Herr Paul Wach, Pfarrer in Rückersdorf.

Herr Andreas Kießling, Pfarrer zu Unterleinleiter im Bambergiſchen.

VII.

Merkwürdiger und herzlicher Brief Marggraf Albrechts, Hochmeiſters in Preußen, an Caſpar Nützel, Senator in Nürnberg.

(Aus dem Original)

Vonn gots genaden Albrecht Marggraff zw Brandenburg In preuſſen ꝛc. hertzog ꝛc.

Unſernn grus zuuor, Erbar lieber beſonnder, Wir habenn euer zwey ſchreibenn, darJnnen Jr vnns vom gelde, So yr vonn vnnſert wegenn ſolt entpfahenn, vnd widerumb entrichtenn vnd aufgeben, ſampt anderer ſachenn, Jrer Jnhalt vorleſen, vnnd bedanken vnns zw förderſt, das Jr euch von vnſertwegenn, mit demſelbenn gelde ſo viel muhe vnthernommen, vnnd auch das Jr vnſers Bruders vnnd der von Nurmbergk handelung,

delung, so vleissigk vnnd wol mainett, vormerg-
ken darauß euer christlich gemüthe, das zw fride
vnnd einigkeitt geneigett, Sein auch erbotigk solchs
vmb euch Jn allen genaden zuerkennen vnnd zu-
beschulden, Des geldes halbenn, *) wollen wir
vns vorsehen, Jr habt nuhemals von vnserm Diener Sebastiann Startzsch, den wir derhalbenn hinn-
auß abgefertigt, vorstanden, wie wir es domitte
geordenett, vnnd bittenn, Jr wollet demselbigenn
eivers vermögenns, von vnsert wegenn, rethig vnd
forderlich werdenn, damit das gelt auffs fürderliste
erlegt, vnd vnserm beuelch vnuerzogentlich nachge-
gangenn, vnnd dasJenige außgericht werde, wie wir
dan den selbigen Sebastian Startzenn abgefertigt,

Wir wollen auch zu dem Almechtigen ver-
hoffen, es werdenn die sachen zwüschen vnßerm
bruder Marggraff Georgen vnd den von Nürn-
bergk zw fridlichem vortrage **) kommen, vnd Jre
einig-

*) Dem Hochmeister wurden 2000 fl. zu einer Be-
zahlung nach Frankreich vorgestreckt, welche er durch
Wechsel wieder auszahlen ließ.

**) Es wurden damahls wegen der nachbarlichen
Streitigkeiten zwischen dem Marggrafen Georg und
der Stadt Nürnberg Unterhandlungen gepflogen und
ein Tag zu Heilsbronn angestellt, auf welchem von
Marggräfl. Seite erschienen: Hanns von Secken-
dorf, Veit von Lentersheim, beyde Ritter, Wolf
Christoph von Wiesenthau Amtmann zu Schwabach,
und der Canzler Georg Vogler; von Seite Nürnbergs Christoph Kreß, Hanns Ebner, Caspar Nü-

Nn 5   zel

einigkeitt nun hinforder bestendiger sein vnd plei-
benn, dann wol Jn vorzeitenn bescheenn, darzw
wir dann alles vnnsers besten vleis auff vnserm
theill, getreulichenn rathen helffen vnd fürdernn
wollenn, mit bitte Jr wollett bey euerem theill
auch anhaltten vnd helffenn, das an Jnen nicht
mangell, wie wir dann deß bey Jnen vnd euch nicht
zweiffelnn, yr thun werden, Wir bedankenn vns
auch euer zugeschriebenn Neuen Zeitung, vnnd
vbersandten bücher, mit erbietung, solchs zubeschul-
benn, vnnd bitten Jr wollett vnns offt mit cue-
rem schreibenn besuchenn, wie Jr ban sunderlich
bey kaufflewten viel botschafft alher zw vnns ge-
habenn möget, deßgleichen wollen wir auch thun,
Vnnd darff der bitte vnd entschuldigung von euch
gar nith, das wir euch zu hoch erhebenn vnnd zw
viel zwlegenn solten, des Jr nicht wirdigt werbt,
wir wissen wol, das wir der geburth ein Fürste,
Aber des christlichenn wesens, wissen wir euch nichts
geringer dann vnns, So wir durch denn glaubenn
Jn Christo alle Brüder vnnd glieder sindt, der-
wegenn darfft eß der entschuldigung gar nicht, Jr
solt euch auch zw vnns nicht anders vorlassen vnd
vortresten, dann als zw euerem christlichem Bruder, der euch mit besonernn genaden vnd willen
geneigett, vnnsere freuntliche liebe gemahel left
euch)

zel und der Rathschreiber Lazarus Spengler. Es
sollte der Streit durch eine Summe Gelds ausge-
glichen werden; man wurde aber darüber nicht einig.

euch auch) abermahls Iren genedigen gruß sagen,
vnnd wollet vnns entschuldigt habenn, das wir
euch nicht mit eigener hand geschriebenn, dan wir
Izunder einen gemeinen Landtag halttenn In merk-
lichen geschefften vnnd anligen vnser Lande, derhalben wir nicht so viel musse gehapt, wollenn
euch hiemitte gotlicher genaden, vnnd die genade
Christj vnd viel guts gewüntzscht habenn, wir bittenn auch, Jr wollet allenn euerenn mitfreunden
semptlichen vnd besondernn, vnsern grus vnnd
von vnsertwegen viel guts sagen, Datum könig.
spergk denn 15 tag Aprilis, Anno etc. xxviij. (1528)

Aeussere Auffschrift:

Dem Erbernn vnnserm lieben besonndernn
Caspar Nützel dem Elternn, Burger des
Raths zw Nürnnbergk.

VIII.
Von einigen Schriften Caspar
Schatzgeyers.
(s. Nürnb. Gel. Lex. III. S. 493.)

Sein Scrutinium divinae scripturae ist
wirklich zu Basel, in aed. Adae Petri
mense Martio 1522, auf 26 ¼ Bogen in
4 gedruckt. Eine Ausgabe ohne Jahr ist
Colon. ap. Io. Soterem, impensis Godefr.
Hittorpii erschienen, 24 Bogen in 4 starf.
    Im Nürnb. Gel. Lex. sind nicht ganz
genau angezeigt: Von der lieben heiligen

Eerung

Eerung vnnd Anrieffung — Das Erſt teutſch
Buechlin. Item Vil mer Materien inn im
begreyffend. Dann das Lateiniſch vor außgangen 1523. (München durch Hannſſen
Schobſſer. Am andern tag nach Marie Empfengknuß.) 12 ¾ Bogen in 4.

Von der warn Chriſtlichn vnd Evangeliſchn freyheit, ein außgedruckte erklärung,
mit zwelff Criſtlichē leeren ꝛc. 1524. (München, durch H. Schobſſer d. 1 Aug.) 9 Bogen in 4.

Examen novarum doctrinarum. Tub.
1527. 8.

Habita dominicae praecis, quod
Pater noſter dicitur, ratio ſecundum divinas litteras duntaxat. Lipſ. 1514. (Freytag Anal. litt. p. 799.)

Zu ſeiner Geſchichte gehört noch:

Anzayngung etlicher Irriger mengel ſo
Caſpar Schatzgeyer Barfüſſer in ſeinem Büchleyn wider Andream Oſiander, geſetzt hat.
1526. 1 Bogen in 4.

IX.

Von einer Italiäniſchen Ueberſetzung der
Epiſt. Scheurlii ad Staupizium.

Von der bekannten Epiſtola Scheurlii ad
Staupiz. (die bey Wagenſeil de ciuit.
Norimb.

Norimb. S. 191 ſteht,) hat Herr Prof.
Will in Bibl. Nor. P. I. S I. n. 498.
S. 145 bereits eine Italiäniſche Ueberſez-
zung angezeigt. Noch eine ältere Ueberſez-
zung oder vielleicht nur eine ältere Ausgabe
jener Ueberſetzung des Sanſovino. ſteht in
folgender ſeltenen Schrift:

I dieci Circoli dell' Imperio, con
l' entrate de Principi, & de gli ſtati
della Germania, Con le contributioni,
ſi della Caualleria, come della Fanteria,
*Con una particolar deſcrittione della Repu-
blica di Norimbergo.* Le rinuncie de gli
ſtati patrimoniali fatte da Carlo V Impe-
ratore al Sereniſſ. ſuo figliuolo. Et il go-
verno dell' Imperio laſciato al Sereniſſ.
ſuo fratello. Nell' academia Venetiana.
MDLVIII. 39 Blätter in 4.

Die Dedication dieſer ſtatiſtiſchen Com-
pilation hat unterſchrieben Frate Valerio
Faenzi, Academico Veneziano.

In dem Verzeichniß der Einkünfte ſind
S. 16 die Revenüen Nürnbergs auf 300000
Gulden angegeben.

Die Deſcrittione della republica di
Norimberga, welche Bl. 26 — 35 abgedruckt iſt, iſt eine Ueberſetzung der Scheur-
liſchen Epiſtel.

Das

Das Cap. I. iſt etwas frey überſetzt, und ſind die 4 erſten Perioden des Originals, welche die Anrede an Staupitz enthalten, weggelaſſen.

Manchmahl iſt etwas falſch verſtanden, manchmahl auch etwas ausgelaſſen. Z. E. im cap. XXI. ſind die Worte: ut viae publicae *mundae ſint* ganz unrichtig überſetzt: haver cura che le fiere et i mercati della communità ſi facciano. Die letzte Periode dieſes Capitels iſt ganz ausgelaſſen. Anderwärts iſt dafür etwas zugeſetzt, was bey Scheurl nicht ſteht. Z. E. cap. XX heißt es von den Pupillen, es könne gar nichts von ihren Sachen (niuna lor coſa) ohne das Vormundamt verkauft werden, welches im Original nicht ſteht. Manches iſt in der Ueberſetzung ganz Unſinn. So heißt es in cap. XX. Tutorum rationes audiunt, eos liberant, *legata pia exigunt*, extorquent, exequuntur Dieß heißt in der Ueberſetzung: Odono i conti de' tutori, et quelli o aſſoluono *o legano*, *et da loro riſcuoteno*, *eſtraggono*, et eſſequiſcono. Das iſt freylich jämmerlich und ohne Kopf überſetzt! Man wird die Geſchicklichkeit des Ueberſetzers hieraus beurtheilen können.

X.

X.
Nachtrag
zu
des Herrn Diakonus Roth
Geschichte und Beschreibung der Nürnberg. Karthause.

S. 38 dieser Geschichte steht, daß der
Stifter Marquard Mendel für die Hof-
rait zu dem Karthäuser Kloster gegeben habe
von der Herdegin Behaim Häusern, einen
Garten um 170 fl. Hier ist der Kaufbrief:

Ich Heinrich Gewder Schultheis vnd wir die
Scheppfen der Stat zu Nüremberg veriehen of-
fenlichen mit disem Brief daz für vns kom im gericht der erberge Priester Her Vlrich von Marquart Mendels wegen vnd erzewgt als recht waz
mit den ersamen mannen Hern Heinrich Volck-
meyr vnd Hern Berthold Pfintzing die sagten vff
ir eyde daz sie dez geladen Zewgen wern, daz im
fraw Cathrey Herdegen des Beheims selgen wit-
be *) mit willen vnd wort Hern Michel vnd Hern
Berthold der Behaim vnd Peter dez grossen irer
vormünde het recht vnd redlichen zu kawffen geben, Iren Garten vnd Hewser an der fleischgas-
sen **) gelegen als daz vmb vnd vmb begrieffen
het zunehst an dem Garten der der beheimin gewest
war Im dem egenanten Marquart Mendel vnd
seinen erben zu haben vnd zu niessen fürbaz ewi-
clichen, also daz er mit sein ains hand damit tun
vnd

*) Sie war Herrn Philipp Großens Tochter. s. Bieder-
manns Geschlechtsregister der Nbg. Patric. Tab. III.

**) Die Fleischgasse hinter St. Clarenkloster heißt
jetzt der blaue Stern.

vnb laſſen möcht waz er wölt vnd globt in dez
zu vnd für aÿgen, als recht wer, vnd dieſelb
fraw Kathrey vnd die egenanten ir vormünde he-
ten geſprochen für derſelben Frawen Kathrein
kind, alſo daz der egeſchriben kawf ir wille vnd
wort wer genzlichen on geuerde vnd dez zu vrkun-
de iſt Jm der Brief mit vrteil von gericht gebn
verſigelt mit dez gerichts zu Nürmberg anhangenden Jnſiegel Geben an ſant Jacobs Abendt *) nach
Criſtus geburt Drewzehnhundert jar vnd in dem
Ein vnd achtzigſten Jar.

*) War Mittwoch der 24 Julius.

Inhalt des neunten Stücks.

Materialien
zur
Nürnbergischen Geschichte.

Zehentes Stück.

I.

Kirchenlisten der Stadt Nürnberg.

Begräbnißliste von Nürnberg für das Jahr
1792.

Die ganze Summe der im Jahre 1792 Verstorbenen beträgt: Ein tausend ein hundert und ein und sechszig.

Davon kamen nach den eingegebenen listen der Steinschreiber auf die beyden Kirchhöfe:

I. Auf St. Johannis Kirchhof.		II. Auf St. Rochus Kirchhof.
99	Männer	92
158	Weiber	132
19	ledige Mannspersonen	35
39	ledige Weibspersonen	34

Zehentes Stück.　　　　　Do　　　　　112

112	Knäblein	111
100	Mägdlein	84
8	Unzeitig Geborne	5
535		493

Thut 1028

Unter den erwachsenen Personen waren im Hospital zum heiligen Geist verstorben 17, als:

1	Männer	—
2	Weiber	4
—	ledige Mannspersonen	2
2	ledige Weibspersonen	6
5		12

Unbesungene Frühleichen wurden begraben, 271 als:

27	Männer	61
52	Weiber	75
5	ledige Mannspersonen	21
9	ledige Weibspersonen	21
93		178

III. Auf den Soldaten-Kirchhof.		IV. Auf den Wöhrder Kirchhof.
7	Männer	22
4	Weiber	21
		10

10	ledige Mannsperſonen	6
—	ledige Weibsperſonen	7
8	Knäblein	22
2	Mägdlein	24
31		102

Thut . 133

Summa 1161*)

Verzeichniß
der Copulationen, Kindtaufen, Leichen = und
Communicanten in der Reichsſtadt
Nürnberg im Jahre 1792.

A. In St. Sebalder Pfarre wurden:

  I. Copulirt   157 Paar.
  Derunter waren 23 Paar Sträflinge.

  II. Getauft   393 Kinder.

1) Vom

*) Ich bemerke hiebey, daß alle diejenigen Anmerkungen,
welche bey der Begräbnißliſte vom vorigen Jahr im
ſten Stück der Materi...lien, S. 249—59 gemacht
worden ſind, auch bey dieſer und jeder künftigen
Kirchenliſte ſo lange ihre Gültigkeit behalten, is ir=
gend eine vorkommende Veränderung auf das Neue
bekannt gemacht wird.   K.

1) Vom Herrn Schaffer und Herren
   Diakonen   332
2) Vom Herrn Pfarrer bey St.
   Johannis   50
3) Vom Herrn Geistlichen bey der
   Miliz   11
   Nämlich Knäblein: 197
           Mägdlein: 196
Unehelich geborne waren: 26
Zwillingepaar:

III. Leichen waren   261
     Und zwar:
1) Angeschriebene und besungene 65
2) Besungen und nicht angeschrieben   —
3) Kutschenleichen   103
4) Unbesungene Früh- und Ge-
   meingruben-Leichen   86
5) Vom Herrn Pfarrer bey St.
   Johannis besungen   7
IV. Communicanten waren in allem 5635
1) in der Kirche   5177
2) Schüler im Frühling
   und Herbst   102
3) Arme in der Augusti-
   ner Kirche   70
4) Privatcommunionen   286

B. In

B. In St. Lorenzer Pfarre wurden:

I. Copulirt   181 Paar.

Darunter waren 21 Paar Sträflinge.

II. Getauft   616 Kinder.

   1. Vom Herrn Schaffer und Herren
       Diakonen   522

   2) Vom Herrn Pfarrer bey St.
       Leonhard   94

   3) Vom Herrn Geistlichen bey der
       Miliz   —

   Nämlich Knäblein   316

           Mägdlein   300

   Unehelich Geborne waren: 63

   Zwillingspaar   —

   Findling   1

III. Leichen waren,   314

   Und zwar:

   1) Angeschriebene und besungene 66

   2) Besungen und nicht ange-
       schrieben   1

   3) Kutschenleichen   66

   4) Unbesungene Frühleichen in
       der Stadt   104

   5) Dergleichen auf dem Land   53

   6) Gemeingrubenleichen   20

   7) Vom Herrn Pfarrer bey St.
       Leonhard besungen   4

       IV. Com-

IV. Communicanten waren in allem 9778

    1) in der Kirche   8937

    2) Schüler im Frühling
       und Herbst   70

    3) Mendelische 12 Brüder 39

    4) Arme bey St. Martha 120

    5) Privatcommunionen   612

C. In der Vorstadt Wöhrd wurden

I. Copulirt   42 Paar.

   Darunter waren: Kaif. Kö-
     nigl. Recruten   3 Paar.

   Königl. Preußische

     Recruten   10 ——

   Und Sträflinge   8 ——

II. Getauft   118 Kinder.

   Nämlich: Knäblein 58

          Mägdlein 60

   Unehelich geborne   8

   Zwillings Paar   2

III. Begraben   102 Personen.

   Und zwar:

       22 Männer.

       —— Wittwer.

       10 Weiber.

       11 Wittwen.

               6 ledige

6 ledige Mannspersonen.

7 ledige Weibspersonen.

46 Kinder.

22 Knäblein.

24 Mägdlein.

IV. Communicanten waren in allem 2353

1) Oeffentlich   2072

2) Privatim   281

Verzeichniß

der Communicanten in allen Kirchen.

I. Bey St. Sebald   5635

II. Bey St. Lorenzen   9778

III. In der Kirche zum heiligen Geist   3144

Darunter privatim: 297

IV. Im Hospital zum heiligen Geist   359

V. Bey St. Egidien   3871

In der Kirche: 3549

Privatim: 322

VI. Bey St. Jacob   2528

In der Kirche: 2237

Privatim: 291

VII. Bey dem Herrn Milizgeistlichen   1762

In St. Salvatorskirche: 1617

     Pri-

Privatim, im Lazareth: 15
    in der Krankenstube: 66
    im Zuchthaus: 64

VIII. In der Vorstadt Wöhrd   2353

Ist demnach die ganze Summe

A. aller Communicanten   29430

B. aller Getrauten   380 Paar.

C. aller Getauften   1127 Kinder.
    Nämlich: Knäblein 571
        Mägdlein 556

D. aller Verstorbenen   1161
    Als: Männer   220
        Weiber   315
        Ledige Mannspersonen 70
        Ledige Weibspersonen 80
        Knäblein   253
        Mägdlein   210
        Unzeitige Geburten 13

E. aller Selbstentleibten   7
    Und zwar, haben sich:
Erhängt   2 Weibspersonen.
Die Pulsader zerschnitten 1 Weibsperson.
Die Kehle abgeschnitten 1 Weibsperson.
                Ertränkt

Ertränkt   1 Weibsperson.

Erschossen   2 Mannspersonen.

Verunglückt sind: 2 Mannspersonen und
1 Knäblein.

Wovon

Ertrunken 2

Erfroren   1 Und zwar ein Mittelwächter
auf der Nachtwache bey St. Clara.

II.

D. Mich. Fried. Lochners

Bericht wegen der Sondersiechenschau
und Burgerschau an das Nürnbergische
Losungamt.*)

Was die Siechen-Schau anbelangt, ist selbige zweyerley Arten.

Die erste oder allgemeine wird die Son-
der-Siechen-Schau, die andere, so ein Pri-
vat-die Burger-Schau genennet. Die Son-
der-Siechen-Schau ist bekanntermassen bereits im Jahr 1394 gestifftet, nnd nach und
nach von Armutliebenden frommen Seelen,
männ-

*) Dieses Actenstück klärt nicht nur diesen Gegenstand
üb rhaupt vortrefflich auf, sondern gibt auch einen un-
erwarteten Beweis von der Dauer dieser Anstalt in
der letztern Hälfte des vorigen Jahrhunderts.

männl. und weibl. Geschlechts gemehret worden Es ist zu dieser Schau Facultas Medica
sowohl vor, als nach der Fundation des Collegii mit beygezogen, und dabey auch wohl
gar vier Seniores Medici als ordentliche In-
spectores ernennet worden.

Nachdeme diese Sonder-Siechen wegen
allzugroßen Zulauffs allerhand Bettelvolks,
wodurch gar leicht eine Seuche ausgebrütet
und ausgebreitet werden könnte, aus der Stadt
von dem neuen Bau, und dem daselbstigen
Siechen Stadel nach St. Johannis Siechkobel verwiesen worden, hat deren Veranstaltung
der jedesmahlige Herr Stadt-Richter, als an-
sehnlicher Pfleger dieses Hierocomii überkom-
men. Der anberaumte Tag in der Charwo-
che wurde durch ein unter dem Thor ange-
schlagenes Patent aller Orten kund gemachet.
Im Jahr 1627 war der Zulauf zu dieser
Sonder-Siechen Schau annoch so stark, daß
man bey 2066 gezehlet. Doch hat sich nach
und nach die Zahl zimlich vermindert, da im
Jahr 1632, 770 Bettel-Siechen erschienen,
biß endlich bey dem, ganz Teutschland verhee-
renden dreysigjährigen Krieg, diese Sonder-
Siechen Schau gänzlich unterblieben.

Nach

Nach glücklich erfolgtem und hier zur völligen Execution durch Gottes ſonderbare
Gnade gebrachten Friedens-Schluß, hat das
Collegium Medicum nicht ermangelt, öfftere
innſtändige Anſuchungen um Reſtitution dieſes dem Publico und denen angränzenden
Reichs Crayſen höchſt nützlichen Werks zu
thun, worauf A. 1652 ein Oberherrl. Verlaß
ergangen, das Collegium Medicum in ihren
Bericht zu hören, was deßfalls vor nothwendig von ihnen erachtet werde, und ſodann ferner räthig zu werden.

Hierauf iſt auch zu unterthäniger Vollzie-
hung deſſen, was Oberherrlich befohlen, ein
mit geziemendem Reſpect verfertigtes Memorial von dem Decano Collegii eingegeben,
und nebſt andern ſonderlich remonſtriret worden, daß nicht mehr als zwey Medici noch
übrig wären, die von dem modo, wie ſolche
Sonder-Siechen Schau anzuſtellen, und was
ratione Signorum hiebey zu beobachten, zu-
längliche Wiſſenſchaft hätten, bey deren erfol-
gendem Hintritt dieſes heilſame Werk (um
deſſen Communication, und wie dabey alles
angeordnet, etliche Chur- und Fürſten des
Reichs vom Collegio Medico Bericht ein-
holen laſſen) völlig im Vergeß kommen würde.

Wie

Wie nun Einem HochEdlen Rath jederzeit
Salus Reipublicae ſuprema Lex geweſen, als
hat Er dieſe der Stadt Heil befördernde und
alle Infection abwendende Sonder-Siechen
Schau den 10 April 1654 unter Direction
des Herrn Stadtrichters Hieronymi Imhofs
wieder angeſtellt, wobey auf anderthalbhundert
Perſonen geſchauet worden. Im Jahr 1659
ward dieſe Schau abermahls unter Hochged.
Herrn Stadtrichter gehalten, und hätte Er im
Jahr 1662 es auch wiederholet, wann nicht
durch Oberherrl. Befehl vom 1 Martii erwehn-
ten Jahrs vor gut erachtet worden, wegen
überhand nehmenden Bettels und kleinen
Brods es vor dieſesmal einzuſtellen; welches
aber vertröſteter maſſen im Jahr 1663 erfolgt,
und 242 Perſonen, worunter Zehen recht aus-
ſätzige, 22 mit heßlicher Krätz, 29 mit gemeinen Ausſchlag, und 2 Lue venerea labori-
rende geſchauet, dieſer Actus mit einer Mahlzeit bey Herrn Pfarrer zu St. Johannis, und
gewöhnlicher Remuneration der Inſpectorum
beſchloſſen worden, nachdem vorher die ge-
ſchaute mit einem Zettel, wie hieben folgt ſub
Lit. A. gewöhnlichermaſſen abgefertiget. Von
dieſer Zeit an, iſt dieſes löbl. Werk ins Stek-
ken gerathen.

Die

Die Privat - oder Burger - Schau be-
langend, iſt ſelbige alle Quartal geſchehen,
und nach ſehr langen Unterbleiben im Jahr
1627 und 1633 wieder eingeführet, aber
nebſt der Sonder - Siechen Schau den 30jäh-
rigen Krieg über unterlaſſen worden. Nachdem aber hier und dar ſich einige böſe An-
ſteckungen heßlicher Seuchen ereignet, hat das
Collegium Medicum in ihrem Gewiſſen
ſich verbunden gefunden, dieſer Burger-Schau
wegen, demüthige Anregung zu thun, worauf
demſelbigen Oberherrl. befohlen worden, einen Bericht, wie es mit dieſer Quartal Schau
ehemals gehalten worden, zu erſtatten, welchen
Bericht dann zu deren beſſern Erläuterung
ſub Lit. B. mit anfüge.

Und dieſes iſts, was von der bisher un-
terbliebenen Sonder - Siechen - und Burger-
Schau kürzlich doch gehorſamſt hinterbringen
ſollen

M. F. Lochner D.

Lit. A.

Wir Johann Georg Fabricius, Paulus
Freher, und Gregorius Hilling, der löbl. Arz-
nen Doctores, Eines WohlEdlen, Geſtrengen, Hochweiſen Raths, und gemeiner Burgerſchaft des Heil. Röm. Reichs Stadt Nürnberg,

berg, geſchworne Leibärzte, bekennen in Kraft
dieſes Briefs, daß

zur Beſichtigung, von wegen des Ausſa-
ßes, vor uns erſchienen iſt, welche Perſon wir,
ſo viel müglich, fleiſſig beſichtiget, und achten
ſie auf ſolches zu dieſer Zeit ausſätzig. Derhalben ſie von Gemeinſchaft der Menſchen hin-
fort abgeſondert werden ſoll. Zu Urkund haben wir unſers Collegii Innſiegel hierunter
gedruckt. Geſchehen am vierzehenden Tag
des Monaths Aprilis. ſo man zehlt nach Chriſti unſers lieben Herrn Geburth, im ſechzehen-
hundert drey und ſechzigſten Jahr.

Lit. B.

Tit. Auf Dero Edel Ehrnv. und Herrl.
Befehl die Quartal-Schau bey hieſiger Stadt
und Burgerſchaft betreffend wird bey dem Collegio Medico vor guth erachtet, daß dieſelbe,
wie vor Alters herkommen, und die Acta erweiſen, im Parfüßer Cloſter, im Beywesen
aller Medicorum ordinariorum allhier und
des Stadt-Arzts, auf vorhergehendes noti-
ficiren des Decani, Mittwochs den 19 Sept.
angeſtellt, und um 12 Uhr des mittlern Zei-
gers aber gratuito gehalten, Sonntags aber
zuvor von denen Canzeln nach der Predigt aus

den

den hiezu gedruckten Zetteln publicirt, die ge-
ſchaute Perſonen von dem Allmoſen Schreiber
mit Nahmen aufgezeichnet, und E. E. und
Herrl. übergeben, die im Nürnbergiſch. Terri-
torio wohnhafte zu ihren Köbeln: die hieſige
aber zu ihrer Curation gewieſen werden: Und
könnte es gar wohl dieß Jahr bey dieſer einigen Quartal-Schau bewenden. Läſſet aber
alles zu E. E. E. und Herrl. fernern beliebigen
Diſpoſition geſtellet ſeyn. Nürnberg den
10 Sept. 1655.

Decanus Coll. Med.

Verkünd-Zettel der Burger-Schau.

Zu wiſſen ſeye männiglich, daß Eines
Erbarn Raths verordnete Herren Doctores
der löbl. Arzney, und Leib Aerzte allhie, auf
künfftigen Mittwoch, den 19 Sept. um 12 Uhr
uff den mittlern Zeiger in der neuen Findel,
gegen denen Parfüßern über, allhier, ſich ver-
ſamlen, und eine ordentl. Schau des Auſſa-
tzes halber fürnehmen und halten werden. Da
nun jemand von Burgern oder Burgers Kin-
dern ſolcher Schau bedürfftig, der wolle ſich
am berührten Orth um die beſtimmte Zeit und
Stund verfügen, und allda anmelden, auch
ordentl. Schau gewarten. Actum 1655.

III.

III.

Geſchichte und Alterthümer des Nürnbergiſchen peinlichen Rechts.*)

1. Ehemahlige Hinrichtung der Juden.

Was dieſelbe eigenes hatte, zeigen folgende zwey Beyſpiele aus unſern Annalen:

1463 iſt ein Jude zu Nürnberg auſſerhalb des Galgens an einen Balken gehängt worden, ſeiner Betrügereyen halben. Es wurde ihm ein Judenhütlein mit heiſſen Pech auf den Kopf geſetzt.

1590 den 24 Sept. hat man Moſche Juden, von Ottensvos gebürtig, der aber zu Erenthal bey Eſchenbach gewohnt, mit dem Strang gerichtet, wegen getriebener Dieberey, die er ſonderlich im Wirthshauſe zu Rückersdorf gegen die Fuhrleute verübet, und damit den Wirth ſelbſt in Verdacht gebracht, als wenn dieſer der Dieb wäre. Er hat keinen Kirchendiener hören wollen, ſondern iſt auf ſeiner Jüdiſchen Meinung verharrt, hat ſich im Ausführen frech und trotzig erzeigt, und hebräiſch geſungen. Deswegen man ihn auſſerhalb des hohen Gerichts an einen vorgehenden Balken gehängt.

2. Strafe

*) Der größte Theil dieſer Nachrichten iſt aus Müllers Annalen geſammelt.

2. Strafe der Selbstmörder.

Hievon finde ich folgende zwey Fälle:

1422 ist Hanns Trager, ein alter Mann und gewesener Knecht in der Waag, der in seinem Haus sich selbst erhängt, öffentlich ausgeschleift und verbrennt worden.

1447 hat sich Christina Prünsterin, eine Gürtlerin, in ihrem Hause erhängt. Man hat sie hernach ausgeschleift und auf einer Wegscheide verbrennt.

3. Vollziehung der Strafe an toden Delinquenten.

Niclas Kernauer, Nikel Langen Knecht, ein Straßenräuber, ist 1415 in dem Lochgefängniß zu Nürnberg eines natürlichen Todes gestorben. Ueber dessen toden Körper hat man Freytags nach dem Fronleichnamstag peinliches Recht gehalten, demselben den Kopf abgehauen, und auf ein Rad gesetzt.

4. Beyspiele des Bahrrechts aus dem XVI. Jahrhundert.

Es ist merkwürdig, daß das Bahrrecht, eine Art von Gottesurtheln, welches bey Todschlägen im Mittelalter gewöhnlich war, in Nürnberg noch bis gegen das Ende des XVI

Zehentes Stück.   P p   Jahr-

Jahrhunderts gebraucht worden ist, um den unbekannten Thäter zu erforschen. Unsere Chroniken erzählen hievon folgende zwey Beyspiele.

A. 1576. am Sonntage Palmarum in der Nacht wurde bey St. Jacob, bey dem goldnen Beil genannt, welches damahlen der Kürßner Herberg war, im Wirthshaus, ein Schmiedknecht, der Niederländer genannt, jämmerlich erstochen von einem Kürßnergesellen Sebastian von Wien genannt. Sein Vater war ein Büttner von Wien und noch im Leben und soll ermeldter Schmiedknecht ein Bräutigam gewesen seyn. Es geschahe um 3 Uhr in der Nacht und kam gemeldter Schmied unschuldig dazu, wie folget. Es hatte ein Zimmermann, so ein Fechter gewesen, in gemeldten Wirthshaus gezecht und ist mit den Kürßnern unzufrieden worden. Nach diesem geht er hinweg, da stößt ihm auf der Straße gemeldter Schmiedknecht auf, der ihm bekannt war. Diesen überredete er, daß er mit ihm wieder in gemeldtes Wirthshaus gienge, dieß that er, wuste aber nicht um den Handel so zuvor der Zimmermann gehabt, denn sie nur ein Maaß Biers trinken wollten. Darauf geschahe diese Entleibung. Nun wußte man nicht, wer der rechte Thäter war. Es wurde daher gemeldter Zimmermann, und drey Kürßnergesellen mit ihm gefänglich eingezogen. Diese befragt man: aber
keiner

keiner wollte bekennen. So wollten auch die Kürßner keinen ihrer Mitgesellen, so dabey gewesen, bekennen oder anzeigen, also daß ein Erb. Rath nicht
anders vermeynt, es müste der rechte Thäter unter
diesen vieren seyn, liessen also am Erichtag, am
nächsten Tag darnach den todten Leichnam von dem
Gottesacker auf einem Kärnlein herein in die Stadt
führen, in St. Morizen Kapelle, da wollte man ein
Bahrrecht halten und die 4. darüber führen, ob
vielleicht der Entleibte (wie dann zuvor offtermals
geschehen) ein Anzeigung mit seinem Blut geben
wollte. Als nun solches in der Gemeinde auskommen, versammelte sich eine grosse Menge Volks
auf St. Sebalds Kirchhof und vor dem Rathhaus,
also daß man verursacht wurde den todten Leichnam
unter das Rathhaus zu tragen und in die Mitte
des Hofes unter freyem Himmel zu stellen. Also
wurden die 4. gemeldten Personen, als der Zimmermann und die drey Kürßnergesellen, darunter
auch Sebastian von München, ein Fechter gewesen,
ein jeder insonderheit, im Beyseyn des Stadtrichters und der Schöpfen auch anderer Herren, über
den entseelten Leichnam geführet, und muste ein
jeder seinen Finger an des Entleibten gestochene
Wunden legen, deßgleichen auch des Entleibten
Hand in seine Hand nehmen und bey ¼ Stunde
halten. Welches sie alle vier gethan. Er gab aber
kein Zeichen, darauf wurden sie wieder ins Loch
geführet, aber bald wieder ausgelassen. Nachmals

kam

kam der Thäter an den Tag, aber er war mor-
gends, als das Thor geöffnet worden, in einem Bütt-
ners Fell davon gekommen.

A. 1599. den 2. Merz wurde eines armen
Hörnleinswächters Weib todt im Fiſchbach bey dem
weiſſen Thurn gefunden, hat etliche Verwundungen
an ihrem Leib gehabt, derowegen der Verdacht auf
ihren Mann fiel, welcher auch deßwegen zur Ver-
hafft gezogen wurde.   Weil er ſich aber höchlich
entſchuldigt, daß er morgens früh, als er ſeinen
Geſchäfften nach aus dem Hauſe gegangen, ſie da-
heim verlaſſen und nicht wiſſen könne, wo ihr bie-
ſer Unfall begegnet, dann ihm, ehe er wieder heim-
kommen, die leidige Zeitung von ihr durch die Nachbarn angezeigt worden, iſt ſie ihm dem folgenden Tag
alſo todt auf einer Bahr im Zwinger bey dem Spittlerthor, im Beyſeyn etlicher Herren Schöpfen und
anderer des Raths auch ſonſt vieler Leut vorgetragen und ihm ernſtlich darüber zugeſprochen worden, daß er ſie, da er an ihrem Tod unſchuldig, an-
rühren ſollte, darauf iſt er gutwillig hin zur Bahre
getretten, dem todten Körper die Hand auf die
Bruſt gelegt und Gott angeruffen, da er an ihrem
Tod ſchuldig, daß er ein Zeichen an ihm thun ſollte.
Weil man nun keine Furcht und Unbeſtändigkeit
bey ihm verſpürt, hat man ihn wiederum von
Statten gelaſſen und ihm geſagt, man wolle der
Sache ferner nachfragen.

5. Ehe-

5. Ehemahlige Galeerenstrafe.

Daß aus Teutschland ehehin, da man noch keine Zuchthäuser hatte, Verbrecher auf die Galeeren geschickt wurden, beweist folgende Nachricht in Müllners Annalen:

„1571 den 7 Aug. hat Herzog Albrecht in Baiern an den Rath zu Nürnberg geschrieben, was maßen er Ambrosio Spinolae von Genua etliche missethätige Personen aus seinem Land verabfolgen lassen, und auf die Galeeren verurtheilt. Weil aber mit wenig Personen die Kosten nicht austrüge, hat gedachter Spinola gebeten bey dem Rath zu Nürnberg und andern Benachbarten beförderlich zu seyn, damit ihm mehr dergleichen missethätige Personen abzuführen vergönnt würde. Weil nun der Rath dies für ein bequemes Mittel gehalten, dadurch vieler heilloser leichtfertiger Leute los zu werden, und bald darauf des Spinola Gesandter, Peter Panzer nach Nürnberg gekommen, hat der Rath mit ihm abgehandelt, daß sie ihm etliche Malefiz-personen, welche den Tod oder sonst eine Leibes-strafe verdient, als Galeerensclaven verabfolgen lassen wollte, die sollte er auf seine Kosten abholen lassen, und von den Tagen, da sie condemnirt, bis sie abgeholt würden, von jedem täglich 3 Kr. für Azung zahlen, doch sollte keiner unter 3 Jahre lang gestrafft werden. • Der Rath sollte einem jeden eine Urkunde geben, warum und wie lange er gestrafft

gestrafft worden. Und wann solche Zeit vorüber, sollte man ihn ferner nicht aufhalten, sondern mit einem Paßport abfertigen. Oder wenn man nach Ausgang ihrer Zeit nicht so bald zu Land käme, Besoldung geben, wie andern Galeotten. Man sollte auch ihrer keinen verkaufen, noch umsonst wegschenken.

Hierauf hat der Rath decretirt, wann solche missethätige Personen, die man mit dieser Strafe belegen wollte, zu Verhaft kämen, daß man ihrenthalben jedesmahl Rath beym Rechten halten, und sie mit Urthel und Recht dazu condemniren sollte, alsdann in einem Gefängniß verwahren, bis sie abgeholt würden, auch etliche Tage zuvor Kirchendiener zu ihnen verordnen, sie in Gottes Wort zu unterrichten und ihnen das Abendmahl zu reichen.

Diesemnach sind d. 3 Nov. sechs solcher Gesellen, deren einer auf 5 Jahre lang, einer auf 4, und einer auf 3 Jahre gestraft, abgeholt worden, unter welchen 4 Bürgerssöhne gewesen.

Man hat sie früh nach dem Garaus auf einem Wagen vor das Rathhaus geführt, wie sie in den Eisen an Hals und Händen eingeschlossen gewesen, und sie hierauf vor die Landpflegstube gehen, und daselbst eine Urfehde schwören lassen, nachher wieder auf den Wagen gesetzt, und über den Markt, zu jedermanns Spectakel zum Thor hinaus führen lassen."

S.

So gieng nachher faſt jährlich ein Transport ab.

Noch 1699 hat man Delinquenten nach Morea und 1708, 6 nach Venedig auf die Galeeren geſchickt.

6. Strafe des Lebendigbegrabens.

1481 iſt Catharina Hillin, von Pflaumbach, Erichtags vor Valentini, und Catharina Heinzen Brunners zu Imeldorf Weib, Donnerſtags nach Dionyſii, beyde Dieberey halben lebendig vergraben und gepfält worden.

1508 wurde der Kerzenmacherin Tochter lebendig vergraben.

Als 1513 Meiſter Diepoltt der Henker des Schellen Clauſen Tochter eine Diebin unter den Galgen lebendig begraben ſolite, hat ſie ſich ſo ſehr geſträubt, daß ſie ſich ihre Haut an den Armen, Händen und Füſſen ſo ſehr aufgeriſſen, daß ſie den Henker ſehr erbarmt, und er den Rath gebeten, keine Weibsperſon mehr alſo lebendig begraben zu laſſen. Seitdem wurden ihnen die Ohren abgeſchnitten, oder ſie ertränkt.

1515 iſt eine Diebin, Kunigund Lößlin, eine Wäſchin, in der Pegnitz ertränkt worden. Der Rath hat dabey decretirt, daß aus guten Urſachen, und in Betrachtung, was für ein grauſamer Tod das Lebendigbegraben der Weibsperſonen iſt, und ſonderlich, daß ſolche Strafe ſonſt an wenigen

Pp 4 Orten

Orten im Reich mit den Weibern fürgenommen wird, die Weibspersonen hinfür um Diebcrey und dergleichen Verhandlung nicht mehr lebendig vergraben, sonbern im Waſſer ertränkt werden ſollen.

Gleichwohl wurde noch 1522 die Keßlerin, welche ihren Mann und Enkel vergiftet, auf einem Wagen ausgeführt, mit glühenden Zangen geriſſen und unter dem Galgen lebendig begraben.

IV.

Eine Urkunde,

die Capelle zu St. Sebaſtian betreffend.*)

(Aus einer Abſchrift.)

Georgius Dei et apoſtolicae ſedis gratia Epiſcopus Bambergenſis uniuerſis et ſingulis utriusque ſexus Chriſti fidelibus Salutem in Domino ſempiternam. Quia felicis recordationis Heinricus etiam Epiſcopus Bambergenſis anteceſſor noſter dudum de anno a natiuitate Domini mileſimo quadringenteſimo nonageſimo ſecundo

die

*) So viel ich weiß, iſt dieſe Urkunde noch nirgends abgedruckt, obgleich einige andere den Spital und die Capelle zu St. Sebaſtian betreffende Urkunden in Erdtmanni Norimberga in flore p. 72. und 76. und in Würfels Nachr. II. Th. S. 730 und 732 gedruckt mitgetheilt worden ſind.

die Mercurii feptima menfis Octobris
ad dilectorum nobis in Chrifto Sebaldi
Schreyer*) Sigismundi Pefsler Conradi et
Leonardi Marftaller ciuium Norimbergen-
fium noftrae Bambergenfis dioecefeos
quondam Conradi Topler**) dum in huma-
nis effet etiam ciuis Nurenbergenfis Teftamentariorum et ultimae voluntatis exe-
cutorum feruentem inftantiam auctoritate
fua ordinaria paterna in hoc fretus benig-
nitate. Vt certa domus cum quodam oratorio pro neceffitate et cura peftiferorum
eorundem familiarum et aliorum inibi de-
gentium in folo prope flumen Pegnitz fub-
tus molendinum Weydenmul uocatum extra ipfum opidum Nurnbergenfe fitum eri-
geretur et conftrueretur Quodque in oratorio huiusmodi Euchariftiae et extremae
unctionis inibi feruarentur et alia Sacra-
menta miniftrarentur et diuina Miffarum
officia in altari portatili in eodem oratorio

*) Ohne Zweifel der Kirchenmeister zu St. Sebald,
f. Nbg. gel. Ler. III. S. 581.

**) f. Würfels Nachr. II. S. 666. und 681. Alfa
war nicht Conrad Marftaller der erfte Stifter diefes
Spitals, wie in den Dipt. der Kirchen in den Vor-
ftädten S. 351 gefagt wird.

Pp 5

rio tempore peftilentiali celebrari poffint,
Confenfu parrochialium Ecclefiarum Sanctorum et Sebaldi et Laurentii dicti opidi
in praemiffis interueniente cum largitione
Indulgentiarum contribuentibus eleemo-
fynam ad capellam ipfam feu pauperibus
ibidem exiftentibus in forma folita prout
in literis defuper editis latius continetur
indulfit et conceffit. Et quia pro parte
dictorum teftamentariorum nobis expofi-
tum fuit, quod ipfi ex indulto huiusmodi
ad erectionem domus et capellae potiffi-
mum in fundamentis procefferint et pri-
mum lapidem poni et certum oratorium
ligneum pro legendis Miffis fuper altaribus
portatilibus, quousque ipfa principalis Capella in aedificiis fuis confummata fuerit,
conftrui fecerint, fuit pro parte dictorum
Teftamentariorum nobis fupplicatum,
Quatenus in eodem oratorio donec ipfa
Capella finaliter completa fuerit et poft
ipfius completionem et ante eius altarium-
que inibi erigendorum confecrationem in
altaribus portatilibus uiaticis feu tabulis
confecratis diuina Miffarum officia ad certum annorum numerum celebrari ualeant
Quodque conceffa et indulta per praedi-
ctum

ctum antecefforem noftrum rata et grata
habere et licentiam huiusmodi indulgere
omnibusque et fingulis utriusque fexus
Chrifti fidelibus quoad ipfam domum Capellam fiue oratorium et eius ftructuras
nec non pauperibus fiue infirmis ibidem
exiftentibus fuas elargiti fuerint eleemo-
finas aut manus porrexerint adiutrices fiue
ipfis infirmis quaecunque pietatis opera
feu obfequia feruitia beneficia uel officia
maxime tempore peftilentiali impendente
Miffas ibidem legentibus feu hominibus
easdem legi difponentibus aut audientibus
et utilitatem domus feu capellae uel etiam
infirmorum huiusmodi tam in conferuando quam aedificando procurantibus et follicitantibus indulgentias concedere digna-
remur. Nos igitur Georgius Epifcopus
praefatus cupientes bona et pia opera fouere et quantum Deus concefferit ampliare Attendentesque antecefforis noftri conceffa et indulta effe rationabilia Idcirco
auctoritate noftra ordinaria qua in hac
parte fungimur Omnia et fingula per eundem antecefforem noftrum ut praemittitur
facta conceffa et indulta prout rite gefta
funt in Domino collaudamus et approba-
mus.

mus. Et infuper ut in di&o oratorio lig-
neo impraefentiarum pro Miffis in altaribus inibi legendis conftru&o et in ipfa Capella principali adhuc erigenda poftquam
ere&um fuerit ante eius et altarium inibi
conftruendorum confecrationem ad fex
annos dato praefentium immediate fequen-
tes diuina Miffarum officia in ipfis portatilibus altaribus feu uiaticis aut tabulis confecratis per feculares uel regulares praes-
biteros citra tamen rectorum parrochialium ecclefiarum San&orum et Sebaldi et
Laurentii Nurmbergenfium praeiudicium
in loco decenti et honefto rite celebrare
ualeant praefentibus indulgemus et nihilo-
minus omnibus et fingulis utriusque fexus
Chrifti fidelibus uere poenitentibus et
confeffis qui ad praefatam domum Capellam feu oratorium et eius ftru&uras nec
non pauperibus fiue infirmis quaecunque
pietatis opera feu obfequia feruitia beneficia uel officia maxime tempore peftilentiali impendente Miffas ibidem legentibus
feu hominibus easdem legi difponentibus
aut audientibus et utilitatem domus feu
Capellae uel etiam infirmorum huiusmodi
tam in conferuando quam in aedificando
pro-

procurantibus et follicitantibus quoties id fecerint de omnipotentis Dei mifericordia ac beatorum Petri et Pauli Apoftolorum eius nec non Sanctorum Kiliani et Georgii martirum patronorum Heinrici confefforis et Kunegundis uirginis ecclefiae noftrae Bambergchfis fundatorum meritis et auctoritate confifi Quadraginta dies indulgentiarum de iniunctis eis poenitentiis mifericorditer in Domino relaxamus praefentium per tenorem praefentibus perpetuis futuris temporibus duraturis. In quorum omnium et fingulorum fidem et teftimonium praemifforum Sigillum noftri Vicariatus praefentibus eft appenfum. Datum in ciuitate noftra Bamberg die Mercurii Decima octaua menfis Octohris Anno a natiuitate Domini Milefimoquinqentefimo octauo

Steffanus Schneidewindt
Fifcalis ffp.

V.

V.

Beschreibung

der am 1 April 1793 begangenen funfzigjährigen Jubelfeyer wegen der in Nürnberg von den Handlungsdienern ledigen
Standes errichteten Hülfs-Cassa.

Wenn mehrere Menschenfreunde sich zu dem
edlen Zweck vereinigen, für ihre in dieser oder jener Rücksicht leidenden Mitbrüder
wohlthätig zu sorgen und sie in irgend einer hülfsbedürftigen Lage nach ihren möglich-
sten Kräften zu unterstützen, es geschehe solches von einer ganzen Stadt oder von einzel-
nen Communen und Ständen: so macht dieß
einem fühlenden Herzen Freude. Vergrößert
aber wird dieselbe, wenn eine solche Vereinigung nicht bloß eine vorübergehende Hülfe ge-
währt, sondern auf eine solche Einrichtung
gegründet ist, welche sie zu einem dauernden
Institut macht, das mehrere Decennien und
endlich Jahrhunderte hindurch die bezweckte
Hülfe verschaffet. Ein solches auf dauernden
Grundsätzen ruhendes Institut ist die Hülfs-
Casse, welche von den Handlungsdienern ledigen Standes in Nürnberg im Jahr 1742
zum

zum beſten ihrer nothleidenden Mitbrüder
errichtet und nunmehr ein halbes Jahrhundert hindurch, aufrecht erhalten worden iſt.
Es verdiente daher allerdings, daß das Gedächtniß ihrer vor 50 Jahren geſchehenen Errichtung öffentlich gefeyert wurde. Dieß ge-
ſchah am erſten April d. J. eben ſo zweckmä-
ſig als ſchön, in dem hieſigen Gaſthof zum
goldenen Reichsadler, der wegen des darin
befindlichen geräumigen Saals am ſchicklich-
ſten hiezu befunden worden iſt, indem die
ſonſt gewöhnlichen Zuſammenkünfte der Geſellſchaft in dem ſogenannten Eßig-Brätleins-
Wirthshauſe auf dem Weinmarkt gehalten
werden.

Schon einige Wochen vorher wurden die
geſammten Mitglieder des hieſigen Handels-
platzes zu der Feyerlichkeit durch ein eigenes
Circulare von den zwölf Vorſtehern des Inſtituts *) eingeladen, worin jedes bemerkte, ob
es

*) Dieſe ſind dermahlen:
   Herr Johann Gottlieb Rock aus Vayhingen an der
      Ens im Würtembergiſchen. Erſter Director.
   Herr Johann Caſpar Mühlberger aus Speyer,
      Buchhalter.
   Herr Johann Paul Luber aus Erlang, Caſſier.
   Herr Georg Paul Cnopf aus Herſpruck, Buch-
      halter-Adjunct.

Herr

es beym anzustellenden Souper bleiben wolle oder nicht; und so geschah es, daß dasselbe aus 130 Couverts bestand. Andere Personen erhielten Billete, welche unter der Thüre des Saals an die daselbst Wache haltenden Ballenbinder abgereicht wurden.

Zu oberst des Saals war ein Rednerstuhl errichtet, an dessen beyden Seiten zwey pyramidenförmige Obelisken standen. An dem rechter Hand las man in einem ovalen Schild die

Herr Johann Christoph **Glöckel** aus Nürnberg, Cassier-Adjunct.
Herr Friedrich Christian **Löffler** aus Weissenfels.
Herr Johann **Raab** aus Nürnberg.
Herr Conrad Christoph **Reußner** aus Lauff.
Herr Christoph **Seitz** aus Nürnberg.
Herr Georg **Geberth**, aus Großreuth.
Herr Georg Alexander **Zembsch** aus Weyden.
Herr Johann Simon **Käser** aus Nürnberg, Protokollist.

Unter der Aufsicht der 12 Directoren werden die Bücher und Rechnungen jährlich abgeschlossen und die Bilanz wird von ihnen unterschrieben. Sämmtliche Interessenten werden an zwey nach einander folgenden Sonntagen Nachmittags von 1 bis 4 Uhr zur Durchsicht der Bücher durch ein Circulare eingeladen, wo sie dann den wahren Cassabestand von der Stiftung bis jetzt ersehen können. Auch sind in jeder Stunde 2 Directoren zugegen, welche im benöthigten Fall die erforderliche Erläuterung geben.

Die Namen der ersten zwölf Directoren finden sich in dem Vorbericht des Grund-Reglements. S. 9.

die mit lateiniſchen Univerſal-Buchſtaben ge-
ſchriebenen Worte:

„Menſchenliebe errichtet dieſes Bünd-
nis im Jahr 1742.‟

Und an dem Piedeſtal ſtand:

„Denkmahl Brüderlicher Vereinigung
zum Beſten der Leidenden.‟

An dem andern zur linken Hand las
man im Schild:

„Durch brüderliche Eintracht 50 Jahre erhalten.‟

Und an dem Piedeſtal:

„Denkmahl des zärtlichen Gefühls
beym Unglück unſerer Brüder.‟

Ueber dem Rednerſtuhl hingen die Porträte verſchiedener ehemahliger Mitglieder,
mit der Ueberſchrift:

„Mitſtifter dieſes menſchenfreundli-
chen Inſtituts 1742.‟

Vor dem Rednerſtuhl aber ſtand ein
Tiſch, auf welchem die Matrikel lag, in welche das Grund-Reglement und die ſämmtlichen
Mitglieder eingezeichnet ſind, nebſt der neuge-
prägten ſchönen Medaille, und deren Erklärung.

Nach 3 Uhr fing die Feyerlichkeit ſelbſt,
mit einer wohlbeſetzten und von Hn. Capell-

Zehentes Stück.   Q q   mei-

meister Gruber dirigirten Musik an.   Dann
las Herr Johann Gottlieb Rock, dermah-
liger erster Director, und Buchhalter bey Herrn
Johann Christian Heinrich Hermann auf
dem Milchmarkt eine von ihm selbst verfaßte
schöne und zweckmäßige Rede ab, welche eine
kurze Schilderung der Entstehung und Fortdauer dieses Instituts enthielt; nach deren
Endigung eine kürzere Musik beschloß.

Eine Tafelmusik erhöhte die Freuden
des gesellschaftlichen Mahls, bey welchem die
gedruckte Rede unentgeldlich, so wie die auf
die 50jährige Jubelfeyer geprägte Medaille
gegen 3 fl. vertheilt worden ist, welche ausserdem 3 fl 45 kr. kostet.

Die Rede führt folgenden Titel:

Rede bey der funfzigjährigen Jubelfeyer
der von den Handlungsdienern ledigen
Standes in Nürnberg im Jahr 1742
zum besten Ihrer nothleidenden Mitbrüder errichteten Hülfs - Cassa gehalten den 1 April 1793 von Johann
Gottlieb Rock, dermaligen ersten Director.   Gedruckt mit Stiebner'schen Schriften. in gr. 4.

Die

Die Medaille, welche von Herrn Prof. Stoy erfunden, und von unserm geschickten Herrn Wörner niedlich geschnitten worden ist, zeiget folgende Hauptseite.

Eine etwas bedeckte Casse, auf welcher ein Mercurstab und ein Oelzweig über das Kreutz gelegt sind, stehet zwischen zwey Personen, welche sich über ihr die Hand reichen. Im Hintergrund gegen Morgen sieht man die aufgehende Sonne, als ein Bild der Erquikkung und des Segens. Die Umschrift heißt:

Vereint zur milden Gabe.

Und im Abschnitt liest man:

Hülfs - Cassa der Nürnbergischen Handlungsdiener gestiftet 1742.

Auf der Rückseite stehet eine Urne auf einem Postament. Auf die Urne legt eine Person einen Kranz, und ihr gegen über stehen vor dem Postament ein Paar Cypressen-Bäume. Im Hintergrunde gegen Abend sieht man die untergehende Sonne am hellen Himmel, als ein Bild der Glückseligkeit noch am Ende des Lebens. Die Umschrift ist:

Nicht müde bis zum Grabe.

Linker

linker Hand in der Ecke ist der Name des Künstlers durch I. P. W. ausgedrückt, und im Abschnitt stehet:

Der 50. jährigen Dauer derselben geweihet A. 1792.

Schade ist es, daß der Einzige, welcher von den Stiftern dieses wohlthätigen Instituts dieses Jahr noch am Leben war, Herr Johann Martin Egkert, nicht diesen feyerlichen Tag sahe, indem er am 20 März starb. Der älteste Theilnehmer, welcher dem Institut, bald nach seiner Entstehung, als Mitglied beytrat, war der muntere Greis Herr Christoph Albrecht Frick.

Möchte sich diese ruhmwürdige Anstalt so lange in ununterbrochener Fortdauer erhalten, als es auch in diesem Stande, für welchen sie bestimmt ist, hülfsbedürftige Mitglieder geben wird — und diese wird es geben, so lange diese unvollkommene Welt dauert! —

Für die Freunde der Geschichte und Literatur bemerke ich, daß die im J. 1762 von dem seel. Herrn Prediger Johann Sigmund Mörl erfundene und von dem verstorbenen Medailleur Herrn Georg Friedrich Loos geschnittene Denkmünze, welche

che die Geſellſchaft der Handlungsdiener für die
Directoren bey Niederlegung ihrer Stelle hat
prägen laſſen, ausführlich beſchrieben wird in
Herrn Profeſſor Wills Nürnbergiſchen Münzbeluſtigungen Th. III. S. 89—96. Jnglei-
chen, daß von dieſem Jnſtitut vorhanden iſt:

Abgefaßtes Grund-Reglement, nach welchem
die Handlungs-Diener ledigen Standes in
Nürnberg A. 1742 eine Hülfs-Caſſa zum
Beſten ihrer Geſellſchaft errichtet haben.
Nach dem Original gleichlautend, nebſt ei-
nem Vorbericht. Gedruckt auf Koſten der
Intereſſenten 1758 in 4.

1761 iſt eine neue und vermehrte Ausgabe
davon erſchienen, wozu 1770 noch ein be-
ſonderer in den Seitenzahlen und der Sig-
natur E. fortlaufender Anhang gedruckt
worden iſt, der die Abbildung letztgedach-
ter Medaille enthält.

1779 iſt abermahls eine neue und vermehrte
Ausgabe erſchienen, welche 36 Seiten in
4. ſtark iſt.

Ein Auszug daraus ſteht im Journ. von
und für D. 1785. 8 St. S. 112.

S. Bibl. Nor. Will. P. I. Sect. II. n.
1426 und 27. P. VII. p. 235.

J. E. S. K.

Qq 3   VI.

VI.

Geſchichte der Brücken in Nürnberg.*)

Die durch den Pegnitzfluß getrennten zwey Haupttheile der Stadt, oder die Sebalder und Lorenzer Seite, hängen durch mehrere Brücken und Stege zuſammen.

Steinerne Brücken ſind ſieben.

Vom Einfluß der Pegnitz an gerechnet iſt

I. Die Brücke bey dem Schuldthurm, Schuldthurmbrücke, oder die Schuldbrücke, die an die Weiber- und Männer-Eiſen ſtößt, über welche man ins Stadtknechtsgäßlein hinauf geht Sie war zuerſt von Holz, iſt aber 1485 von Stein erbaut worden. Sie hat ihren Namen von den daſelbſt erbauten Schuldthürmen für Manns - und Weibsperſonen.

Auf dieſer Brücke ſteht eine ſteinerne Marterſäule, worin ein Crucifir gehauen iſt, nebſt dem

*) Dieſer Auffatz iſt eine Probe eines größern topographiſchen Werks über Nürnberg, wovon in Herrn Waldaus Neuen Beytr. II B. S. 73 ſchon ein anderer Verſuch über die Mühlen eingerückt iſt. Ich mache ſie in der Abſicht bekannt, um Zuſätze und Berichtigungen von Kennern unſerer Geſchichte dazu zu erhalten.

dem Heldischen-Wappen und einem Täfelein mit folgender Aufschrift: A. Dn. 1488 am St. Ulrichstag verschied der jung Hanns Held in diesem Pegnizwasser, dem Gott genad. (Dieser Held liegt in der St. Michaeliskirche zu Fürth begraben.)

II. Die Spitalbrücke, Heubrücke, steinerne Heubrücke, am Spitalkirchhof, zunächst unter der Schuldbrücke, zwischen dem Spital und Schuldthurm. Anfangs war sie von Holz, und wurde 1457, nachdem sie vom Wasser eingeworfen worden, wieder hergestellt und erhöht, 1485 aber zuerst von Stein erbaut.

III. Barfüsserbrücke, zwischen der Spitalgasse und dem Zuchthaus. Sie wird bisweilen, aber unrichtig, Schuldbrücke genennt, wegen des zu Ende des vorigen Jahrhunderts dorthin verlegten Gefängnisses der muthwilligen Falliten.

1484 ist sie durch Hanns Müllner von Rothenburg von Holz auf 2 steinernen Bögen erbaut worden.

1492 hat man in die Ausschweife Krämlein gebaut.

Nachdem sie 1590 von dem Wasser eingerissen worden, so wurde sie 1603 nur von

Holz

Holz überlegt und mit Steinen gepflastert, und 1640, auch 1682 ausgebessert. Nach einer abermahligen Beschädigung durch das Wasser hat man sie 1700 wieder von Stein gebaut, und zu Ehren des damahligen Römischen Königs, Josephsbrücke oder Königsbrücke genennt, welcher Name aber ungewöhnlich ist.*)

IV. Die Fleischbrücke hat ihren Namen von dem daran stehenden Fleischhause, und führt von St. Lorenzen auf den großen Markt.

Diese Fleischbrücke war anfangs auch von Holz. 1418 brannte sie ab. 1432 wurde sie vom großen Wasser eingerissen.

1457 decretirte der Rath, sie auch von Steinen, mit 2 Bogen und einem Pfeiler im Wasser zu bauen. Der Rath hat Herzog Georg in Baiern ersucht, ihnen einen Steinmetzen, Meister Stephan, zu Angebung dieser Brücke zu leihen. Im folgenden Jahre wurde sie erst vollendet.

1492 wurden in die Ausschweife Krämlein gebaut.

1595

*) Die Aufschriften derselben f. in Wills Nürnb. Münzbel. IV. Th. S. 416.

1595 im Februar wurde sie vom großen Waſſer weggeriſſen, und 1596—1598 wieder ſo in einem einzigen Bogen ohne Pfeiler ganz von Stein gebaut, wie ſie jetzt iſt.*)

Sie koſtete 82172 fl. **) Zu dem Bogen allein wurden 14628 Steine gebraucht. In das Waſſer wurden 2123 Pfähle geſtoſſen.

Dieſe Fleiſchbrücke iſt merkwürdig, weil ſie aus einem einzigen flachen Schwibbogen ohne Pfeiler beſteht, und 97$\frac{1}{4}$ Nürnberger Schuh über die Pegniz führt. Im Geſpreng des Bogens iſt ſie nicht höher als 13 Schuh und 50 breit, oben im Gewölbe aber nur 4 Schuh dick. Wegen dieſes einfachen künſtlichen Bogens fand ſie ein Spaniſcher Baumeiſter, der durch Nürnberg nach Wien reiſte, der Bewunderung würdig. Sie iſt nach dem Muſter des Ponte Rialto zu Venedig erbaut, und nebſt dieſer, die einzige Brücke dieſer Art mit einem ſo weit geſprengten einzigen Bogen. Der Werkmeiſter war der geſchickte Peter Carl, und der Baumeiſter, unter deſſen Direction

*) Wills Nürnb. Münzbel. II. S. 242 wo auch die auf dieſelbe geprägten Medaillen beſchrieben ſind.

**) Waldaus Beytr. II B. S. 272 wo die Koſten detaillirt ſind.

rection ſie zu Stand kam, Wolf Jacob
Stromer.

V. Die A b c Brücke, am Säumarkt, hieß
ehehin auch die lange Brücke, hangende
Brücke.

Sie war ehehin auf ſteinernen Pfeilern
von Holz erbaut, und muß 1452 noch bedeckt
geweſen ſeyn. Nachdem 1451 das große Ge-
wäſſer ſie weggeriſſen hatte, ſo wurde ſie 1452
und 1453 an Säulen gehängt und neu gebaut, und ſoll 1900 fl. gekoſtet haben.

Statt der alten bedeckten langen Brücke
über die Pegnitz auf dem Säumarkt, wurde
1603 eine neue, 127 Schuh lang und 23
Schuh breit von dem Baumeiſter Wolf Jacob
Stromer erbaut, auch ſelbige durchaus gepflaſtert, und mit 2 Jochen 36 bis 38 Schuh
breit unterfahren, und jedes Joch mit 9 Pfäh-
len verwahret. Auf jede Seite wurden 20
und alſo in allem 40 Kräme mit A B C ꝛc. be-
zeichnet,*) jeder 6 Stadtſchuh breit, angebracht,
welche oben mit Dachſchindeln belegt worden.
Das ſonſt auf dieſer Brücke geſtandene Wacht-
häuslein wurde weggelaſſen.

1728

*) Daher ihr jetziger gewöhnlichſter Name: Abc-
brücke.

1728 wurde ſie ganz von Stein ge-
baut, ſo wie ſie jetzt iſt, und die auf derſelben
geſtandene Kräme, bis auf etliche am Anfang
und Ende derſelben, wurden an andere Orte
verſetzt. Sie koſtete über 30000 fl. Weil ſie
die letzte Brücke iſt, die in dieſem Jahrhundert neu gebaut worden, ſo heißt ſie die neue
Brücke, oder auch zu Ehren des damahls regierenden Kaiſers Carls VI, und ſeiner Ge-
mahlin die Kaiſersbrücke, Carlsbrücke,
Eliſabethenbrücke. *)

Auf der A b c brücke ſtehen in zwey großen
mit eiſernen Gittern verwahrten Rondelen
zwey ſchöne Obeliſken, von denen einer auf der
Spitze mit einer Taube, welche einen Oelzweig
im Schnabel hält, der andere mit dem kaiſerlichen Adler geziert iſt.

VI. Die Säubrücke, Holzbrücke, Dör-
rersbrücke, Bitterholzbrücke, am Säumarkt, iſt 1486 zuerſt von Stein erbaut
worden.

VII. Die ſteinerne Brücke bey dem
neuen Bau, bey den Freybänken, oder bey dem
Siechhaus, welches jetzt der Weinſtadel iſt,

hat

---

*) Von der Legung des Grundſteins und der hiebey
geprägten Medaille ſ. Wills Nürnb. Münzbel. IV.
S. 412.

hat ihren Namen daher, weil sie 1457 durch Jacob Grimm von Stein erbaut wurde, zu der Zeit, als noch alle andere Brücken von Holz waren. Man versah sie auch mit zwey Rondelen zu Falconetlein, um den Pegnißfluß sammt den Schoßgattern allda zu defendiren.

* * *

Die hölzerne Brücke beym Wildbad, welche sonst auch die alte Heubrücke, die hölzerne Heubrücke heißt,*) ist 1462 gebaut und mit einem Dach versehen worden. 1670 wurde bey einer Ausbesserung das Dach, wegen der daselbst getriebenen Unzucht, weggenommen.

An derselben steht der 1779 von Herrn D. von Kordenbusch von Buschenau errichtete Wassermesser, welcher 9 Schuh hoch, und mit einer eisernen Platte versehen ist, auf welcher die Nürnberger Schuhe, Zolle und Viertelszolle bemerkt sind. An demselben wird seit seiner Errichtung die Höhe des Wassers beobachtet, und mit dem Austritt des Flusses zu dem Maaße des gefallenen Regens und Schnees verglichen.

Die

*) Im Grundriß von 1732 heißt sie die Heubrücke.

Die Brücke vor dem Hallerthürlein, zwiſchen zwey Ravelins nahe an der Stadt‑ mauer, wurde 1564 mit zwey Bogen von Holz gebaut, 1595 vom Waſſer ruinirt, und 1598 mit einem ſteinernen Pfeiler neu gebaut. Nachdem dieſe neue ſteinerne Brücke ſchadhaft geworden, ſo wurde ſelbige 1605 wiederum ganz neu, jedoch nur von Eichenholz er‑ bauet, weil ſie von Steinen gegen die 10000 fl. gekoſtet haben würde. Der da‑ mahlige Anſchlag wurde auf 1485 fl. ge‑ macht. 1654 und 1676 wurde ſie wieder verneuert, und 1697 bey Errichtung des Ein‑ laſſes von Stein mit 2 Bogen und einem Pfeiler gebaut.*) Sie koſtete 3110 fl. 43 Kr.**)

*   *   *

1529 wurde bey der Teutſchherren‑ bleiche über den Graben eine Brücke gebaut. Eine Chronik ſagt davon folgendes:

1529.

Um St. Veits Tag fieng man an zu bauen, da das Waſſer hinauf (vielleicht hin‑ auß) fleuſt dem Spittlerthor zu und die Mauer

*) Von der Medaille auf dieſelbe ſ. Wills Nürnb. Münzbel. IV. 416.

**) ſ. Waldaus Beytr. III B. S. 213.

Mauer gedoppelt und erhöht, und den Zwinger ausgeſchütt und den Graben tiefer gemacht.
Da muſt man aber frohnen und ein Brücken
über deu Graben gemacht und das Erdreich
ward gegen der Teutſch Herren Wieſen über
genommen und hinüber geführt."

Dieſe Stelle iſt vielleicht alſo zu erklären:
Sie redet von der Mauer zwiſchen dem Aus-
fluß und dem Spittlerthor oder von der gedop-
pelten Mauer zwiſchen dem Spittlerthor und
Ausfluß. Die Brücke wurde nur auf eine
Zeit lang, um das Erdreich herüber zu füh-
ren, gebaut. Es war alſo keine ordentliche
Brücke.

Dergleichen wurde hinter der Kießlin-
giſchen Fabrik zu Tooß für die Arbeitsleute
gebauet, da die Pegnitz abgegraben und ihr
ein neuer Lauf angewieſen worden.

* * *

Auſſer den Brücken ſind über die Pegnitz
folgende hölzerne Stege gebaut, welche meiſt
nur zum Gehen gebraucht werden können.

1. Der Steg bey der Sandmühle, welchen
    einige zu den hölzernen Brücken rechnen,
    weil man darüber fahren kann.

2. Der

2. Der ſchmale Steg für die Rothſchmid, drechſel.

3. 4. Die 2 Fiſcherſtege zwiſchen der Schütt und dem Schießgraben.

Der zunächſt am Schießgraben war ehe, hin bedeckt, und iſt ·1672 offen gebauet worden.

5. Der Schleiferſteg bey der Catharinen, mühle, welcher 1595 vom Waſſer einge, riſſen worden.

6. Der Schleiferſteg bey der Pfannenmüh, le, oder Pfannenſteg.

7. Der Steg zur Schwabenmühl, über welchen man auch fahren kann.

8. Der Henkersſteg, und

9. Der Truckenſteg.

Der Henkersſteg hat ſeinen Namen von der daſelbſt befindlichen Wohnung des Nach, richters.

1457 wurde er an dem alten Bogen des Ausfluſſes der Pegniz errichtet. Nachdem ihn das Waſſer verwüſtet hatte, wurde er 1595 neu gebaut. Da er ehemahls bedeckt geweſen, ſo wurde er 1657 abgetragen, un, bedeckt wieder aufgebaut und gepflaſtert. 1671

wurde

wurde das Pflaſter wieder aufgehoben und derſelbe mit Brettern belegt. 1761 iſt er abermahls neu erbaut worden. Nachdem er 1776 durch den Eisſtoß und eine große Waſſerfluth beynahe gänzlich zerbrochen und hinweggeführt worden, wurde er in dieſem Jahre wieder neu gebaut.

Der Truckenſteg iſt 1441 von Sebald Halbwachs und N. Erker erbaut worden. 1493 wurde der Gang, welcher mit Schoßgatten und Ketten verſehen iſt, aufgeführt. Von dieſem mit Holz bedeckten Gange, deſſen beyde Thüren bey Nacht verſchloſſen werden, hat er den Namen Trockenſteg oder Truckenſteg. Die Benennung Trutenſteg beruht auf einem Mißverſtand.

*   *   *

Auſſer den Brücken und Stegen über die Pegniz ſind noch einige Brücken über den alten Stadtgraben, welche weniger als die übrigen bemerkt werden.

Die Kalchbrücke bey dem Lorenzerplatz, welche 1498 von Stein erbaut wurde.

Die Brücke am Zeughaus über den Nadlersgraben.

Die

Die Färbersbrücke auf dem Steig, welche 1540 auf sehnliches Bitten Barth. Reu-
ters, Färbers erbaut worden, damit er desto
füglicher zu seiner Farbrahm gelangen könnte,
welcher auch ein genanntes Geld zur Ausbesserung des Brückleins gegeben.

1452 ging auch eine Brücke hinter St.
Egydien über den alten Stadtgraben, der
jetzt nicht mehr bemerkbar ist.

* * *

Die Thorbrücken sind erst im XV Jahrhundert von Stein gebaut worden.

1460 hat man vor dem neuen Thor eine
Schlagbrücke gebaut.

1485 hat man die Brücke bey dem Frauenthor von Stein gebaut.

1553 hat man vor dem Thiergärtner
1554 Spittler und Frauenthor, 1569 vor
dem Neuen und Lauferthor Schlagbrücken
gemacht.

1577 that man sie wieder ab.

Von 1597 an hat man dafür gehalten,
daß die Stadtthore wider das zu dieser Zeit
neuerfundene Instrument, so man Petarden
genennt, nicht genug verwahrt sey, und vor

Zehentes Stück.   R r   dem

dem Spittler, Neuen, Lauſer und Frauenthor
Schlagbrücken gemacht, welche 1787 wieder
abgethan worden. Man hatte die Thorbäu=
me mit Dillen überlegt, alsdann mit Erdreich
beſchüttet und darüber mit Steinen gepflaſtert.

Von der Brücke bey dem Wöhrder=
thürlein erzählen unſere Annalen folgende
traurige Geſchichte:

1602.

Den 24 Aug. an der Wöhrder Kirchweih
ſtürzte der äuſſerſte Theil der Brücke bey dem
Wöhrder Thürlein ein, und fielen mit dem=
ſelben etlich und achtzig Perſonen in den
Stadtgraben, von welchen gegen 70 heftig
beſchädigt worden, und 9 bis den 27 Aug.
geſtorben.

Ein Feuerwerk, das in einem Garten da=
ſelbſt unten gegen die Pegniz zu geworfen wor=
den, verurſachte den ſtarken Zuſammenlauf des
Volks. Den hieben beſchädigten Perſonen
ſowohl als den Barbierern, welche ſie curirt,
und D. Neudörfer, welche viele Mühe dabey
gehabt, wurde von Almosamts wegen jedem
nach Stand und Verdienſt einige Entſchädi=
gung und Vergütung zugeſtellt.

Dieſe

Dieſe traurige Begebenheit gab auch Anlaß, daß von dem Rath befehlen wurde,
jährlich an Oſtern ſämmtliche Brücken genau
zu beſichtigen.

In der Handſchrift exiſtirt:

Ein klegl. Spruch von einem Unglücksfall ſo 1602 d. 24 Aug. an St. Bartholomäi Tag auf der Brucken des Wöhrder Thors
geſchehen von Hans Weber.

VII.

Einige Actenſtücke
Georg Peßlers und Hector Pömers,
der zwey letzten Pröbſte zu St. Sebald und
St. Lorenzen, vom J. 1524.

Pömer an Peßler.

Ehrwürdiger, Günſtiger, lieber Herr, ihr habt mir
vor etlichen Tagen geſchrieben der ſupplication halben, ſo wir vnßer beſchwerden halben in einem
Rath gaben, was ich auff das ſelbſt mal Krankheit
halben zu gar vngeſchickt. Weil aber der allmäch-
tig auß ſeinen gnaden mir zum theil geholffen
(wiewol ich noch nicht geſchickt, viel mit den Leuten zu handeln) hab ich auff ewer ſchreiben, da ihr
mir ſchreibt, wie euch der Burgermeiſter der Jung
Grundherr die ſupplication wieder hätt überant-

R r 2   wort,

wort, angezeigt worden, überlesen vnd befehl geschehen, geforscht bey andern, ob ich kůndt erfahren, wem Befehl werde geschehen, wůrd mir angezeigt, doch nicht fůr gewiß sagend, Ferner hab
ich ihm gestern damit geschrieben, und Antwort empfangen, es sei ihm nichts befohlen, so weis er
nichts davon. Darauff hab ich gedacht, daß gut
wäre, weiter zu suppliciren, daß die Sach nicht
gar in ein vergessenheit werde gestellt, und ein meynung kurz hie begriffen, wie die supplication gestellt
möcht werden, nemblich:

Erbare, weise, gůnstige, liebe Herren.

Wir haben vor etlichen Wochen zwo Schrifften Ew. Weißheit vbergeben, gebetten, dieselben
wollen ein Einsehen haben vnsers Jährl. Einkom-
mens, weil wir Jetzund mit dem Vmgeld, Lohsung
vnd andern bůrgerl. Beschwerden beladen sind: Ist
vns auff das selbst mal durch den Burgermeister
antwort worden: Man hätt vnser Supplication
überliefert vnd Befehl darauf gethan; hat vns
doch nicht kůnnen anzeigen, wann solcher Befehl sey
geschehen, haben wir seidther gewartet, ob man solchen gethanen Befehl nach etwas mit vns woll
handeln, aber nichts geschehen noch erfahren worden, darumb gelangen E. Weisheit wiederum zu be-
můhen, bittend, wollen vnser dieser Sach halben
eingedenk seyn zu befehlen, auf daß vns geholffen
mocht werden, wollen wir mit verpflichtem Dienst
zu verdienen rc. rc.

Wollet

Wollet diese Schrifft bessern vnd ändern, aber
ganz in einen andern! form stellen, ewers gefallens,
und mich sehen lassen, vnd verschaffen, das auff
zukünfftige wochen in einem Rath euch geantwortet werd. Vnd ob es gut deucht sein, ewer Diener einen auff den Rathhauß auff ein antwort
lassen warten, welches ich mir gefallen lassen, und
ob es euch gefällt, daß man zu End vnser Schrifft
eine Antwort begert, damit wir aber nicht vergebens handeln, und was ihr guts bedenkt, laft mich
(so ihr die Supplication habt ausgeschrieben und
verfertigen lassen) wissen, damit was euch lieb ist rc.
Probst St. Lorenzen.

　　　*　　　*　　　*

Herrn Caspar Nützel dem Eltern zu Handen.

Fürsichtiger, Erb. weiser, günstiger lieber Herr
und Oham, als ir nehest bey mir wardt, und von
einer ordnung so furgenumen soll werden mit mir
und meinen Zuherren redentt, wurde vntter andern
gedacht, der schuldt, die ich von wegen meiner probsten, biß in das fünffte Jar gemacht hab, das ich
dieselb solt anzeigen, hab ich auff das selb diese an-
gezeichnet verschick euch sye hiemit, ob sie jr dem
Herr Sigmundt Fürer wöllet anzeigen.

Vnd ob vielleicht die Hilff so gegen mir fur-
genummen, nicht als baldt in das werck käm, vnd
ich nicht dester weniger teglich grossen kost leibt, vnd
gar nichts ietzund habe einzukummen, auch nicht bey-
gelbt bin, wer mein pitt, ob ich von E.E. rath als
vil möcht haben, das man mir ein Summe gelt ge-

　　　　　　Rr 3　　　　　　　　liehen

lihen hett und wenn man mir auff ein Zeit helffen
wolt, alsdann ab,öhe, das ich mein geſind untter-
halten möcht, biß man die weg fündt, wie man uns
helffen würdt. Wan an daſſelb weis ich auch in
kurtze Zeit mein gſindt nicht zu unterhalten. Wan
ich itzund weder heller noch pfennig einzukommen
hab, und teglich gelt ſoll außgeben. Wollet mein
in ſolchem in peſten gedencken, will ich verdienen ꝛc.

Probſt S. Lorentz.

Item meinen Schwager Herrn Sixt Oel-
          haffen   367 fl.
Item meiner mutter   196 fl.
Item Herrn Cunradt der kelner geweſt iſt   20 fl.
und ein jarlon iſt ungener   11 oder 12 fl.
Item Herrn Metthesen gelichens   10 fl.
Item Herrn Endreſſen Prediger drey
        viertaill Jars macht   33 fl. 3 Ort.

✳   ✳   ✳

Herrn Sigmund Fürer.

Fürſichtiger Erb. weyſer Herr, was ſich die
ihenigen ſo uber das almuſen geſetzt gegen mir und
meinem Schaffer untterſtanden, und wie ich jm darauff geſchrieben hab und darauff gebetten, habt jr
gut wiſſen, het mich verſehen wer dabey blieben.
So vernimm ich wie ſie getzund meine Cappellön
beſchickt haben, mit jnen gehandelt, dieſelben untterſtanden gegen mir zu verhetzen, und mir wider-
ſpennig zu machen, welches ſo ichs E. E. Ratt würd
anzeigen bin ich on gezweyffelt werde ſein ein
ſchlecht wolgefallen tragen, ſo man ſich ſolcher Handlung

lung will fleiſſen, werd es mir Swer ſein mit meinen Capellönen friblich vnſerm ampt vor zu ſein,
Wöllet euch darumb freuntlich gepetten haben wollet davor ſein das man mich ſolches verheb, wo
nicht, wer ich getrungen (wiewol ichs lieber vertra-
gen wolt ſein) mich des vnd anders weitter zu beclagen, was für nutz darauß wer kommen, könt ir
gantz wol abnemen, ich beſorg es werden ettliche
leutt ſein, die Jns wolgefallen laſſen werden, ich
hett gemeint, man ließ mich billig bey dem bleiben,
verſihe mich hab jm gnug gethan, bin auch ohnge-
zweiffelt mein Herren E. E. ratt werden mich bey
dem ſo mir zugeſagt, Handhaben, damit ich auch
kun halten was ich mich begeben vnd zugeſagt hab,
bitt euch freuntlich wolt euch die ſach befolhen laſſen ſein als ich vertrawen zu euch hab. Will ich
vmb euch verſchulden.

Hector Pömer probſt zu S. Lorenzen.

*   *   *

Herrn Sigmund Fürer zu eignen Handen.

Günſtiger lieber Herr Schwager hiemit ſchicke
ich euch meine ſchult vngeuerlich verzeichent euern
begeren nach zw mit ſonderlicher bit wollet ſolche
ſachen nit vergeſſen, damit ſie mit den fürberlichſten
zu ent bracht werden denn je ſelbſt abnemen mügt,
das es alſo kein geſtalt haben wirt, damit alzeit
was euch lieb iſt.

Probſt S. ſebolt.

1524 den 20 tag Julii.

Item dem fleischhacker rindflaisch zw 4 Pfen. das
 pfundt 21 Centner 89 Pf. 34 fl. 6 Pf. 8 Pfen.

Item mer rindflaisch zu 5 Pfen.
 ist 10 Cent. 60 Pf. 21 fl. 8 Pfen.

Item pierbrew für bier 4 fl. 6 Pf.

Item dem pecken für brot 30 fl. 6 Pf.

Item dem pfragner — 11 Pf.

Item dem vischer 5 fl. 3 Pf.

Item vmb creutz keß 2 fl. —

Summa 99 fl. 7 H. 10 Pf.

* * *

Dem Fürsichtigen Erberen vnd Weyssen syg-
 mundt fuerer des cleinern rats zw Nürenberg,
 seinem lieben Herren vnd schwager.

Lieber Herr Schwager Jüngst vnsern abschied
auch eurem Begern nach hab ich mich mit sonderm
fleiß bedacht vnd befindt, daß ich mein Hoff vntter
sechs hundert Gulden Jerlich nit erhalten kan, darff
ich nit hoch prangen, hab ich gedacht, das ich zu
gemein Jaren von den Zehenten 200 sumer hab,
schlag ich an vmb 300 fl. so darff ich nichts auff
die kirchen pawen, vermeint also so ich jerl. noch
dreyhundert gulden het verhofft ich zu Gott wolt
außkommen, wolt deß genewer sein, vnd ob mir
etwas von der kirchen gevallen würde, als vngewiß
ist, künnt itz abnemen, das ich Jerlich geld zwuer-
bauen hie vnd zw poppenreut haben muß, desgleich
vmb leilach tischtuch Hantswehel cleider vnd an-
bere

dere notturfft darann ich nit sein mag, wollet also
auff solch mein anzeigen vnuerzogenlich handeln,
damit mir meiner notturfft nach einmal geholffen
möcht werden, ich hab mit Herr Caspar nützel ge-
redt, vermeint, eß bedürff allein anbringens er
woll auch helffen vnd ratten, wollet mein auch gegen den vormunden deß Horns nit vergessen, will
ich mit sondern Fleiß vmb euch verdienen, hiemit
will ich mich zu allem ewern wolgefallen erbotten
haben.

Georg peßler I. V. Doctor
bropst zu S. Sebolt.

VIII.

Gevatterbrief an Andreas Tucher
vom J. 1594.

Mein freundlich willig Dienst sampt wüntschung eines glückseligen Neuen Jahrs zuvor, Ehrnvester
freundlicher lieber Herr vnd Nachbar, Euch kan Ich
mit fraidigen gemüth vnahngefuegt nicht lassen, Wie
das der Almechtig güttig vnd barmherzige Gott,
Am Nechst verschienen Mittwochen Abents zwischen
7 vnd 8 Uhrn, mein liebe Haußfrau, Jr von seiner
Almacht gesegneten weiblichen schweren Leibesbür-
den gnediglichen Abgeholffen, vnd sie mit einen frö-
lichen Anblik erleuchtet, vnd vns beedhen ein Junge Dochter vnd Haidin bescheret, Darfur wir seiner
göttlichen Almechtigkeit lob vnbt von Herzen dank
sagen.

Rr 5   Wan

Wan dan nuhn wir beede vnsere, vns von Gott
bescheerte Junge Dochter, vf schirst kommente Mitwochen den 9 Januarj Alten Calenders Christlicher
ordnung nach zwischen 8 vnd 9 Uhrn vor Mittag
zur Algemeinen Christlichen Tauff einverleiben bringen vnd den Herren Christo vortragen zu laffen ent-
schloffen vnd vorhabens. dieweil aber vnsrer Dochter vnd Haidin Christlicher Fürsprecherin, die Ahn
Jrer Unmündigen statt, den Christlichen Glauben
vnd Nahmen Gottes bekennen, höchlichen bedürfftig vnd zu haben vonnöthen, Sintemal ban Jch vnd
meine liebe Haußfraw, zu Euch vnd euer geliebten
Haußfrauen, Vns Alles freundlichen und ehrnge-
bürlichen gutten Willens getröstet.

So gelanget vnd ist solchemnach Ahn euch, da
wir wieder dieselben, Jn ungutten etwas gehandelt
oder gethon, Vnß solches zu verzeichen, vnd umb
Gottes willen freunblich bitten, die wollen vnß,
Eure Elteste Dochter Magdalena hierin Ehrenge-
bürlich Angemelte Haidin, vf angesetzten tag, neben
der Auch ehr vnd thugentsamen Frauen Jorgen
Rotten Burgermeisters Haußfrauen zu Herzogenaurach Alhier zu Gfatter stehen zu laffen vnd einen
Christen machen zu helffen vergunstigen, Vnd neben
euer geliebten Haußfrauen sampt derselben Dochter, Dienstags Abents zuvor, Alhier bey mir erscheinen, Ahn vnd einkommen, vnd nach verrichtung
Göttlichen Christlichen Wercks, sampt noch andern
meinen hietzugeladenen Gfattern, Schwegern vnd

freunb-

freundten, meiner jungen Dochter ein ſchön lang
gelb Haar trinken, vnd waß ferner der liebe Gott
Jn Kuchen und Kellern beſcheeren wird, Jn Ehrn-
frölichkeit verzeren helffen.

Daß will Jch vnd meine liebe Haußfrau vmb
Euch vnd Euer geliebte Haußfrau Jn Ehrngepühr
freundhlich beſchulden. Datum Herzogenaurach den
6 Januarj Alten Calenders Ao. 94.

> Hanß Werner Thurrigel von vnd zum
> Rigelſtein, Amptman zu Herzogen-
> aurach.

Auffſchrift: Dem Ehrnveſten vnd wohlweiſen
Herrn Andreas Tuchern, Raths Verwandten
zu Nurenbergk Meinem freundtlichen lieben
Nachbarn vndt zukünfftigen Gefattern.

Anmerkung.

Die Türrigel ſind ein altes Baieriſches
Geſchlecht. Sie ſchreiben ſich von dem Riegel-
ſtein, welches ihr Stammhaus geweſen iſt.
Das Schloß nnd Dorf Riegelſtein liegt eine
Stunde von Plech in dem Bayreutiſchen.
Jetzt liegt das Schloß öde, und die Kirche im
Dorf iſt eine Filial von Plech.

Biedermann in den Geneal. Tabellen der
Ritterſchaft des Landes zu Franken, löbl. Orts
Gebürg Tab. 314 ſetzet ſie unter die ausge-
ſtorbenen Geſchlechte, allein ich erinnere mich
irgend-

irgendwo gelesen zu haben, daß dieses Ge-
schlecht noch nicht ganz erloschen ist.

Hanns Werner Turrigel von und zum
Rigelstein, Amtmann zu Herzogenaurach war
geb. 1562 d. 17 Jul. Sein Vater war Werner Türrigel; seine Mutter Anna eine geb.
von Neuneck. Er vermählte sich mit Sibylla
von Crailsheim, Hn. Jac. Christoph v. Crailsheim zu Hornberg, Hochfürstl. Brandenb. O-
nolzb. Raths und Fr. Cath. geb. Wormserin
von Schaffolsheim Tochter. Er hat Gan-
erbentheil am Hause Rotenberg bekommen
1587 und starb 1603. S. Estors kleine
Schriften. Th. II. S. 501.

Susanna Elis. Türriglin, Hanns Werner Türriegels Tochter starb 1656 den 28
Nov. liegt in der Kirche zu Herzogenaurach
begraben. Ihr Gemahl Hr. Hanns von Ro-
tenhan zu Koppenwind, Bambergisch. Amtmann zu Herzogenaurach, starb 1637 d. 1.
December, als der letzte seiner Linie.

IX.
Ein altes Nürnberg betreffendes Sprichwort.

In der von Herrn Canzler und Meißner
herausgegebenen Quartalschrift für Aeltere

tere Litteratur und Neuere Lectüre drittes
Stück 1784. wird ein altes Teutsches Sprichwort mitgetheilt, das in allem Betracht auch
zur Geschichte einer allgemeinen Sage von
Nürnberg sehr wichtige Beweise, wenigstens
von deren Alterthum abgibt.   Das Sprichwort befindet sich in einem Manuscripte der
Kurfürstlich Dreßdner Bibliothek von der
Hand des ersten Besitzers Kotze von Lipsik dazu geschrieben heißt:

Het ich Hertzoch Iorgen von Beyern gud
Und der von Vlem mud
Und Hertzoch Chriftoffels von Mönchen leip
Und Hertzoch Siegmuntz von Oesterreich weip
Und der von Nornberchg witz
Ich geb um alle Sachsen nicht ein Switz.

Die manichfaltigen Begebenheiten und
Sachen, so hierinnen zusammen gestellt sind,
und davon in oben angeführter Schrift eine
vortreffliche Erklärung mitgetheilt wird, lassen
deutlich vermuthen daß dieses Sprichwort in
der letzten Hälfte des 15ten Jahrhundert et-
wan nach 1484 aufgekommen sey.   Ganz gewiß gab es den ersten Grund zu den bekannten
schon hundertmahl gedruckten Verschen:

       Hätt ich Venedigs Macht,
       Augspurger Pracht,

                      Nürn-

Nürnberger Witz,
Straßburger Geschütz,
Und Ulmer Geld
So wär ich der Reichste in der Welt.

Also schon damahls, schon vor 300 Jahren war der Nürnberger Witz zum Sprichwort geworden, aber höchst wahrscheinlich von einer ganz andern Seite, als dermahlen verstanden: Nürnbergs Ueberlegenheit gegen alle Teutsche Städte in Erfindungen, in Kunstfleiß, selbst im politischen Betracht, gab gewiß zu dem Sprichwort Anlaß, eben so wie in neuern Zeiten durch das unveränderliche Hängen am Alten und die wenigen Fortschritte im neuern Geschmack, die so viele nach alten Formen fabricirte Producte beweisen, Lavater das Wort Vernürnbergert als Synonym von Geschmacklos in die Teutsche Sprache hat einführen wollen.

v. W.

X.

Miscellaneen.

Von den Geschenken, welche die Stadt Nürnberg ehehin ihren Nachbarn jährlich machte, und von den Gegengeschenken, welche sie empfing, finden sich folgende archivalische Beweise:

1603.

1603.

Im M. Sept. überschickte Marggraf Joachim Ernst dem Rath 2 Wägen mit Wildpret.

1603.

Im M. November verehrte der Bischoff zu Bamberg, Johann Philipp, dem Rath eine Last Wein und 3 wilde Schweine.

1603.

Den 6 Dec. verehrte der Rath den beyden Mgfen Christian und Joachim Ernst, jedem 1 Lägel Malvasier und 2 Lägel Rheinfall.

Mgf Christian überschickte dagegen 12 Stück schwarzes, und 12 Stück rothes Wildpret.

1604.

Der Bischoff zu Bamberg überschickte dem Rath eine Last Wein und 4 wilde Schweine. Im Namen der Stadt wurden ihm dagegen etliche Lägel mit süssen Wein überschickt.

Rathsv. v. 16 Nov.

1604.

Dem Bischoff zu Wirzburg verehrte man im Namen der Stadt süssen Wein.

Rathsverlaß vom 24 Dec.

1604.

Der Bischoff zu Eichstätt überschickte ein Dankschreiben wegen des ihm verehrten süssen Weins.

1605.

Der Bischoff zu Bamberg verehrte dem Rath 9 Stück schwarzes Wildpret, weswegen man ein Dankschreiben an ihn ergehen ließ.

1605.

Marggraf Joachim Ernst ließ wegen des ihm abermahlen von hier aus überschickten süssen Weins ein Dankschreiben hieher ergehen.

Rathsverlaß vom 28 Dec.

1605.

1605.

Mgf Christian ließ gleichfalls wegen des ihm überschickten süssen Weins danken, und überschickte dagegen 6 Stück rothes Wildpret.

1605.

Der Bischoff von Eichstätt ließ wegen des erhaltenen süssen Weins ein Danksagungsschreiben hieher ergehen.

Rathsverlaß vom 18 Dec.

Inhalt des zehenten Stücks.

Materialien
zur
Nürnbergischen Geschichte.

I.

Nachricht von einem von dem Pfleger Agricola zu Luzmansstein gethanen und nicht erfüllten Gelübd worüber hernach zu Ahlfeld ein Geist erschienen.

A. 1531 ist Herr Matthias Agricola, Pfleger zu Luzmansstein mit seiner Frauen und Kind von Hersbruck nach Haus gefahren, und da eben die Pegniz zwischen Hersbruck und Happurg starck ausgelaufen, daselbst in große Wassersnoth gerathen, in welcher er ein Gelübd gethan, wann ihn Gott daraus erretten würde, so wolle er in die Kirche zu Alfeld 4 messinge Altar Leuchter, 4 Wachskerzen und 2 fl. an Geld verstifften, welches aber vermuthlich unterblieben, weil das Kind entweder zu Alfeld oder auf dem Weeg dahin gestorben, und daselbst begraben worden. Biß endlich A. 1739 ungefähr

Eilftes Stück.   S s   im

im Monath April, die Wirthin zu Nunhof
bey Alfeld, Margaretha Wolfin, eine Engel-
thalische Unterthanin, Catholischer Religion,
von einem Geist große Anfechtung bekommen.
Es ist ihr der Geist in Gestalt eines kleinen
Kindes ganz weiß, mit Creuzweiß auf der
Brust zusammen gelegten Händen, an welchen
sie aber keine Füße erkennen können, sowohl
bey Tag als Nacht, in und ausser ihrem Haus
erschienen, und hat sie überall verfolgt, biß sie
ihn endlich auf Anrathen ihrer Herren Geistlichen gefragt: Was sein Begehren seye?
Worauf der Geist geantwortet, sie sollte in
die Kirche nach Alfeld gehen, da wolle er ihr
sagen, was sie thun sollte. Darauf ist das
Weib nach Alfeld gangen, und hat dasigen
Herrn Pfarrer, Georg Andreas Holste gebetten, nachdem sie ihm zuvor alles, was ihr
mit dem Geist passiret, umständlich erzehlet,
er möchte ihr doch die Kirche öffnen lassen;
welches er auch endlich nach vielem Anhalten gethan, und durch den Schulmeister König Sen. die Kirche öffnen laßen, worauf
das Weib hineingegangen, und als sie sich
überall umgeschaut, den Geist neben dem Altar auf einen Grabstein stehen gesehen, auf
den sie zugegangen, sich auf das Grab nie-
derge-

dergekniet, und ihr Gebet verrichtet; da so,
dann der Geist zu den Weib gesprochen: Sie
seye dieienige Persohn, welche ihre Freund,
schaft mütterlicher Seits aufsuchen solle, mit
Namen Mäuler, welche sich in Amberg be,
finden würde, deren solle sie sagen, daß sie
dasienige Gelübd, so ihr Vatter der Kirche
zu Alfeld versprochen, nemlich 4 messinge
Altarleuchter, 4 Wachslichter und 2 fl an
Geld entrichten solle.   Da denn das Weib
solches dem Herrn Pfarrer sogleich angesagt
und gegangen, dieienigen Persohnen aufzu,
suchen, die sich also schrieben, und nach vie,
len Nachfragen zwei ledige Jungfern dieses
Nahmens zu Amberg gefunden, denen sie al,
les was mit ihr und dem Geist vorgegangen,
erzehlet, und sie um die Entrichtung dieses
geringen Gelübds gebetten, welche sich aber
nach langen Bedenken gewieser Ursachen hal,
ber es zu thun gewaigert.   Als das Weib
von Amberg zuruck nach Haus gegangen, ist
ihr der Geist sogleich unter Weegs wieder er,
schienen, und hat ihr starck angelegen zu
trachten, daß das Gelübd entrichtet würde,
worauf das Weib ohngefähr nach Wissent
bey Pölling gekommen, und daselbst ein
Weib besucht, welches lange Zeit sehr kranck

und

und elend darnider gelegen, deren die Wirthin,
das, was mit dem Geist vorgegangen erzehlet,
worauf das francke Weib gelobet, daß sie alle
ihre Armuth darzu anwenden wolle, das Gelübde biß auf den letzten Heller zu entrichten.
Als nun nachher der Geist wieder zu der Wirthin gekommen, und um Vollführung des Ge-
lübdes angehalten, hat die Wirthin geantwortet, daß die 2 Jungfern zu Amberg es nicht
thun wolten, es sey aber ein armes Weib zu
Wissene, welche es ausrichten wolte, worauf
der Geist geantwortet, es seye Gott eben so angenehm! Als nun das Weib gemelte Sachen
herbey geschaffet, und solche dem Herrn Pfarrer zu Alfeld in der Sacristen übergeben, hernach bey dem Altar vorbeygegangen, hat das
Weib freudig zu Herrn Pfarrer gesprochen:
da stehet der Geist schon bey dem Altar und
lächelt ganz freundlich auf mich. Worauf
das Weib zu den Grab gegangen, ihr Gebet daselbst zu verrichten, sie hat aber bald
ihren Gevattern, den sie als Beystand mit-
genommen, entsetzlich anfangen Hülfe zu
ruffen, dem auch Herr Pfarrer zugesprochen,
daß er hingehen und sehen solte, was seiner
Gevatter geschehen, der aber für groser
Furcht sichs nicht getrauet; Da denn der Herr

Pfarrer

Pfarrer hingegangen, und ihr zugesprochen,
sie sollte sich nicht fürchten, was sie gethan,
sey zur Ehre Gottes geschehen. Es hat sich
aber das Weib starck an den Herrn Pfarrer
angedrängt, gezittert und gesagt; Ach! ich
will alles thun was ich kan und habe biß an
mein End. Der Herr Pfarrer sprach ihr ferner zu, das Weib hingegen sagte, der Geist
gienge auf sie zu und reiche ihr die Hand, da
dann das Weib auch ihre rechte Hand ausge-
streckt, aber sogleich nach aller Länge niederge-
fallen, mit Händen Füßen und ganzen Leib gezittert, und solche Bewegungen gemacht, als
wenn sie die schwehre Noth hätte; Da Herr
Pfarrer ihren Gevatter geruffen, der in der
Sacristey war, daß er ihr aufhelfen sollte,
er wollte aber nicht, also ergrieff sie Herr
Pfarrer selbst und richtete sie auf, fragte auch,
warum sie so hingefallen und gezittert? Ihre
Antwort war, weil der Geist ihr mit diesen
Worten: Gott sey Danck! die Hand geben,
sey es ihr gewesen, als ob man ihr ein
Stuck Eiß in die Hand drückte, darüber sie
so erschroken. Bißher hat das Weib vom
Geist Fried, aber mit ihrer Geistlichkeit viel
Verdruß, wie er ihr auch vorhergesagt.
Beede haben noch vieles miteinander geredet,

Z. E.

Z. E. auf ihr fragen: Wo er sich dann die lange Zeit über aufgehalten? hat er geantwortet: er sey beständig in der Gnad und Freude Gottes gestanden, bey andern Fragen aber: sie solle nur sorgen, daß das Gelübd vollzogen würde.

Auf dem Grabstein, wo der Geist sich gezeiget, stehet: Anna Margaretha Agricolin, deren Gott eine frölichme Auferstehung verleihen wolle, mit der Umschrift: Seelig sind Toden, die in dem Herrn sterben, von nun an: MDXXXI. *) Die 4 Leuchter und 4 Lichter stehen zu Alfeld in der Sacristey, die 2 fl. aber hat Herr Pfarrer sogleich ungezehlt in den Allmosstock hineingestoßen.

*   *   *

Diese vorgebliche Geister-Erscheinungsgeschichte, welche hier nach einer gleichzeitigen Handschrift abgedruckt ist, fällt zwar in die Zeiten unsers Jahrhunderts, wo noch der Glaube an Geister-Erscheinungen mächtiger bey dem aufgeklärtern Theile der Menschen

---

*) Befindet sich noch gegenwärtig dieser Grabstein in der Kirche zu Ahlfeld? und sollte man in den Pfarr-Nachrichten keine Spur von dieser Anna Margaretha Agricolin finden?

schen herrschte, als jetzt bey der niedrigsten
Classe, und es ist nicht zu zweifeln, daß solche sich wirklich betrügerisch zugetragen habe, da alle Umstände genau beschrieben, und
selbst damahls lebende Personen namentlich
benennet sind.   Worin aber die Ursache
des betrügerischen Vorgebens der Margaretha Wolfin bestanden, ob sie vielleicht sich
dadurch, da sie Wirthin war, einige Kund-
schaft zuwege bringen, oder ob sie sonst was
dadurch bewirken wollte, so wie, ob die ge-
stifteten Leuchter sich wirklich noch in der Kirche zu Ahlfeld befinden, und ob sich sonst keine Spur dieses Betrugs offenbaret hat, dieß
ist dem Einsender ganz unbekannt.

v. W.

II.

Von den Nürnbergischen politischen Zeitungen.

In einer kleinen Abhandlung, die ich in das
historisch - diplomatische Magazin fürs
Vaterland rc. einrückte,*) habe ich zu verstehen
gegeben, daß ich von den Nürnbergischen po-

S s 4   litischen

*) II B. S. 98.

litischen Zeitungen besonders handeln würde.
Ich will es jetzt thun und kann vielleicht man=
che wenig bekannte Nachrichten liefern, will
mir aber auch Beyträge und Ergänzungen er=
bitten, wo mich meine Nachrichten, oder mein
Gedächtniß verlassen haben.

Wenn ein gewisser Marx Mendel, von
dem alten Nürnbergischen Geschlechte, wel=
ches schon im Jahr 1610 ausgestorben ist, ein
Zeitungsschreiber genennet wird, so könnte
man schließen, daß schon zu Ende des 16ten oder
zu Anfang des 17ten Jahrhunderts Zeitungen
bey uns geschrieben worden sind. Aber es läßt
sich weiter nichts genaues und umständliches
davon angeben. So viel bleibt richtig, daß
die Felßeckerische Zeitung die älteste ron
den wöchentlichen Teutschen Zeitungen sey,
die zu Nürnberg herausgekommen sind. Die
kleine Chronik der Reichsstadt Nürnberg be=
merket, daß in dem Jahr 1674 schon eine po=
litische Zeitung in Nürnberg, unter dem Ti=
tel: der deutsche Kriegscourier, gedruckt
worden. Dieß ist die Felßeckerische Zeitung,
welche aber schon etwas eher anfing. Joh.
Jonathan Felßecker, Nürnbergischer Buch=
drucker und Buchhändler, ist bereits 1669
oder 1670 vom Kaiser Leopold I. mit dieser
Zei=

Zeitung privilegiret, solches Privilegium 1680
wieder auf 10 Jahre ausgedehnt, und 1689
ihm, seiner Ehewirthin, Elisabetha Felßecke-
rin, und den Seinigen, abermahl auf 10 Jahre ertheilet worden. Sie hatte den Titel:
Deutscher ordinar- und extraordinar-
Friedens- und Kriegs-Courier, und wurde wöchentlich nur zweymahl in 4 ausgegeben. Nachgehends erhielten die Felßecke-
schen ein Privilegium auf 4 wöchentliche Blätter, und die Post zu Nürnberg dergleichen auf
2 Blätter, welche diese den extra ordinare
Friedens- und Kriegs-Courier betitelte,
und dem Felßecker ebenfalls übergab, so daß
er also wöchentlich 6 Blätter druckte, jedoch
auf das Montags- und Donnerstagsblatt,
welches eigentlich die Postblätter waren, sez-
zen mußte: Kaiserliche-Reichs-Ober-
Postamts-Zeitung. Ausser diesem war die
Verfassung, Druck und alles andere dem
Felßecker überlassen, der ein gewisses Quantum Blätter auf das Postamt liefern mußte,
und dagegen den Vortheil hatte, daß er für
seine ganze Correspondenz postfrey war, und
noch ein gewisses an Geld bekam. Als aber
das Postamt seine 2 Zeitungsblätter selbst zu
besorgen anfing, hörte die alte Convention

S s 5   auf,

auf, und Felßecker that von der Zeit an noch
2 Blätter von seiner Art dazu, um die Lücke
des Montags und Donnerstags auszufüllen,
und wöchentlich 6 Blätter auszugeben.   Die
Verfasser dieser Felßeckerischen Zeitung von
jeher lassen sich wohl nicht ausmachen.   So
viel kann ich melden, daß in den neuern Zeiten
dieses Jahrhunderts der f. Senior J. H.
Möck an der Kirche zum h. Geist, und der
f. Rathssyndicus Bauernfeind diese Zeitungen geschrieben, oder eigentlich und vornämlich die Französischen Artikel in dieselben über-
setzt haben.   Nachgehends schrieb sie der sel.
College am Gymnasium Würfel seit dem
19 Jan. 1773 ganz und mehrere Jahre.
Nachher hat sie ein gewisser M. Schaber,
der sich einige Zeit zu Nürnberg aufgehalten,
geschrieben, und nach ihm der Verleger und
Buchdrucker Felßecker selbst redigirt, nun
aber ist Herr Candidat J. L. Neusinger
seit etlichen Jahren der Verfasser, unter
dessen Feder sie gewonnen haben, und noch
mehr gewinnen würden, wenn sich der Verleger eines bessern Papiers und reinen Druk-
kes befleißigen würde, da sie wohl die einzige Zeitung in Teutschland ist, die, den
Sonntag ausgenommen, täglich ein Blatt
                                    liefert.

liefert. Sie wird auch auſſer Teutſchland
und ſelbſt in Amerika geleſen, wie ich irgendwo angemerkt gefunden habe. Die einzige
Zeitung iſt ſie ohnehin, die viel über 100
Jahre dauert. Da ſich im Jahre 1767 die
Gebrüder Felßecker getrennet haben, behielt
der Buchdrucker die Zeitung und der Buchhändler das ſeit 1748 angefangene Intelli-
genz- oder Anzeig-Blatt.

Nach der Felßeckeriſchen kommt zwey-
tens die Lochneriſche Teutſche Zeitung. Sie
ſcheint zwiſchen 1680 und 90 entſtanden
zu ſeyn, und hatten die Felßeckeriſchen einen
Proceß dagegen, der beym kaiſerlichen
Reichshofrath um 1689 ausgeführet und
entſchieden wurde. Im Jahr 1687 war
D. und Conſulent Fink Cenſor der Felßeckeriſchen, und D. und Conſulent Silber-
rad Cenſor der Lochneriſchen Zeitung. Er-
ſterer, Conſulent Fink, bekam wegen eines
in der Felßeckeriſchen Zeitung angeſetzten
Marginals, Wehrt euch', das auf die Mal-
contenten und Rebellirenden in Oberungarn zu
Kaſchau gezogen werden wollte, viel Verdruß,
und der Magiſtrat zu Nürnberg ſelbſt noch
mehr, der ſich mit vielen Koſten von der
Anklage des Fiſcals losmachen mußte. Der
Ver-

Verfaſſer dieſes Zeitungsblatts, welcher Informator bey dem Herrn Baron von Behaim war, ſo wie der Setzer, wurden eingezogen und auf Fürſtlich Bambergiſche Interceſſion nach einem Vierteljahr erſt aus dem
Gefängniß entlaſſen. Die Felßeckeriſchen wurden per interceſſionem Sereniſſimae Au-
guſtae ausgeſöhnet, und der Reichsfiſcal,
der nachmahlige Reichshofrath Viſentainer,
ſollte eine Erkenntlichkeit von 50 Reichs-
thalern erhalten, welche ſeine Wittwe erſt
nach ſeinem Tod einfordern und erheben ließ.
Die Lochneriſchen erhielten inzwiſchen auch
ein kaiſerl. Privilegium und druckten ihre
Zeitung noch bis über die Hälfte dieſes Jahrhunderts unter dem Titel: des ſchnellen
Poſtillons, und der Staffetta neben
dem ſchnellen Poſtillon in kl. 4. ſo lange
fort, bis der letzte Verleger, nämlich der Buchhändler Ge. Chriſt. Lochner, den man wegen ſeiner Zeitung und zum Unterſchied ſeines
Bruders J. G. Lochners, der auch ein be-
kannter Buchhändler war, den Courier-Loch-
ner nannte, geſtorben iſt. Die beyden Con-
rectoren an der Sebalder Schule, Joh. Hie-
ron. Lochner, Vater und Sohn, haben dieſe Zeitung lang geſchrieben.

Die

Die dritte Teutsche Zeitung, die in der Ordnung folgt, ist die Endterische. Daniel Endter, Balth. Joachim Endter, Joh. Dan. Endter und nachgehends Rönngott gaben sie in 4. heraus, unter dem Titel: des schnellen Postillons Ritt. Wann sie angefangen, und wie lange sie gedauert habe, weiß ich nicht. Ich habe ein Blatt von 1734 vor mir, welches in dem J. D. Endterischen Buchladen zu finden war, bey Joh. Adam Schmidt.

Es folgt die vierte, die Arnoldische Zeitung. In Mich. Arnolds völlig eingegangener Buchdruckerey nämlich, kam 1744. 45. 46. ein periodisches Werk mit einem wöchentlichen Bogen heraus, das nichts anders, als eine pragmatische Zeitung war. Es ging mit mit dem 28 May 1744 an, und bekam den Titel: Kurze doch gründliche historische Nachrichten von den neuesten Staats- und Welt-Händeln unserer Zeiten, worin, was seit dem Todesfall K. Carl des VI. bis zu dem Ableben K. Carl des VIIten sowohl in Staats-Sachen, als auch in den Kriegsoperationen von A. 1740 — 44. und zu Anfang von 1745 vorgefallen, pragmatisch abgehandelt worden — von M. S. in 4to. Der

erste

erste Theil geht bis den 29 April 1745 und
ist mit einem Register versehen. Ob der zweyte Theil, von dem ich nur 46 Stücke gesehen
habe, geendet worden, weiß ich nicht. Der mit
den Buchstaben M. S. angezeigte Verfasser ist
entweder M. Scharfenstein, oder M. Schön-
leben, von welchen beyden s. das Nürnb. Ge-
lehrten-Lexikon.

Mit und nach dieser Zeitung erschien fünf-
tens die Rienerische. Der s. Joh. Riener,
nachmahliger Diakon. zu St. Lorenzen, schrieb
sie unter dem Titel: der deutsche Merkur,
nebst nützlichen zu besserer Einsicht der neuesten Begebenheiten dienenden Anmerkungen.
Sie hat Beyfall gefunden, und es sind 9.
Jahrgänge vom Jahr 1745—54. in 8. bey
Joh. Jos. Fleischmann gedruckt worden.

Auch die Großische, oder sogenannte
Erlanger-Zeitung, die unter verschiedenen Ti-
teln in 8. erschien, gehört sechstens hieher.
Der bekannte Prof. und nachmahlige Rath,
auch Hofrath, Joh. Gottfr. Groß hat seine
beliebte Zeitung einige Jahre in Nürnberg geschrieben und drucken lassen, da er sich theils
in der Stadt Nürnberg selbst, theils auf seinem Landgute, dem Rohlederischen Garten

vor

vor der Stadt, aufgehalten hat, und zwar geschah dieses vom J. 1748 an bis 1753.

Vorher kam schon 7tens die Richteri-
sche Zeitung zum Vorschein, deren ich aber
mit Vorbedacht nach der Großischen habe gedenken wollen. Der Licentiat Christ. Gottl.
Richter, dessen Lebensgeschichte ich den Wal-
dauischen Beyträgen zur Geschichte der Stadt
Nürnberg im XI. Heft habe einverleiben lassen, half dem Rath Groß an dessen Erlan-
ger polit. Zeitung arbeiten und entzweyte sich
darüber mit ihm. Aus Rache wollte er nun
selbst eine Zeitung schreiben und der Großischen
damit Eintrag thun. Er fing sie mit dem
J. 1746 unter der Aufschrift: Bemerkte
Fälle der Zeit, in 8. an, erreichte aber, ob sie
wol nicht übel geschrieben war, seine Absicht
mit derselben nicht, und mußte sie bald wieder
aufgeben.

8) Nun kommt die Nürnbergische Post-
Amts-Zeitung. Nachdem sich die Post von
Felßecker getrennet, gab sie mit wöchentlichen
2 Blättern ohngefähr um das J. 1756. eine
eigne Zeitung heraus, und zwar in 8. Nachgehends erschien sie sehr sauber gedruckt mit
2 Blättern in klein Folio, und zwar ging sie
mit dem 3ten Febr. 1766 unter dem Titel:

Nürn-

Nürnbergische K. K. Ober-Post-Amts-
Zeitung ꝛc. an, wurde im letzten Decennio
auf 3 Blätter wöchentlich vermehrt, und
dauert mit erneuertem Beyfall bis jetzt. Ihre
Verfasser waren: Herr Hofrath Schulin zu
Erlangen, Herr D. Krause daselbst, Herr
Landschaftsrath Verdier eben daselbst, der ver-
storbene Licentiat Richter in Nürnberg, der
sel. D. Link und nun Herr Conrector und
Prof. Sattler, der sie seit 1778 schreibt.

9) Die de Launoy-Lenzische Zeitung.
Mit dem 1 May 1769 fingen Christ. de
Launoy sel. Erben eine Zeitung an zu druk-
ken und zu verlegen, die den Titel hatte:
Sammlung der neuesten und merkwür-
digsten Weltbegebenheiten. Es erschienen
3 Jahrgänge in 8. die der verstorbene Rector
Lederer, der damahls noch Candidat war, geschrieben hat. Nachgehends wurde sie in der
Lenzischen Druckerey noch 2 Jahre, 1772
und 73. nämlich, fortgesetzt, und schrieb sie zuerst Herr M. Harrepeter, dann der verstorbene jüngere Conrector Lochner und zuletzt
der Buchdrucker Lenz selbst.

10) Eine sogenannte Kinderzeitung
kam im Felßeckerischen Verlag von 1780—
83. in 14 Octavbändchen heraus. Der
sel.

ſel. Diakonus Boeckh zu Nördlingen war
ihr Verfaſſer, und fand vielen Beyfall mit
derſelben.   Nur hat man dagegen erinnert,
daß ſie bey aller Schönheit und angenehmen
Erzählungen nicht eigentlich oder genug Zeitung ſey, und folglich dem Titel nicht ganz
entſpreche, daher ſich auch der Verfaſſer
nachgehends befleißigte, mehr Novellen an-
zubringen.   Als dieſe Zeitung nachher zu
Augſpurg fortgeſetzet wurde, bekam ſie einen
andern Titel, und gehört nicht mehr hieher.

11) Seit 1790 wird die Teutſche
Miniſterialzeitung zu Nürnberg gedruckt
und von Grattenauer verleget.   Ihr erſter
Verfaſſer war Herr Joſeph von Sartori;
nach ihm ſchrieb ſie auf kurze Zeit Herr Hofr.
H. W. von Bülow, und nun der Kurpfalz-
baier. Legationsſecretair zu Nürnberg Herr
du Terrail Bayard.

Auſſer den Teutſchen Zeitungen ſind verſchiedene in andern Sprachen bey uns zum
Vorſchein gekommen.   Mich hat ehehin ein
Freund verſichert, daß ein Verſuch mit einer
Lateiniſchen politiſchen Zeitung in Nürnberg
gemacht worden, und davon ein oder etliche
wenige Blätter wären ausgegeben worden.

Eilftes Stück.   T t   Ich

Ich kan mich aber auf den Verfasser, die Zeit und andere Umstände nicht mehr besinnen. Genauere Nachricht aber kann ich von zwey Italienischen, und eben soviel Französischen politischen Zeitungen geben, und zwar

1) der Soralliſchen. Markus Soralli, ein Italieniſcher Sprachmeiſter zu Nürnberg, hat unter dem Titel: Ragguagli di Diuerſe Corti, e Paeſi Principali di Europa, von 1754—57. ult. Iun. wöchentlich 3 Blätter in 4. herausgegeben. Er war nicht nur Verfaſſer, ſondern auch Verleger, und de Launoy druckte ſie.

2) Ein gewiſſer Italieniſcher Sprachmeiſter *Filippo Merea*, von Genua gebürtig, ein ſehr geſchickter Mann, der ſeine Mutterſprache und die Italieniſche Literatur gründlich und in ihrem ganzen Umfang verſtand, gab während ſeines Aufenthalts in Nürnberg um oder nach 1760 Italieniſche Zeitungen in 4. heraus, die aber nicht lang dauerten, weil er 1762 nach St. Petersburg als Informator junger Grafen Gholowkin ging. Herr D. Büſching, mit dem er die Reiſe dahin zu Schiffe machte, gedenkt ſeiner in der eignen Lebensgeſchichte S. 361.

3) In

3) In der Bielingiſchen Druckerey
kam 1772 ein ganzer Jahrgang einer halb
Franzöſiſchen, halb Teutſchen Zeitung mit wöchentlichen 2 Stücken heraus. Die Aufſchrift
war: Wiederhall der Neuigkeiten, *Echo
des Nouuelles*, und der Verfaſſer J. J. Mey-
nier, Lector der Franzöſiſchen Sprache bey
der Univerſität Erlangen. 1773 erſchien ſie
in 4. ganz Franzöſiſch, dieß verurſachte aber
mit dem erſten Quartal ihren Tod.

4) Eine ſo betitelte *Gazette de Nurnberg* wurde 1768 in der Baueriſchen Buchhandlung verlegt und ausgegeben. Sie fing
mit dem 30 Auguſt an, und Herr M. Har-
reperer ſchrieb die erſten 12 Blätter mit Beyfall und gutem Abgang. Nach ihm fertigte
ſie der verſtorbene Procurator H. Mink,
und nach einigen Wochen ſchrieb ſelbige der
Verleger ſelbſt aus der Leidner und Cöllner
Zeitung mit ſo vielen Fehlern aus, daß ſie
ſich nicht länger erhalten konnte.

W.

III.

Iureconfulti Norimbergenſes

ex Sec. XIV. XV. *)

A. 1377. 78. Magiſter Iohannes *de Hall-brunn*, Iuriſta der Stadt.

A. 1378. Meiſter Cunrad von Hawgenau, Juriſt von der Stadt wegen.

A. 1393. iſt Meiſter Gerſelcher zu Wien hieher zu kommen erbetten worden.

A. eod. iſt Conrad Gleichner beſtellt worden, hier Juriſt zu ſeyn.

A. 1419. Meiſter Wynandt, der Stadt Juriſt. a)

A. 1425. Meiſter Conrad Tanzofer iſt beſchickt worden, um herzukommen, etwas Raths von ihm zu nehmen.

A. eod. Meiſter Ernſt, Juriſt.

A. 1427.

*) Aus einer alten Handſchrift.

a) Beym J. 1413 bemerkt Müllner in ſeinen Annalen: „Man findet, daß der Rath zu Nürnberg dieß Jahr einen Conſulenten oder Rathgeb gehabt, Winand von Steg genannt, Doctor der geiſtlichen Rechten.‟

A. 1427. Meister Cunrad Kůnhofer, unser Jurist. b)

A. 1439. D. Gregor. *Heymburg*, unser
Jurist. c)

A. eod. wurde Meister Mertein Mayr,
Licentiatus, hieher gefordert und blieb
XX Tag, bekam LX fl. d)

IV.

b) Viele **Plebani** und nachherige Pröbste waren zugleich Consulenten der Stadt. Kühnhofer (✝ 1452)
war Doctor in allen Facultäten, und stiftete das
älteste bekannte Nürnbergische Stipendium. s.
Diptycha Eccl. Laur. p. 18 und 36.

c) Von diesem sagt Müllner schon ad a. 1433:
Daß er dieser Zeit des Raths zu Nürnberg Rath-
geb gewest. s. von ihm Nürnb. Gel. Lex. II Th.
S. 62. und Hambergers zuverl. Nachr. IV. B.
S. 808.

d) Dieser stellte noch 1475 zu Landshut einen Rathschlag aus.
   Ausser den oben angezeigten finde ich im XIV
und XV Sec. noch folgende Consulenten der
Stadt Nürnberg: 1366 Gabriel Schütz, 1372 Johann Lochinger, 1444 Heinrich Leubing, 1461 Johann
Zenner, Doctor der geistlichen Rechte, (✝ 1489),
1467 Johann Lochner, 1469 Siegfried Plaghal,
oder Plankthal, 1474 Andreas Rummel, 1475
Conrad Schütz, 1475 Lic. Peter Stahl, 1476 Johann Löffelholz, 1478 Lorenz Schaller, Johann
Polraus, Wilhelm von Werdena, Johann von
Trebra, 1479 Johann Letscher, 1483 Johann Zin-
gel, 1496 Erasmus Topler und Lorenz Tucher,
1497 Johann Gärtner, 1498 Hieronymus von Croa-
ria und Franz Braun; 1499 Ulrich Nadler.

IV.

Von der Besichtigung der Außetzigen oder Siechenleüten. *)

Dieweil von wegen des bösen vnd sündlichen leben der menschen, fürnehmlich der Außaß ein grose
straff Gottes ist, dadurch denn allezeit DieJenigen,
welche mit dieser abscheulichen vnd erschrecklichen
sündt behafft seyn gewesen, auff das die andern,
wie bald geschehen kann, auch nicht durch Sie verunreiniget werden, von andern leüten abgesondert
seyn worden, Dieweil dann von denen alten lang
vor vnser Zeit (da es doch gar viel leichter zu thun
ist gewesen, dann ißt, wie hernach gemeldet wirdt)
hoch von nöthen ist geacht worden, daß sie zuvor
durch gelehrte Aerzt wohl erkand vnd judicirt wirdt,
auf daß die arme leüt nicht also vergebens abgesondert

*) Dieser zur weitern Auffklärung der ehemahligen
Beschaffenheit der Nürnbergischen Sondersiechenschau dienende Auffaß ist ein Capitel eines zur Me-
dicinalpolicey des XVI Jahrh. merkwürdigen noch
ungedruckten Actenstücks: Ioachimi Camerarii D.
Med. Norimberg. kurßes vnd ordendliches Bedencken, welcher Gestalt in einem wohlgeordneten
Regiment es mit den Arßten und Arßeneyen,
samt allen andern, darzu gehörigen stücken, möcht
geordnet vnd gehalten werden, welches derselbe
1571 den 27 Decemb. an den Rath zu Nürnberg
ausgestellt hat.

sondert, vnd von einander gescheidet werden, hat
mann derhalben an vielen orten gewiße vnd gelegene Zeit im Jahr angestellet, an welcher solche
Sieche leüt zusammen kommen, vnd alba mit fleis
erkant vnd besichtiget worden seyn. Zu welchem
guten vnd loblichem fürnehmen, viel fromme vnd
guthertzige leüt grose Allmosen von tag zu tag ge-
stifft haben, also wirdt es noch an etlichen orten
gehalten, als in den Niederlandt, Item in Teütsch-
land, fürnehmlich zu Nürenberg, vnd in Franckreich
zu Arles. Solche besichtigung geschicht gemeiniglich an allen orten, die Woche vor Ostern, bieweil
es ein gelegene Zeit gegen dem Frühling ist, dahin
ein grose menge von vielen vnd offt gar weiten gelegenen örtern pfleget zukommen, fürnehmlich, bieweil mann auch aus mancherley stifftung, vnd sonst
viel freywilliger Darreichung grose Allmosen vnd
steür den Armen pfleget zu geben, welches alles
ein Christlich vnd gut Werck höchlich zu rühmen,
vnd zu loben ist, nit allein von wegen der Allmosen, welche den armen werden mitgetheilet, sondern
vielmehr, daß solche Sieche leüt, Daran man offt
ein Zweiffel hat, recht werden vnterscheidet, vnd die
vnreinen von den reinen gründlich mögen erkant
werden, sonst wurden offt vnversehener vnd vn-
verständiger Weis manche ehrliche gute leütt, nicht
allein von gemeinschafft anderer, sondern das vielmehr ist, offt von weib vnd kind, Eltern, freünd
2c. vnbilliger weis von einander gestoßen, dazu aber

T t 4   ein

ein sonder fleis vnd guter verstandt, auch gewiße er-
fahrnuß dieser Seuch erfordert wirbt, des halben
auch zu Arles, alba auch Jährlichen ein gros volck
armer Siecher, erfordert wirbt, dieser vrsach halben zusammen kommet, vnter andern einem ange-
henden bürgermeister auf sein höchste pflicht fürnehmlich eingebunden wird, daß Er dieser besichtigung vnd Schau der armen Siechen mit allem
müglichen fleiß vnd treüen wohl vorsehen vnd sich
derselbigen der nothdurfft nach mit ernst annehmen, wie wohl solches also, wie gemelt zu verrichten, will von tag zu tag nicht allein schwer, sondern
auch schier vnmüglichen fürfallen, wie mann dann
solche klag von vielen täglich vernimt, vieler ursachen halben deren als die fürnehmsten diese seyn.

Erstlich von wegen der grosen menge, die sich
Jährlich immerdar, ie mehr vnd mehr auf solche
Zeit häuffet, Darunter aber fast der halbe theil
andere bettler gefunden werden, welche billiger
ein iegliches landt oder Stadt ernehren soll, wie
solches vnter vielen löbl. gesetzen Carolus Magnus
auch geordnet hat, wie Aventinus lib. IV. von ihm
schreibet, Mendicis palantibus vetuit quicquam tribui,
et suos quamque regionem inopes alere, sanos ac
validos labore victum quaeritare, ac desiderio manus sufficere iussit. Idcirco opes Ecclesiasticas in
locupletioribus templis in tres divisit partes,
duas egenis, tertiam sacerdotibus attribuens. Vnd
wann also jährlich vmb 3. oder 4. tag willen, so
weit

weit hin vnd wieder von wegen der Allmosen kommen werden, wirdt geschehen, daß in kurtzer Zeit
vnmüglich wirdt seyn, ein solches gros vnd mancherley volck, da im anfang solcher stifftung nicht
der 20. theil verhanden gewesen ist, vndt doch eben
so viel Zeit darzu genommen haben, als itzo pfleget
zu geschehen, der nothdurfft nach alle miteinander
zu besichtigen, vnd einem ieglichen mit solcher schau
ein genügen zu thun.

Die andere ursach ist, die boßheit vnd betrieg-
ligkeit der leüte, welche des bettelns vnd müßig-
gangs gewohnet, vnd nicht der besichtigung halben, sondern gelds vndt Allmosen wegen, ein großer
Hauff an solchem orth pflegen zu kommen, Welche
sich zuvor mit etlichen kräutern vnd andern bösen
stücken so meisterlich können zurichten, vnd an-
schmieren, daß sie auch von den erfahrnen Aertzten
allein durch solche gehliche vnd bloße anschauung
vnd gleich Transitorie nicht können oder mögen
vollkömlich erkennet werden.

Zum dritten sein zu vnserer Zeit andere kranck-
heiten, die vor 80. Jahren entweder gar nit gewesen, oder zum wenigsten nicht erkannt sein worden,
welche dem Außatz in vielen eüserlichen Zeichen
nicht ein wenig gleichen, vnd also geartet sind, daß
sie aus großer vnordnung, welche dann zu vnserer
Zeit, in allen dingen auf das eüserst überhand genommen hat, etlich auch in ein Außatz verändern
können, als fürnehmlich ist Morbus Gallicus oder

die Frantzosen, (wie mann gemein pfleget zu nennen,) ein sonderliche straff, vnd wie Fernelius sagt: lib. VI, Cap. 20. suae Medicinae miserabile scortatorum flagellum. auf die grose Vnzucht der menschen, von Gott verhenget. Item ein andere kranckheit in denen ländern gegen mitternacht gelegen sehr gemein, welche Sie in Sachsen vndt Niederlandt den Schorbock nennen, diese vnd dergleichen gebrechliche leüte, so nicht Siech sindt, müßen sich gar viel vnter die außetzigen zehlen, vnd sind aus schlechtem anblick ohn ander guter nachforschung zu erkennen, vnd als balt eigentlich abzusondern, vnmüglich. Aus diesen erzehlten vnd andern vrsachen wird nun einer ieglichen verständigen vnd guthertzigen persohn zu erkennen geben, ob sich darüber zu verwundern sey: Wann gleich die aller gelehrtesten vnd erfahrnesten Aertzt vnd Doctores nicht allein nichts grünbliches von allen menschen durch aus, welche Sich zu der schau begeben, vrtheilen, Sondern auch zum öfftermahl Ihnen vnd andern die Augen geblendet, daß das gesicht wohl gar vergehen solt, Vnd sie mancherley weis betrogen wurden, dieweil in kurtzer Zeit, vnd solcher Eil, nicht etlich hundert, sondern tausendt menschen offt zu besichtigen seyn, da doch wann vnter hunderten nit mit einem die nothburfft nach sich bereden kan, muß geschweigen, was ein frommhertziger Artzt für mitleiden, vnd beschwehrnüß aus solcher leüt heülen vnd schreyen, vnd andern vnlust

schöpffen

schöpffen, pfleget, davon auch von etlichen schimpff-
weis nicht vnbillig ein solche schau das Purgato-
rium oder fegfeüer genennt ist worden.

Vber das alles mit gefahr seiner gesundheit
diesem thun beywohnen muß, dieweil so viel ver-
gifftes vnd böses gestancks an einander einzuneh-
men ist, sonderlich, wo die corpora ohne das prae-
parata et morbosa. Welches der gelehrte Artzt Ae-
tius auch wohl gewust hat. Non solum hic affectus,
inquit, gravis est laborantibus, sed etiam conspici-
entibus intollerabilis. Das ist, diese Seuch ist nicht
allein den kranken, welche damit beladen beschwer-
lich, sondern auch DenJenigen, Die es offt ansehen müßen, vnleiblich, Daraus hat man leichtlich
ein ieglicher zu erachten, daß wo man Dieser con-
fusion vnd vnordnung, welche nun alle jahr nit abnehmen, sondern vielmehr zunehmen werden, nicht
würde vorkommen vnd verhütet werden, nicht allein
viel Armen Siechen, Derenwegen das werck Erstlich ist angefangen vndt gestifftet worden, kein
grosen nutz vnd frommen daraus haben, vnd nicht
wie sichs gebührt, besichtiget werden können, sondern auch ein jeder verständiger frommer Artzt
seines gewißens halben vnd von wegen seines guten glimpffs vnd nahmens, auch seiner gesundheit,
die Er sonst ohne das offt andern leüten zum besten in gefahr setzen muß, solcher besichtigung ab-
zuwarten, von tag zu tag ein mehrer nachdencken
nicht vnzeitlich haben wirdt. Dann erstlich also
blos

blos vndt in solcher kurtzer Zeit gar geringlich,
wie auch oben gemeldet ist worden, Eltern vnd kinder, Eheleut vnd andere gute freundt, denen solches ein groß kummernuß vndt jammer ist, von
einander zu scheiden, vnd von aller gemeinschafft
anderer menschen abzusondern, nit für ein geringe
sach gehalten soll werden, vnd davon einer wirdt
ohne Zweiffel große rechenschafft Gott dem Allmech-
tigen zu seiner Zeit geben müßen. Zum andern
wird Jährlichen viel klagens gehöret, daß einer
rein, der andere aber unrein erkandt sey worden,
vnd wird dieser vngelegenheit schuld vnd Vrsach
alle, vnbilliger Weiß Denen Aertzten zugemeßen,
dadurch dann bey Innheimischen vnd fremdben
persohnen sie in verachtung vnd vorgeringerung
ihres guten nahmens kommen, vnd offt leiden
müßen, Daß ihnen solches fürgeworffen wirdt, so
doch vber andere erzehlete Vrsachen auch zu mer-
cken ist, daß wie ein Auffatz der den gantzen leib
eingenommen, vnd gar eingewurtzelt hat, allezeit
soll vnd kan von einem verständigen Artzt bald erkandt werden, also dargegen wohl müglich ist, daß
im anfang dieser kranckheit ein Zweiffel fürfellet,
vnd derhalben das erste mahl einer kan Siech gehalten werden, welcher da er bald rathen vnd
helffen läst, oder sonst durch wohlthaten, krafft vnd
sterck der Natur, wiederumb das andermahl für
rein geacht wird, vnd über das kan eben derselbi-
ge mensch durch kält vnd andere große vnordnung

zum

zum dritten mahl wiederumb in gemelte kranckheit
fallen; darzu ist offenbahr, nach dem nur allein auf
den gegenwertigen augenschein das vrtheil gestel-
let wirdt, daß manche person in der schau, (Sonderlich die mit dem anfang des Außatzes behaff-
tet) sehr heßlich vnd abscheulich anzusehen erschei-
net, welche nachmahls gesaubert ein anders dar-
thun, So giebt sich solche Seuch zu einer Zeit vielmehr, dann zur andern an den tag, welches die in
denen Siechen Köblen bezeugen, vnd die täglich erfahrung beweist. Wie nun diesem allen were für
zu kommen, vnd welcher gestalt mit guter ordnung
solche vnrichtigkeit zu endern, vnd abzuhelffen
möcht werden, fallen allerley nachdencken, welche
sich wohl erwegen laßen, hier möcht aber doch vieleicht nachfolgender einfeltiger fürschlag einen Weg
zum wenigsten bereiten vndt anzeigen, zu was
beßerm zu kommen. Vndt erstlich könte mann auf
mittel bedacht seyn, ob forthin die Siechen, welche ein Jährliche Schau pflegen zu ersuchen ein
kurtze schriftliche Vhrkunde vnd Testimonium von
ihrer Obrigkeit, vnter welchen Sie ihr Siechhauß
vnd Wohnung haben, mit brechten, Darinnen fürnehmlich die Zahl deren so mit einander von einem
orth gereiset weren, Item ihre nahmen verzeichnet werden, vnd köute mann an dem orth, da
die schau ist, anstatt solcher brieflichen Vhrkund
gemelten leuten wiederumb in sonderheit einem
jeglichen der Außetzig were, einen Zettel geben.

(Wie

(Wie sonst gebräuchlich, denen die mit einer bösen
krätz oder mit der Seuch der Frantzosen beladen,
mitgetheilet werden.) Welchen sie ein andermahl
wiederumb auch mitbringen, vnd auflegen müsten,
Vnd wiewohl vieleicht dieses für zu weitleufftig
vnd mühseelich möchte gehalten werden, hielte
ich doch dafür, daß wo eine oder zwo persohnen
geordnet würden, die solche brieff schleinig einnehmen, vnd übersehen möchten, es sollte mit der
Zeit leichtlich einen fortgang gewinnen.

Vndt so diese ordnung zu andern nichts dienen würde, könte doch auf diese weise vielen star-
ken landstreichern vnd bettlern eine furcht vnd
scheu gemacht werden, daß sie sich nicht so freventlich vnter die armen Siechen mischen dörfften.
Derohalben auch zum andern ein ernstlich straff
auf diejenigen, welche sich fürsetzlich vnd felsch-
lich für Siechen außgeben, vnd vnter dieselbige
eintringen würden, nur allein, daß sie desto mehr
geld vnd Allmosen bekommen, künte gesetzet werden, dieweil solches offt ihnen selbst zu großen
nachtheil gereichet, vnd sie durch andere können
leichtlich verunreiniget werden. Zum Dritten, dieweil die menge solcher leute von tag zu tag viel
größer wirdt, vnd immer mehr vnd mehr sich häuf-
fen, were auch dagegen von nöthen, (wo es anders zu thun müglich were) daß die Zeit zu solcher
besichtigung auch erlängert würde, auff daß mit
rechtem guten bedacht, fleis vndt erkäntniß, sol-

che

che schau fürgenommen, vnd verrichtet würde, vnd auf dieselbige Zeit ein Artzt seinen andern nothwendigen geschäfften, auch möcht, wie es die zeit erfordert, auswartten, sonst den gantzen langen tag nacheinander diesen abscheulichen Handel abzuwartten, nicht allein verdrieslich, sondern auch fast vnmüglich fürfallen will. Vnd was in diesen vnd dergleichen fellen von einer Obrigkeit für gut vnd rathsam gehalten vnd beschloßen wirdt, dasselbige könt zu derselbigen Zeit Jährlichs, da solche leute zusammen kommen, an einem ort, ihnen öffentlich fürgehalten werden, auf daß sie hinfürber sich darnach wißen zu richten.

Zum Vierdten vnd letzten, dieweil offtermahl diese seuch (wie oben erzehlet) nicht so bald, vndt im ersten anblick vollkömmlich zu erkennen ist, würde ohne Zweiffel nit ein kleine förderung zu solchem handel seyn, Wann die Doctores vnd Aertzte von einer Obrigkeit zu einer schau bestellet, vnd verordnet etlich tag zuvor zusammen kömen, vnd von solcher krankheit, natur vnd eigenschafft, vnd derselbigen erkentnüß vnd besichtigung, sich mit allem nützlichen fleis vnterreden, miteinander beschließen, Wie ein ordentliche, schleunige vndt gewiße besichtigung fürzunehmen, vnd was für Zeichen solcher kranckheit sie sich fürnehmlich, als für die wahrhafftigsten gebrauchen wolten, da durch dann darnach in der Zeit der schau desto weniger disputiren. Vndt zweiffeln vnter Ihnen

fürfallen,

fürfallen, die Zeit nicht dadurch verlohren wird
werden.

V.

Ueber die Entstehung der Kettenstöcke, in Nürnberg.

Von der Zeit, wann die Stöcke mit eisernen Ketten, vermittelst welcher die
Gassen gesperret werden können, entstanden
und von ihrer Veranlassung sind die Nachrichten verschieden. Ehehin scheinen sie eine
Art der Bevestigung gewesen zu seyn. Jetzt
gebraucht man sie noch eine Gasse zu sperren,
welche gepflastert, oder in welcher gebaut
wird, oder wo sich ein baufälliges Haus befindet, um zu hindern, daß durch die Erschüt-
terung vom Durchfahren schwer beladener
Wägen kein Einsturz verursacht werde.

Nach einiger Meinung fällt die Entstehung derselben zunächst in die Zeit nach dem
großen Aufruhr von 1349. *) Allein es ist
dieß eine unerwiesene Muthmassung.

Die

---

*) (Truckenbrods) Nachrichten zur Geschichte der
Stadt Nürnberg. II B. S. 534.

Die meisten Chroniken *) setzen die Veranlassung derselben ins J. 1442 und erzählen davon folgendes:

„1442 an des heiligen Kreutz Tag zu Ostern ritt Kaiser Friedrich zu Nürnberg ein. Da kamen viele Fürsten und viele von Adel mit ihm, und hielten einen Hof und Thurnier daselbst, und blieben bey 5 Wochen allda. Unterdessen ritten **) die Fürsten alle Tage in die Räthe, niemand wuste, weswegen sie da waren, oder was ihr Rathschlag war.

Die Fürsten machten einen bösen Anschlag über die Stadt Nürnberg, verbunden sich zusammen und bestimmten einen Tag, an welchem Jeder seinen Wirth todschlagen sollte; zugleich wollten sie mit ihrem Zeug einfallen, und die Stadt einnehmen und plündern. Unter diesen Fürsten war ein frommer Pfalzgraf am Rhein, der nicht an dieser Unthat Antheil nehmen, und seinen frommen Wirth nicht umbringen wollte. Dieser schrieb solchen Anschlag dem Wirth auf den Tisch
und

*) s. z. B. die Histor. Nachr. von der Stadt Nürnberg S. 221.

**) Denn Kutschen gabs damahls noch nicht.

Eilftes Stück.   U u

und ritt heimlich aus der Stadt. Der Wirth las es, zeigte es dem Rath an, welcher auch durch einen Mann, der in der Rathstube in einer Truhe versperrt war, diesen Rathschlag soll erfahren haben. Hierauf gebot der Rath, daß ein jeder Bürger, der Roß und Wagen hätte, in den Wald fahren muste, um in die Stadt Schrankenhölzer zu führen, in alle Gassen, welche in derselben Nacht, da der Anschlag ausgeführt werden sollte, damit sollen verschrankt werden, daß man mit keinem reisigen Zeug zusammen kommen konnte. Die Bürger stunden auch mit ihrer Wehr in Ordnung. Als dies die Fürsten sahen, ritt einer nach dem andern heimlich aus der Stadt.

Gleich darnach wurden in allen Gassen hölzerne Stöcke gesetzt, und eiserne Ketten daran gemacht, mit welchen man alle Gassen verschliessen kann; die noch jetzt stehen.„

Müllner in seinen Annalen führt aus den Chroniken diese Erzählung an, und gibt seinen Unglauben zu erkennen, indem er hinzu setzt: „Sit fides penes auctorem, denn von dieser Verrätherey sonsten nichts zu finden.„

Die ganze Erzählung trägt freylich schon auf den ersten Anblick das Gepräg einer Legende

gende an sich; und man kann daher dem von
Falkenstein *) diese Chronikensage allerdings
Preis geben; der aber nicht der erste war,
welcher die Unwahrscheinlichkeit dieser Begebenheit entdeckt hat.

Daß die Kettenstöcke gegen das Ende des
XV Jahrhunderts schon vorhanden waren,
wenn sie gleich nicht damahls entstanden sind,
beweist folgende Erzählung des Conrad Celtes,**) die noch wenig bekannt seyn möchte:

„Bey der Heilthums Weisung, da der
Markt gedrängtvoll von Leuten gestanden, habe eine Krähe an einem Mooß, das unter einem
Dachziegel gewachsen, gezogen, und dadurch
den Ziegel los gemacht, welcher herabfiel und
etliche Personen beschädigte. Darüber ent-
stand ein Geschrey und Gedräng, worüber
viele zertreten und beschädigt wurden.

Seit dieser Zeit ließ der Rath jedesmahl an diesem Tag die Gassen und den
Markt mit Ketten versperren, und durch
etliche bewehrte Bürger den Platz einschlie-
ßen, um aller Unordnung zuvorzukommen.„
VI.

*) Ioh. ab Indagine Beschreibung der Stadt Nürn-
berg. S. 609.

**) de origine, situ etc. Norimbergae. cap. 8.

VI.

Policeygeſetze aus dem XIV Jahr-
hundert.

Von Froeſtuken.

Es iſt auch geſetzen von meinen herren den
Richter den burgern gemaineclich daz die
wirte vnd ir gewalt die hie ſchenkent ſwelher-
lai trinken daz iſt, daz ſi nieman ze eſſenne
ſuln geben froe noch kain zeit.

Vnd ſi ſuln auch niht den trinkleoten ez-
zennes ze kauffenne geben ſunder die wirte.
ſeuer ſalz vnd wazzer moegen die trinkleote bi-
derben *) dar zve. ob ſi ſelber iht kaufent ze
ezzenne.

Swer diz gebot übervert der gibt ie von
dem tage ain pfunt.   (C. 85. E. 81. a.)

Von raien durch die Stat.

Auch haben die Burger geſatzt, daz fürbaz niemant weder hantwerk leut noch hantwerk knecht noch dienſtknecht durch die ſtat
raien noch mit pfeiffern gen ſullen awzzgeno-
men an herren vaſnacht am gailn montag vnd

an

---

*) bedürfen, gebrauchen.

an der rechten vaſnacht *) wer es anders darvber prech oder vberfúre der muſt ze puzz geben ein pfunt haller wer dez gelts nicht het
den ſol man in den ſtok ſetzen vnd ſol darnach
als lang von der ſtat ſein vntz **) er ez gi-
bet vnd welcher Spilman dabey wer der ſol
ein or ***) in dem pranger ****) ſten. (D.
30. a.)

Von Tantzen bey der nacht.

Auch ſol fúrbaz niemant, ez ſey fraw
oder man noch der letzten or †) dheinen Tantz
nicht haben, on dez rats wort ††) vnd der
frager †††) ſol dez dheinen gewalt haben zu
erlauben, on dez rats wort, vnd in wez hawſe
man alſo tantzet ez ſey fraw oder man, der ſol
geben rr Pf haller vnd wer darin alſo tantzet
der ſol icliche perſon geben zwen guldein.

Auch ſol fúrbaz niemant ez ſey fraw oder
man niht lenger tantzen, dann zwiſchen den
zwein

---

*) Dieß ſind die drey Tage vor dem Aſchermittwoch.
**) Bis.
***) Eine Stunde.
****) Halseiſen.
†) Stunde.
††) Einwilligung, Erlaubniß.
†††) Der regierende Burgermeiſter.

zwein malen , und man ſoll auch aufhören
wenn man veſper ze ſamme ſleht. vnd in
welchem hawſe man darnach tantzt der muſt
geben ꝝ Pf. haller vnd jede Perſon ein pfunt
haller, die da tantzt. (D. 30. b)

Von nacht geen mit pfeiffern auf
der ſtrazzen.

Eʒ ſol auch fürbaʒ niemant mit pfenffern
noch Spilleuten deʒ nachts nach der vierden
hore in der Stat vmbrenten, varen oder geen.
vnd wer daʒ vberfür der muſt als offt X. Guldein geben. (D. 60. b)

Von den vazzen.

Auch iſt geſetzet daʒ niemant weder pütner
noch burger kein vaʒ ſullen ſetzen an die ſtraʒ-
lenger danne zwen tag vnd zwue nacht wer
daʒ fürbaʒ vberfür der mueſte von ieden vaʒ-
ze geben zwen ſchillinge haller. (E. 54. a)

Von dem Fiſbach.

Eʒ habent auch vnſer herren die burger
geſetzet. daʒ man den fiſbach ſulle raine behalten auzzerhalb der Stat. vnd innerthalbe
der ſtat als verre vntz er kömt au ſpitaler tor.*)
da er ſol gen in den ſpital. **)

Eʒ

*) Der jetzige weiße Thurm.
**) Den alten Spital zu St. Eliſabeth.

Ez ſol auch nieman kain priuet haben bei dem fiſbach denne zehen ſchuhe da von. Swer daz bricht der gibt ie ze der Wochen ain pfunt haller. ez ſei denne ain man der ſo weit niht hat von dem fiſbach daz er zehen ſchuhe da von ſein priuet möge geſetzen. der ſol in vier- zehen tagen machen ſein priuet nach der paw- maiſter rate.

Ez ſol auch dhaine pader ſeinen vnflat dar ein giezzen noch weiſen alle wochen bei ainem pfunde.

Ez ſol auch kaine lederer kaine haut dar ein hahen *) ſwer daz bricht der gibt ie von der haut ſehtzik haller.

Ez ſol auch nieman kainen vnflat dar ein werfen noch giezzen noch kaine clait dar inne waſchen. Swer daz brichet der gibt zwene ſchillinge haller.

Vnd ſwenne der fiſbach her ein kömt von dem ſpitale ſo mügen die lederer wol ir heute dar ein hahen alſo daz der fiſbach ſei- nen ganck gehaben möge. daz ez den mvelen niht ſchade ſei.

[Ez ſol auch niemant den Wiſchpach ablai- ten auf wiſen noch in gerten noch in dheiner- ley ander dink, alle tag ben j Pf.] (E. 131. a)

Es

*) Hängen.

Uu 4

Es gebieten die Burger vom Rat daʒ fúrbaʒ niemant dʒeinen vnflat wie der genant iſt in der Stat vnd vor der Stat in den Wiſchpach werfen noch giezzen ſol. wer daʒ vberfúr vnd daʒ man daʒ mit zweyn oder mit dreyn bewenſen möcht, der muſt je als offt geben, als offt gerúgt wurd j Pf. newer haller.

Auch gebieten ſie, daß iederman den Wiſchpach vor ſeiner túr rawmen vnd vegen ſol vnd ſol auch denſelben vnflat ſelber auʒ-fúren lazzen nach dem tag alle tag bey j Pf. newer haller. Actum dominica poſt Laurentii. Anno lʒʒʒv (1385) (D. 102. a)

Von den pappenheimern. *)

Auch gebieten die Burger vom Rat, wem die pappenheimer arbeiten demſelben ſol ſie niemand abtreiben von irer arbeit deucht aber iemant daʒ ſie im zu nahent vor ſeinem hawſe gingen daʒ ſie durch recht da niht gehen ſolten der ſol ſie auch niht abtreiben noch dar-vmbe ſtrafen, Er ſol eʒ einem frager oder den Burgern ſagen vnd wer in darvber icht tet,

---

*) Merkwúrdig iſt, daß dieſer Name der Nacht-arbeiter ſchon in dieſem Geſetz des XIV Jahr-hunderts vorkommt.

tet, der muſt funf pfunt haller zu puz geben. (D. 23. b)

Von den ſneyderknehten. *)

Auch gebieten ſie daz dhein maiſter vnder
den Sneydern dheinen kneht niht ſetzen ſol
er hab in dann gedingt ein halb iar vnd niht
kurtzer. welcher meiſter darüber kneht nider-
ſetzt dauon ſolt er von iedem kneht alle tag
Iz haller geben vnd die ſelben kneht muſt jeder
ein Jar von der Stat ſeyn. (D. 61. b)

Von hopfenmeſſern.

Ez ſullen die Hopfenmeſſer ſwern daz ſi
den hopfen mezzen getrewlich. burgern vnd
geſten. vnd ob der kaufman vnd der hingeber
wilkürten daz ſi Hopfen in ſekken ſchatzen wolten lazzen. den ſullen ſi getrewlich ſchatzen on
geuerde. vnd ſullen zu dem ſchatzen niemant
treiben noch benötigen. vnd ſullen auch rügen
vmb daz auzſchüten. vnd ſullen auch weder
teil noch gemein haben an Hopfen vnd ſullen
auch ſelber keinen kaufen. (E. 37. b)

VII.

---

*) Bey den älteſten Handwerkern heiſſen die Geſellen
Knechte oder Knappen z. E. Metzgerknechte,
Beckerknechte, Schuhknechte, Brauknechte, Tuch-
knappen; bey einigen iſt Knechte in Geſellen verwandelt worden, wie bey den Schneidern.

VII.

Etwas zur Geschichte des Augustiner Klosters

Die Verlegung des Augustiner Klosters von dem Plaß vor der Stadt, wo es zuerst stand, in die Stadt selbst wird in verschiedene Zeiten gesetzt. Einige Nachrichten geben das J. 1235 an, *) manche geschriebene Chroniken das J. 1255, andere das J. 1265, **) und noch andere das J. 1275. ***) Laut eines alten Saalbuchs des Klosters vom J. 1265 bis 1503 ist das J. 1265 das richtigste. In demselben heißt es:

„Es ist zu wissen, das diß vnser convent, vor vil joren ist gestanden, als man zu dem newen thor außget, zu der linken hand vor demselben eke zu negst an dem thor vnd pen der statmaur hereinborz gegen sant sebolt: vnd von dem obgemelten eke neben der statmaur hinab biß an den genersperk. Nach dem vnd die Behaußung vorn vnd hinten gepauet, Anzeigung geben. Do aber vnser Convent

*) Histor. Nachr. von Nürnberg. S. 44.
**) Z. E das Nürnb. Zion. S. 50 der ersten Ausg.
***) Pastorii Franc. rediv. p. 246.

Convent an der vorgemelten stat, mit Feüer
verprant vnd verbüst wardt: Do haben vnsere Veter vnd Vorfaren vnser convent mit
Wissen vnd mit Willen des stuls zu rom auch
mit Willen vnd gunst eines erbern vnd weisen
rots von newen gepaut hieher an dise stat.
Do man hat gezolt nach cristi gepurt Tausent zweyhundert vnd fünf vnd sechzig jor.,,

Diese Nachricht bestättigt zugleich den
Umstand, daß das erste Kloster vor der
Stadt wirklich abgebrannt ist, und wider-
legt die Erzählung, daß dasselbe freywillig sey
abgebrochen worden, welche man in einigen
Chroniken liest. Müllner vermuthet, es
sey durch die Feinde, oder sonst durch böse
Leute abgebrannt worden, weil man es nicht
mehr ausser der damahligen Stadt wieder auf-
bauen wollte, sondern es in die Stadt ver-
legte.

Vom J. 1265 ist auch der Consens-
brief des Pabsts und des Bischoffs von Wirzburg in diese Verlegung. *) Die Meinung,
daß die Verlegung schon 1255 geschehen,
scheint daher zu rühren, weil P. Alexander
IV. 1255 (nicht 1235, wie Würfel sagt)
demselben großen Indult und Freyheit gegeben.

*) s. Würfels Dipt. p. 4.

ben. Auch der Biſchoff zu Eichſtätt Hilde-
brand hat dieſe Verlegung 1268 *) beſtättigt.

Gegen dieſe Beſtättigungen von Seiten
Wirzburgs und Eichſtätts, welche damahls
noch ein Diöceſanrecht über Nürnberg behaup-
tet zu haben ſcheinen, **) ſetzte ſich Bamberg, erhielt aber von P. Clemens deswegen
einen Verweis. Endlich hat 1275 Biſchoff
Berthold zu Bamberg dem Kloſter alle ſeine
Privilegien beſtättigt, und dem Rath zu
Nürnberg, wie auch den beyden Pfarrern
befohlen, ſie bey denſelben zu handhaben. †)

————————————

VIII.

*) So muß es wohl nach dem ganzen Zuſammen-
hang der Sache heiſſen, nicht 1272 und 1278,
wie Würfel in Dipt. S. 4 ſagt.

**) Vielleicht gibt dieſe Geſchichte auch dem Diöce-
ſanverhältniß Nürnbergs überhaupt einige Erläuterung, welches im XIII Jahrh. noch ſtreitig geweſen zu ſeyn ſcheint. Im J. 1295 gehörte noch
Regelſpach zur Wirzburger Diöceſ. Hiſt. dipl.
Nor. p. 194.

†) ſ. Würfel l. c.

VIII.

Merkwürdige Schicksale eines in diesem Jahr verstorbenen Nürnbergischen Bürgers.

Kürzlich hat die Nürnbergische Portrait-
sammlung einen neuen Zuwachs durch
das von Herrn Hessel niedlich und ähnlich
gemachte Portrait des unlängst verstorbenen
Herrn Carl Ferdinand Eckebrecht Sie-
gellack-Fabrikanten und unter der Bürgerca-
vallerie Lieutenants erhalten, eines Mannes,
dessen jugendliche Geschichte so mancherley
merkwürdige Umstände enthält, daß ich glaube nicht nur den Freunden der vaterländischen
Geschichte, sondern jedem aufmerksamen
Beobachter der besondern Führungen der
Menschen, Stoff zu Betrachtungen zu geben,
wenn ich dieselben hier kürzlich bekannt mache. *)

Sein Vater Augustin Lorenz Eckebrecht stand bey dem Herzog Christian Ulrich
von Würtemberg Oels, als Hofmeister in
Diensten, ging mit demselben nach Rom
und

*) Sie sind aus dem Tagebuch des Verstorbenen
gezogen.

und diente daselbst unter der Päbstlichen Garde, als Regiments-Quartiermeister.

Die Mutter Anna Catharina war eine geborne von Milard aus Hanau, und gebahr ihren ersten Sohn zu Rom am 24 Februar 1732, wo er in der St. Peters Kirche von Carl Ferdinand Frey, Päbstlichen Hoffkupferstecher, zur Taufe gehalten wurde.

In dem belagerten Capua, welches endlich mit Sturm überging, mußte er mit seinen Eltern neun volle Monate die größte Hungersnoth ausstehen.

Zu Triest hatte er das Unglück von dem vor Anker liegenden Schiff in die See zufallen. Seine Mutter sprang ihm dahin nach; beyde aber würden ihr Grab in dem Meer gefunden haben, wenn nicht die Matrosen sie mit genauer Noth gerettet hätten.

Zu Neapel fiel er ein Stockwerk hoch auf die Straße und zerschlug sich am Kopf und ganzen Leib gewaltig. Da kein Feldchirurg zu haben war, so mußte er bloß auf gut Glück von seinen Eltern geheilet werden, und deren Cur bestand darin, daß sie ihm den zerschmetterten Kopf mit Zucker und Baumöl ver-

verbanden, wovon die Heilung auf das erwünschteste erfolgte.

Von Triest mußte der junge Eckebrecht nach Ungarn mitfortziehen, und wurde von seiner Mutter über 60 Meilen Wegs auf dem Rücken getragen.

In Ungarn quittirte endlich sein Vater die Kriegsdienste und ging nach Augsburg, wo er eine Handlung errichtete, welche aber seinen Wünschen nicht entsprach. Nun begab sich derselbe von da nach Nürnberg, und hier ließ die Vorsehung ihn den Ort finden, wo seinen mancherley Widerwärtigkeiten das Ziel gesetzt war. Erst hier konnte für die Ausbildung des Sohnes gesorgt werden, und diese gewann den glücklichsten Fortgang.

In dem Hause des verstorbenen Seidenhändlers Wolfgang Christian Spieß allhier, erlernte er 8 Jahre lang die Handlung und erwarb sich allgemeine Zufriedenheit.

Nach der Zeit wünschte er in einer andern großen Handelsstadt in Condition zu treten, weil sich aber keine vortheilhafte Gelegenheit in der von ihm erlernten Handlung finden wollte, so ging er zu seinem Bruder,

welcher

welcher Buchhändler zu Heilbronn am Necker war, und leistete demselben einige Jahre, als Factor recht nützliche Dienste. Hierauf ging er über Cölln, Wetzlar und Frankfurt zurück nach Nürnberg. Daselbst ließ er sich häuslich nieder, und verehelichte sich am 10 Jun. 1758 mit Maria Barbara Pabstin, Tochter des Johann Leonhard Pabsts, gewesenen Buchhändlers alhier.

Als diese kinderlose Ehe den 23 Sept. 1777 durch den Tod getrennt worden, so ließ er am 27 April 1778 sich zum zweyteumahle trauen, mit Maria Susanna Barnicklin, einer Tochter Johann Christoph Barnickels, Burgers und Müllers auf der Pfeifermühle zu Augsburg, mit welcher er einen einzigen Sohn zeugte, (welcher aber nicht länger als 4 Wochen lebte) und mit ihr ein gleich glückliches und zufriedenes Leben, wie in seiner ersten Ehe, führte, bis ihn am 28 Januar 1793 in einem Alter von nicht vollen 61 Jahren, der Tod von ihrer Seite nahm.

K.

IX.

IX.

Executionen der Lebensstrafen in den Nürnbergischen Pflegämtern.*)

Zu Altdorf

ist 1512 Katharina Jobstin von Altenthann, die von Zauberey wegen zu Altdorf im Gefängniß gelegen, und um mehr Erfahrung willen gen Nürnberg hineingeführt wurde, wieder ins Gefängniß gen Altdorf überantwortet worden, um daselbst zu Bestättigung ihres Gerichtszwangs mit peinlichen Rechten gestraft zu werden. Actum 2. post Corp. Christi.

1563 Margaretha, Conzen Hörnlein von Oberngeseß nachgelassene Tochter, welche ihr Kind umgebracht, wurde ertränkt.

1583 den 28 Nov. ist Hanns Rumpler, Mezger, der den Flurer in seinem Hause mit dem Streithammer erschlagen, mit dem Schwerd gerichtet worden.

1586.

*) I. G. C. *Quenzeri* diss. de Nemesi provinciali Norica, praesertim Altorfina. Alt. 1779. 4. Ich halte dieses Verzeichniß nicht für vollständig, wünsche aber, daß dazu Berichtigungen und Nachträge mitgetheilt werden.

1586 den 28 Apr. ist Benedict Pegniger, von Waltenburg im Würtenbergischen, ein Student, der einen Bader zu Altdorf erstochen, mit dem Schwerd gerichtet worden.

Zwen Diebe, Lienhard Schneider von Hagenhausen, insgemein der Lumpenbub genannt, und Hanns Leist von Birbaum wurden Samstags den 18 Aug 1601 mit dem Strang gerichtet.

1603 den 7 May Matthes Störz von Dreusa, ein Soldat, wurde mit dem Schwerd gerichtet, weil er einen fremden Weyhermacher, Caspar Poppenberger, von Erndorf, erstochen.

Rathsv. vom 30 Apr. 4, 6 May. dieses Jahrs. *)

1624.

*) Ein besonders merkwürdiger Fall ereignete sich 1621. In den unruhigen Zeiten des 30jährigen Kriegs kam Jobst Reck, aus dem Paderbornischen, ein Furier von dem Mansfeldischen Corps, das in der Nachbarschaft bey Altdorf stand, und das Hauptquartier zu Neumarkt hatte, mit zehen seiner Cameraden auf die Papiermühle zu Hagenhausen, brach in die Stube hinein, und erschoß einen Papierers-Gesellen. Die Bauern nahmen ihm sogleich das Gewehr, schlugen ihn zu Boden, und hielten ihn gefänglich an, bis er von dem Amte Altdorf abgehohlt wurde. Man schrieb von Altdorf aus an den Generalissimus, Grafen von Mannsfeld, der auch die größte Bereitwilligkeit

1624 den 21 Aug. Stephan Hopf von Neumarkt, ein Dieb, mit dem Strang hingerichtet. Diese Execution koſtete 133 fl. 5 Pfund 20 Pf.

1641 d. 16 Oct. Magdalena Gemlin, eine Taglöhnerstochter von Weißenbach im Marggräfiſchen, eine Kindsmörderin, mit dem Schwerd gerichtet. Dem Scharfrichter iſt der Streich mißlungen. Die Execution koſtete 113 fl. 12 kr.

1657 den 9 März Katharina Haaſin von Raſch, weil ſie das uneheliche Kind ihrer Tochter ermordet, mit dem Schwerd gerichtet.

1723 den 2 Sept. Johann Fleiſchmann, Mezger aus Altdorf, welcher ſeine Frau erſtochen, wurde, nach vorher abgehauener rechter Hand, mit dem Schwerd vom Leben zum Tod gebracht. Dieſe Execution hat gekoſtet 165 fl. 20 kr.

Zu

keit zur Genugthuung bezeigte, und ſeinen Regiments-Schultheiß, Georg Junius, nach Altdorf ſchickte, von welchem, mit Zuziehung zweyer Bürgermeiſter des Raths, Chriſtoph Ambergers und Hanns Jordans, die Inquiſition zu Altdorf vorgenommen, und dem Delinquenten das Urthel gefällt wurde, daß er vor der Stadt von dem Scharfrichter an einem Baum mit dem Strick vom Leben zum Tod gebracht werden ſolle.

X x 2

Zu Betzenstein

ist 1590 d. 5 May Kunigunda Schedlin, von Schnabelweid, eine Kindsmörderin, mit dem Schwerd gerichtet worden, nachdem über 60 Jahre daselbst keine Execution gewesen.

Zu Gräfenberg

wurde 1604 d. 13 Aug. Michel Seidl,[*] von Mittellehrbach, ein Schuhknecht und Mörder, auf einer Bühne mit dem Schwerd gerichtet, und auf das Rad gelegt, nachdem in 106 Jahren daselbst keine Lebensstrafe vollzogen worden.

1605 d. 6 May wurde Cunz Mey von Odensoos, sonst der Bettel-Conz genannt, ein Dieb, mit dem Strang gerichtet: der erste, welcher auf Befehl des Raths zu Nürnberg daselbst mit dieser Strafe belegt wurde.

1724 d. 31 Aug. Friedrich Müller von Mögeldorf, als ein boshafter überwundener Räuber und höchstschädlicher Vergewaltiger, auch vermehrter Landdieb, mit dem Strang.

Zu Hersbruck waren die mehresten Hinrichtungen:

1578 d. 26 Jul. Michael Krauß, von Birbaum, ein Dieb, mit dem Strang.

1579.

[*] al. Zeißler.

1579 d. 13 Jun. Marg. Waffenfelferin von Hennenfeld, eine Kindsmörderin, mit dem Waffer.

1586 d. 13 Febr. Ulrich Kuttenfelder von Bleyenstein, Georg und Paul Ammon, zwey Brüder, von Egelsee, drey Diebe, mit dem Strang.

1593 d. 10 Jun. Michael Köller von Bingla, ein Räuber, mit dem Schwerd, und Wolf Amos von Oberhaidelbach, ein Dieb, mit dem Strang; ersterer wurde auf das Rad gelegt.

1594 d. 27 Jul. Fritz Musterer, von Diepersdorf, ein Dieb und Räuber, mit dem Strang.

1595 d. 19 Jul. Ulrich Lößer von Eschenbach, ein Brenner, mit dem Schwerd, und nachher verbrannt.

1596 d. 10 Febr. Joach. Wald, von Ermreut, ein Dieb mit dem Strang. (Schwerd.)

1604 d. 15 Sept. wurden Cunz Büttner von Obernrith, und Hanns Drenz von Bettenhofen, beyde Dieb, mit dem Strang, an dem neu aufgerichteten Hochgericht gerichtet.

1609 d. 17 März, Albrecht Hoffmann von Hersbruck, und Hanns Schweitzer von Heuchling, beyde Mörder, mit dem Schwerd.*)

1736 den 28 Jan. ist der Kunigunda Stichin von Seyboldsstätten, als einer vorsetzlichen boshaften Kindsmörderin, die rechte Hand abgehauen, sodann sie mit dem Schwerd vom Leben zum Tod gebracht, Kopf und Hand aber auf einen Pfahl gesteckt und geheftet worden.

Zu Stadt Hilpoltstein
(im Neuburgischen) **) ist

1579 d. 14 Aug. Lorenz Halbmayer von Garsdorf, ein Dieb, mit dem Strang gerichtet worden.

1580 d. 20 Jul. ist Hanns Tröschel, ein Roßdieb mit dem Strang hingerichtet worden.

Zu Schloß Hilpoltstein

ist 1584 d. 20 Aug. Georg Geyer von Kirchsittenbach, ein Dieb, mit dem Strang gerichtet worden.

1589.

*) 1699 d. 1 Nov. Hanns Ruber von Walsdorf, und Barth. Rauschebeck von Weißensutz an den Böhmischen Gränzen, beyde Cürassiers, wegen Diebstahls, jener gehangen, dieser arquebusirt.

**) Welches zu dieser Zeit an Nürnberg verpfändet war.

1589 den 6 März Fritz Arnold, von Winterstein, ein Dieb, mit dem Strang.

1594 d. 28 Febr. Hainz Zitzmann von Brand, und Cunz Krügel von Schöllnbach, zwey Diebe, mit dem Strang.

1601 den 20 Jun. wurde Wolf Döber, nachdem er vorher den 16 d. M. von Nürnberg nach Hiltpoltstein geschafft worden, auch der Pannrichter auf dem Land, Jobst Vogel von Lauf, dahin gekommen, zu gedachten Hiltpoltstein enthauptet.

Rathsverlasse, vom 11. 13. 15. 16 Junii. Zu Lauf geschahen folgende Hinrichtungen:

1528 hat man eine Müllerin, welche ihren Ehemann mit Hülfe ihrer Magd jämmerlich umgebracht, nach Nürnberg geführt, von da wieder nach Lauf gebracht, und sie nebst der Magd mit Zangen gerissen und nachher ertränkt.

1567 d. 10 Jul. Hanns Lederer, von Haunritz, ein Mörder, mit dem Rad.

1582 d. 11 Aug. ist Anna Bischofin von Augspurg, die einen Stadel abgebrannt, mit dem Schwerd gerichtet, der Körper verbrannt, und der Kopf auf das Hochgericht gesteckt worden.

X x 4   1590.

1590 d. 4 Aug. Hanns Schmid, von Weygelshofen, ein Dieb, mit dem Schwerd.*)

1602 d. 13 März Michel Dietmeyer von Diepersdorf, wegen eines vorsetzlich begangenen Mords, mit dem Rad.

1625 den 25 Febr. Marg. Förchin, eine Kindsmörderin, enthauptet.

1639 den 28 Jun. wurde Ursula Böhmin, welche ihr Kind ermordet, mit dem Schwerd gerichtet. Die Kosten dieser Execution haben betragen 88 fl. 31 Kr.

Zu Lichtenau ist hingerichtet worden
1578 den 6 März Apollonia Voglin von Lehrberg, eine Kindsmörderin, mit dem Wasser.

1598 d. 8 Apr. Stephan Steiner von Hirschfeld, ein Mörder, mit dem Schwerd.

1604 den 16 Jun. wurde Georg Meyer, von Unterrißbach sonst Schloß-Six genannt, ein Bettelbub und Dieb 17 Jahre alt, in Beysenn des Bannrichters von Lauf mit dem Schwerd gerichtet.

1719.

*) Daß auch Leibesstrafen daselbst exequirt worden, davon ist ein Beyspiel Georg Hafner, von Michelfeld, welcher 1592 d. 16 May wegen Dieberey zu Lauf mit Ruthen ausgestrichen worden.

1719 den 16 May Joh. Burkhard, sonst der Säuschneider genannt, von Affalterthal gebürtig, als ein verrufener und vermehrter Landdieb und boshafter Ehebrecher, mit dem Strang.

1736 den 7 Aug. ist der Elis. Pillerin, von Zant gebürtig, als einer vorsätzlichen boshaften Kindermörderin die rechte Hand abgehauen, sodann selbige mit dem Schwerd vom Leben zum Tod gebracht, und der Kopf samt der Hand auf das Hochgericht gesteckt und genagelt worden.

Von Velden

ist mir nur eine einzige Execution bekannt. 1577 sind Hänsla Lünesdörfer von Velden und Lienhard Stifft von Hersbruck, als Diebe mit dem Strang gerichtet worden.

X.

Betragen der Stadt Nürnberg bey Einführung des neuen Kalenders.

(Aus Müllners Annalen.)

1583 d. 30 Sept. ist dem Rath ein Schreiben von K. Rudolf zugekommen, darin

X f 5   be-

begehrt wurde, im künftigen M. October, den im vergangenen Jahr auf dem Reichstag zu Augspurg angenommenen neuen Kalender in der Stadt Nürnberg einzuführen. Weil aber damahls ein Convent der Augsb. Conf. Verwandten nach Mühlhausen in Thüringen bestimmt gewesen, hat der Rath mit der Antwort etwas verzogen, wenn vielleicht daselbst vom Kalender auch etwas vorkommen möchte, jedoch hernach unter dem 24 Oct. geantwortet: daß zwar der Rath nicht ungeneigt sey, Ihrer Maj. allergnädigstem Begehren nachzukommen, weil sie aber noch nicht wüßten, wie es die benachbarten Kurfürsten und Stände damit halten würden, wäre dem Rath, als einem geringen Stand, bedenklich ihnen vorzugreifen, sonderlich weil sie mit dem Haus Brandenburg lange Zeit her einer einhelligen K. O. auch der Fest und Feyertage halben, verglichen. Es wären auch beyder Theile Unterthanen an vielen Orten untereinander vermengt.

Als 1584 der neue Kalender in der Stadt Augsburg allerley Weitläuftigkeit verursacht, welche der Rath daselbst an den Kaiser gelangen lassen, hat S. Maj. dem Rath zu Nürnberg geschrieben, und zu erkennen gegeben, was

was für eine Zerrüttung zwischen Pfleger,
Burgermeister und Rath und etlichen Ihren
Mitrathsfreunden und andern Bürgern des
neuen Kalenders halben entstanden, daraus
fernere Weiterung zu besorgen, wann diesen
Unrichtigkeiten nicht zeitlich abgeholfen würde,
und daß deswegen Se. Maj. entschlossen ihre
Auctorität zu interponiren, und Commissarios
zu ordnen, dazu der Herzog in Baiern und die
Stadt Nürnberg vorgeschlagen worden Der
Rath zu Nürnberg hat sich aber entschuldigt,
daß es ihnen nicht allein bedenklich, sondern
auch bey hohen und niedern Ständen Augs-
burgischer Confession verweißlich seyn würde,
jemand zu Annehmung des N. Calenders hel-
fen zu persuadiren, den sie doch selbst noch
nicht angenommen, darum sie sich mit dieser
Commission nicht beladen lassen könnten.
Dabey ist es auch verblieben.

XI.

Von den Nürnbergischen Spruch-
sprechern.

Unter die Nürnbergischen Besonderheiten
und zugleich unter die Volkslustbarkeiten
gehört der Lob- und Spruchsprecher, von
dessen

deſſen Geſchichte man nicht viel weiß.*) Sie
nennen ſich Spruchſprecher, Lobſprecher, Eh-
renſprecher, teutſchpoetiſche Lob = und Ehren-
redner, Sprecher der teutſchen Reimgedichte.
Sie hießen auch Hängelein, Vorhängelein, von
den Schildern, mit welchen ſie in ihrer Amts-
tracht behängt erſchienen. Vulgo wurden ſie
auch Schlenkerlein genennt.

Es ſind eine Art von Improviſatoren oder
Verſemachern aus dem Stegreif, welche auf
alle vorgelegte Gegenſtände ſogleich müſſen
Reime machen können.

Schon vor der Reformation ſcheinen ſie
als Privatperſonen vorhanden geweſen zu
ſeyn, welche ſich bey Geſellſchaften in mancherley ſogenannten Sprüchen auf alle Fälle
hervorthaten. Um die Zeit der Reformation
wurde aber den Hochzeitmahlen, Gaſtereyen
und Handwerkszünften ein eigner Lobſprecher
zugeordnet, welcher dem Rugsamt unterge-
ordnet iſt.

Man bediente ſich bey Hochzeiten ſeiner
manchmahl, um einen andern anzuſtechen.

Seit dem vorigen Jahrhundert läßt er
jährlich einen Spruch drucken, mit welchem er
das Neujahr einſammelt. Der älteſte von
ſolchen

---

*) cf. Wagenſeil de civit. Nor. p. 466. 488. Bibl.
Nor. P. IV. S. 266.

ſolchen Neujahrswünſchen, den ich kenne, iſt von 1632 von Wilhelm Weber.

Den Namen nach ſind mir folgende ſeit dem XVI Jahrhundert bekannt geworden :

1. Michael Springenklee. Von ihm iſt der Spruch :

Von Urſprung, ordnung, Nütz und Brauch des wilbadts alhie zu Nürnberg, welcher in Waldaus Beytr. IV B. S. 223 abgedruckt iſt. Von ſeinen zwey Porträten ſ. Panzers Verzeichniß. S. 231.

2. Hanns Weber.

Ich kenne von ihm folgende handſchriftliche Producte :

Spruch von dem ſchönen Prunen auff dem Mark zu Nürnberg. 1587.

Ein ſchöner ſpruch von dem ſchönen Schwerdtanz, den das löbl. Handwerk, die Meſſerſchmidt gehalten haben in dem 1600 Jahr, den 3 Febr.

Ein Schöner Lobſpruch von dem kunſtreichen Handwerck der Sattler 1602.

Ein klegl. Spruch von einem Unglücksfall, ſo 1602 den 24 Aug. an S. Bartholomäi Tag auf der Brucken des Wöhrder Thors geſchehen.

Abgedruckt iſt ein kläglicher Spruch vom groſſen Waſſer a. 1595 in Wills hiſt. Nachr. von der neuerlichen größten Ueberſchwemmung und Waſſersnoth. (Nürnb. 1784. 4.) S. 62—66.

3. Wil

3. Wilhelm Weber, der berühmteſte und be-
liebteſte von allen Spruchſprechern, ein gekrönter
Dichter, († 1661.) von welchem Nachricht gibt
Wagenſeil l. c. S. 466, wo auch S. 468 die ge-
druckte luſtige Erzählung von ſeiner Depoſition zu
Altdorf eingerückt iſt.

Gedruckt kenne ich von ihm auſſer dieſem
Spruch

a) Neujahrswünſche von 1632, 1639, 1642,
1643, 1648 (ohne Namen des Verfaſſers) 1652,
1661.

b) Klag - und Leichſpruch über den höchſt
ſchmerzlichen Hintritt Herr Eudr. Imhof, bey der
Leichprebigt.

Handſchriftlich hat man von ihm:

Ein ſchöner Spruch von der Kunſtreichen
Wundarzney und Barbiererey in Nürnberg 1632.

Ein ſuplication Reimenweis den ich Wilhelm
Weber gemacht 1632 d. 6 Martii, da ich auf den
Waſſerthurm gelegen bin.

Vnderthenige Erſuchung vnd Auſſgetrungener
Noth Reimenweiß gemachte Klag wie es mir
Wilh. Weber ergangen 1637 d. 30 Octobr. auf
einer Prieſters-Hochzeit bey dem gulbnen Brunnen.

Kurze Erklärung von des löbl. Müller und
Beckens Handwerck Aus-und Einzug, als ſie von
dem gülbenen Brunnen am Fiſchbach bey St. Lorenzen

renzen zum silbern Fisch bey dem weißen Thurn gezogen, welches geschehen 1649 d. 9 April.

Sechs Porträte von ihm zeigt an Herr Panzer in s. Verzeichniß S. 259.

4. Hanns Minderlein, ein Meistersänger, von dem man einem Neujahrswunsch von 1669 hat.

5. Leonhard Wolf Rev. Min. Candid. Er hat von 1673 bis 1692 Neujahrswünsche drucken lassen, und 1693 seine Wittwe, Katharina.

6. Von Joachim Müllner hat man N. J. Wünsche vom 1693—1695. Seinen im Gel. Lex. angeführten Schriften kann beygefügt werden:

a) Christliche Trostrede über den tödtlichen Hintritt Hier. Zach. Kriener, Nürnb. 1681. s. die Leichsermon.

b) Würden = würdiger poetischer Ehren= Ruhm = Schall von der Preißlöbl. Trechslerkunst. Nürnb. 1683. 4.

7. Von Joh. Jacob Krawat, Illuminist, Formschneider und Briefmahler N. J. Wünsche von 1696 — 1735.

8. Von Michael Gryndus Bordenmacher, von 1737 — 1741.

9. Von Heinrich Blößt, Barchet = und Leinenweber, von 1742 — 1759.

10. Von Gottlieb Sigm. Wolf, Poes. Cult. Neujahrw. von 1758 — 1763 in ord. ;Fol. von
1764—

1764—1781 in Fol. pat. In der Bibl. Nor. P.
IV. n. 119 und 120 sind einige Gedichte auf fey-
erliche Begebenheiten und Sprüche auf Künste und
Handwerker von ihm angeführt.

11. **Stephan Wolf,** N. J. Wünsche von
1785 — 1793.

Inhalt des eilften Stücks.

Materialien

zur

Nürnbergischen Geschichte.

I.

Beschreibung des am 24. April 1793 gefeyerten Schulamts = Jubiläums des Herrn Johann Caspar Volland Adstans und Collegen der fünften Classe der Sebalder Schule in Nürnberg.

Sind Amtsjubelfeste überhaupt schon etwas seltenes, so sind sie es der Erfahrung nach insonderheit für Schullehrer. Selbst Nürnberg, welches doch so viele Schulmänner in seinen Ringmauern zählet, kann in seinen Annalen seit der Reformation nur ein Beyspiel von dem Amtsjubiläum eines Schullehrers aufführen, welches durch die Geschichte unsrer Tage noch merkwürdiger geworden ist, als es an und für sich schon ist. Es hätte dasselbe in der kurzen Nachricht von den wichtigsten Jubelfeyern des gegenwärtigen Jahrhunderts in unserer

Vaterstadt *) als das einzige in seiner Art nicht übergangen werden sollen. Es ist dieß das Schulamtsjubiläum, welches am 26 Nov. 1755 Wolfgang Melchior Volland, Cantor und Lehrer der vierten Claße bey St. Lorenz, gefeyert hat. **) — So vielen Anschein es hatte, daß der ehemahlige verdiente Rector der Schule zu St. Jacob, Georg Held, oder der bekannte Schullehrer der Sebalder Schule, M. Andreas Göz, eine gleiche Freude genießen werde, so starb doch letzterer wenige Jahre zuvor, und der erstere wurde noch vor dem wirklich erlebten funfzigsten Amtsjahre in den völligen Ruhestand versetzt; daher alle Jubelfeyerlichkeiten damahls unterblieben.

Dem

*) S. den Vorbericht zu dem anderthalbhundertjährigen Kraußischen Jubelfest ꝛc. Nürnb. 1790. 4.

**) Im Druck ist davon vorhanden: Dank und Flehen schicken bey dem funfzigsten Jahre des Lehramtes in den Schulen ihres zärtlich geliebtesten Vaters — — — Wolfgang Melchior Vollands Cant. und Lehr. der vierten Cl. bey St. Lor. — — — ab, die sämmtl. Kinder und Enkel durch — — Christoph August Reichel, Rect. Geb. Am Tage der vergn. Jubelfeyer, den 26. Nov. 1755. Nürnb. gedr. bey J. H. G. Bieling. 1 Bogen in Folio. Mit einer Preisler. Titelvignette. Das von ihm vorhandene schöne Portrait s. in Herrn Schaffer Panzers Verz. von Nürnb. Portr. S. 255.

Dem verdienten Sohne des erstgenann=
ten Vollands allein, war es von der göttlichen
Fürsehung bestimmt, ein gleiches Glück zu
genießen und in der seltenen Amtsjubelfener
unmittelbar dem Vater zu folgen. — Herr
Johann Caspar Volland, Adstans
und College der fünften Classe an der Schu=
le zu St. Sebald, geboren 1716 den 3
März, fenerte am 24 April dieses 1793sten
Jahrs, an dem Tage, woran das halbjähri=
ge Examen der Sebalder Schule gehalten
wurde, das funfzigjährige Gedächtniß des
von ihm schon seit 1742 vicario nomine
verwalteten, 1743 aber nach dem Tode
Gahns selbst überkommenen Amtes eines Ad=
stans, wozu ihm dren Jahre darnach auch
eine Collegenstelle an der Schule ertheilt wur=
de, welche er, und zwar seit vielen Jahren
die der fünften Classe, so wie das Amt ei=
nes Adstans, noch mit Ruhm und Munter=
keit bekleidet. Der ehrwürdige Jubelgreis
hat sich in diesen benden Stellen durch seinen
ausgezeichneten Fleiß, durch die pünctlichste
Ordnung und durch Unverdrossenheit, in al=
len Ständen Achtung erworben, welche ihm
auch an seinem Jubelfeste öffentlich bezeugt
worden ist.

Yy 2   Die

Die ganze Jubelfeyerlichkeit ging auf folgende Art vor. Gleich am frühen Morgen fand sich der Frühmesser-Chor der Sebalder Schule vor dem Hause des Herrn Jubiläus ein, überreichte ein Carmen und sang eine Motette und eine der solennen Gelegenheit besonders gewidmete Arie ab.

Hierauf kam Herr Conrector mit dem Collegen der dritten Classe und führten Herrn Volland auf die Sebalder Schule zum Examen. Hier wurden ihm von allen Seiten die aufrichtigsten und herzlichsten Glückwünsche gemacht, und von dem Collegio der Herren Scholarchen gegen ihn erkläret, daß das Examen früher als sonst werde geendiget werden, um die ihm zu Ehren angestellte Feyerlichkeit vollziehen zu können.

Nach geendigtem Examen wurde die gewöhnliche Schulrede gehalten, wobey sich das ganze Capitel der Sebalder Kirche einfand.

Darauf wurde dem Herrn Jubiläus zuerst von dem Herrn Rector Vogel; dann von Johann Simon Michael Nöer, bisherigen Primaner und Frühmesser der Sebalder Schule, welcher an eben diesem Tage ad lectiones publicas befördert wurde; und endlich von dem Schüler der fünften Classe, Leonhard Carl

Carl Hörlin, in kurzen Reden öffentlich
Glück gewünscht.

Nun begab sich das ganze Scholarchat,
(wovon Herr Kirchenpfleger von Waldstromer
und Herr Scholarch von Fürer den Herrn
Jubiläus in die Mitte nahmen) die gesammte
Geistlichkeit *) der Sebalder Kirche und alle
dasige Schulcollegen in Procession bey der
großen Haupt=Thüre in die Kirche. Bey
dem Eintritt in dieselbe wurden sie mit einer
Intrade von Trompeten und Pauken empfangen, stellten sich dann in die Chorstühle und
wohnten der vollständig besetzten, feyerlichen
Musik bey, welche in dem Chor zu Ehren
des Jubelgreises aufgeführt, und wobey die
gedruckte dem Herrn Jubiläus von den sämmtlichen Lehrern der Schule dargebrachte Cantate von den Schülern empfindungsvoll abge-
sungen worden ist.

Für ein fühlendes Herz war es wahre
Wonne, diesen jubilirenden Schulmann in
seinem 78ten Lebensjahre mit so vieler Mun-
terkeit

---

*) Den indessen verstorbenen Antistes und Inspector
der Schule Herrn Johann Ludwig Spörl ausgenommen, welcher damahls schon sehr entkräftet
war, und weder bey dem Examen, noch bey der
ganzen Feyerlichkeit seyn konnte.

terkeit und Kraft ausgerüstet, und ihn für seine ein halbes Jahrhundert hindurch treu geleisteten Dienste, mit verdienter Ehre belohnt zu sehen. Thränen der Freude und des Dankes rollten über seine Wangen herab, daß ihm die Fürsehung eines so seltenen Glücks — des nämlichen Glücks, gleich seinem vollendeten Vater, gewürdiget hatte. Voll Rührung war sein Herz über die Ehre, einen so lauten öffentlichen Beweis der Zufriedenheit seiner Obern mit seinen funfzigjährigen Bemühungen erhalten zu haben.

Nach vollendeter Musik begleiteten Herr Rektor Vogel und die sämmtlichen Herren Collegen den ehrenvollen Jubelgreis nach Hause.

Noch vor der Mahlzeit wurde der Herr Jubiläus auf eine sehr angenehme Art auch dadurch überrascht, daß die sämmtlichen Schüler der vierten und fünften Classe zu ihm kamen und ihm zum Zeichen ihrer Hochachtung, Liebe und Dankbarkeit, einen silbernen und vergoldeten Becher mit der Randschrift:

„Herrn I. C. Volland bey seinem Amts-
„iubilaeum von seinen Schülern. 1793.“

überreichten, wobey einer aus ihnen, Wilhelm Friedrich Eigner, gleichfalls eine kurze Glückwünschungsrede ablegte.

Nachmit-

Nachmittags um 3 Uhr wurde der ver-
gnügte Jubelgreis mit seiner Gattin, zu seiner Frau Schwester der verwittweten Frau
Franzin von einem ihm sehr schätzbaren Freunde abgehohlt. Daselbst fand er schon nicht
nur seine ganze Verwandtschaft, seinen von
derselben dazu geladenen Seelsorger Herrn
Diakon Frank, und die sämmtlichen Lehrer der
Sebalder Schule, sondern auch einen sehr
wohl besetzten Musikchor in einem Saale des
Hauses versammelt; und die von Herrn Or-
ganist Mainberger componirte Musik, wozu
die erfreute Verwandtschaft eine Cantate verfertigen und absingen ließ, begann in den Au-
genblicken, da der Herr Jubiläus mit seiner
Gattin in den Saal trat. Wiederhohlte
mündliche Glückwünsche folgten dieser Musik,
so wie auch 10 gedruckte und 10 schriftlich
überreichte Aufsätze die Feyerlichkeit dieses Tages vermehrten.

Bey einer frugalen Mahlzeit wurde der
Rest des solennen Tages fröhlich unter dem
lauten Wunsche verlebt, daß die göttliche
Fürsehung diesen mit Ehre und Verdiensten
geschmückten Jubelgreis noch mehrere Jahre
in Segen und Wohlergehen erhalten, und ihm
auch die Freude genießen lassen möge, das

Yy 4   nicht

nicht zu sehr entfernte Ehejubelfest gleich munter und froh zu feyern, und auch darin seinem verewigten Herrn Vater ähnlich zu werden.

In welchen Wunsch jeder Mitbürger dieses würdigen Jubelgreises von ganzem Herzen einstimmen wird.

J. C. S. K.

II.

Bemerkungen zur Geschichte einiger Reichstage aus Müllners Nürnbergischen Annalen.

„Anno 1443 auff Liechtmeß hat König Friedrich eine Reichsversammlung gen Nürnberg gelegt, hat aber derselben persönlich nicht beygewohnet, sondern Gesanden geschickt, nehmlich Sylvester, Bischoff zu Kiemse, Caspar Schlicken, Canzler, und Thomas Haselbach, der geistlichen Rechten Doctor; die haben an den Rath zu Nürnberg, als sie zur Statt genahet, begehrt, ihnen etliche Söldner entgegen zu schicken. Die Chur- und Fürsten haben auch nur durch Gesande diesen Tag besucht. Es ist aber auf diesen Tag wenig verrichtet, sondern die Sachen auf einen andern Tag verschoben worden.

Die

Die Reichsstätt sind zu diesen Tag nicht beschrieben worden, derwegen der Rath zu Nürnberg an den Rath zu Augspurg geschrieben, und dessen Gutachten begehrt, ob nicht eine Nothdurfft, die Stätt zusammen zu schreiben, und zu deliberiren, wie solches gegen den Römischen König zu ahnden, daß sie von denen Reichsversamlungen abgesondert werden, und doch zuvor jederzeit darzu beruffen worden. "

Bey dem Jahr 1460 erzählt Müllner:

„Der Pabst hat sich dieser Zeit unterstanden, Täg im Reich auszuschreiben, und hat derwegen dieß Jahr, auf den Sontag Invocavit, einen Tag gen Nürnberg bestimmet, auf dem von einem Türkenzug gehandelt werden solte. Ob aber solcher Tag seinen Fortgang gehabt, ist zweifelich. Man findet wol, daß Graf Ulrich von Oetingen umb Glait zu solchen Tag geschrieben, Item daß die Stätt Straßburg, Wurms, Speyer, Mülhausen, Northausen, Hailbrunn, Wimpfen ꝛc. den Rath zu Nürnberg ersucht, sie zu vertreten. Es hat aber das Ansehen, Kaiser Friedrich habe solchen Tag, zu Contradiction des Papsts neuerlichen Anmaßens, an seinen Hoff gezogen; dann Er einen Tag

Yy 5 auff

auff Iudica, um gleichmäßiger Berathschlagung willen, dahin bestimmet; welcher hernach
auf den Sonntag Cantate prorogirt worden.
Es hat aber der Papst Bessarionem Epis-
copum Tusculanum, et Cardinalem Nice-
num, Apostolice Sedis Legatum a Late-
re, zu diesen Tag abgefertigt, der ist zu
Nürnberg ankommen Donnerstag nach St.
Matthias Tag, hat, wieder damahligen Gebrauch der Geistlichen einen Bart gehabt,
dann er ein gebohrner Griech gewest. Und
weil umb solche Zeit, der Kriegsläuffte
halben zwischen Pfalz und Brandenburg, ein
Tag gen Wurmbs bestimmet worden, ist dieser päbstische Gesandte dahin auch gereiset,
und Donnerstags vor Iudica wieder gen Nürnberg gelanget, und ist stattlich empfangen
worden, allda damals ettliche Fürsten, Herrn
und Rätte, wegen der Irrungen zwischen
Pfalz und Brandenburg, sich befunden. Den
am käiserlichen Hoff bestimmten Tag auf Cantate hat der Rath zu Nürnberg nicht besucht,
sondern sich wegen der Kriegsläuffte entschuldigt. "

„1466 auff St. Martinstag hat Kaiser
Friedrich einen Reichstag gen Nürnberg gelegt, von einem Türkenzug zu handeln. Es

ist

ist aber dieser Tag allein durch Gesandte besucht
worden, und der Kaiser und die Fürsten persönlich nicht dahin kommen, außer des Bi-
schoffs zu Brixen, Marggraf Albrechts zu
Brandenburg, Herzog Otten in Bayern, Graf
Eberhards zu Würtenberg, und Graf Ulrichs
zu Oetingen. Der Papst hat eine Bottschaft
dahin abgeordnet, sind gewest Fantinus, ein
Päbstlicher Auditor, Johann Graf zu Wer-
denberg, der Weybischoff zu Bamberg, und
Georg Marschalfk R. (Ritter) Deß Kaisers Gesandte sind gewest Rudolff, Graf zu
Sulz, Ulrich, Freyherr von Graveneckh,
Heinrich Marschalfk zu Pappenheim und
Hanns von Schamburg R. Der Päpstliche
Gesandte hat mit einer langen Oration die
Fürsten und Stände des Reichs zum Krieg
wider den Türken vermahnet; darauf derselben Abgesandte geantwortet: Wann dem
Papst der Krieg wider den Türken ernst sey,
soll Er zuvor verschaffen, daß in der Christenheit fried gepflanzet und erhalten werde,
dann, außer dessen, würde einem jeden bedenklich seyn, sich aus seinem Lande zu begeben.

Der Kayserlichen Gesandten Begehren
ist gewest, daß Fürsten und Stände entweder
den

den hundertsten Mann ihrer Unterthanen schik-
ken, oder doch 40000 Mann auf 3 Jahr
im Feld erhalten sollen. Die Stände haben
20000 Mann, nehmlich 6000 zu Roß, und
14000 zu Fuß, sambt dazu gehörigen nothwendigen Munition, bewilliget, deren Obri-
ster ist verordnet worden obgedachter Freyherr von Graveneckh, dabey sich der Pabst
durch sein Gesandte erbotten, 100000 fl.
herzuschießen. Man hat auch von einem Land-
frieden gehandelt, damit Fried und Ruhe im
Reich erhalten würde.

Des Raths zu Nürnberg Abgeordnete zu
diesem Reichstag sind gewest Jobst Tetzel, Ru-
precht Haller, und Wilhelm Derrer. "

Diese drey sind auch unter dem gedruckten
Reichsabschied unterschrieben, und sind die
ersten Nürnbergischen Reichstagsgesandten,
welche mir mit ihrem Namen bekannt sind.

Von dem 1543 von Kg Ferdinand zu Nürnberg gehaltenen Reichstag erzählt Müllner:

„Die Reichsstätt, denen man dieser Zeit
ihre Session und Stimme bey den Reichstä-
gen unterstanden strittig zu machen, hat man
von Berathschlagung der Reichshandlungen
ausgeschlossen, und den Abschied ihrer unver-
hört begriffen, derwegen sie darwider in Schrif-

ten

ten protestirt, und daher auch dieser Abscheidt
zu keinen cräfften kommen, wie Sleidanus
lib. 15. schreibt. *) Derwegen auch bey den
gedruckten Abschiden davon nichts zu finden.
Vid. etiam Chytraeus in Chron. Saxon.
lib. 12 Spangenb. Mansf. Chron. cap. 373.
König Ferdinandus ist dieser Zeit zu Nürnberg verharret bis auf den 14 Aprilis. "

„Die Stätt aber haben sich der zugezo-
genen Beschwerung halb eines Stättags auf
Sontag nach Viti gen Frankfurt verglichen,
bei dem man von einer Legation an den Kaiser gehandelt, welche aber verpliben. Weil
der Kaiser zu dem Gülchischen Krieg selbs in
Teutschland kommen, und weil in solcher
Legation allein Augspurg, Nürnberg und Ulm,
von der Rheinischen Bank aber Niemand de-
putirt worden, hat der Rath zu Nürnberg
darein nit willigen wollen. "

Hieben ist merkwürdig, daß dieser Reichsabschied dennoch jetzt in den Sammlungen der
Reichsabschiede, z. E. in den Senkenbergi-
schen steht, und derselbe im Namen von 23
Reichsstädten unterschrieben ist. Die Nürn-
bergi-

---

*) Seine Worte sind: Decretum hic factum ne-
que relatum fuit in commentariis, uti fieri con-
suevit, nec auctoritatem habuit.

bergischen Abgeordneten dabey waren Hieronymus Baumgärtner, Hieronymus Holzschuher und Sebald Haller. Es verdient noch
eine Untersuchung, wann der Reichsabschied
von 1543 zum erstenmahl gedruckt worden.
Pütter hat wenigstens in der Litteratur des
Staatsrechts keinen besondern gleichzeitigen
Abdruck desselben angegeben.

Dieß war auch der letzte zu Nürnberg
gehaltene Reichstag, ob gleich die Stadt in
der goldenen Bulle das Recht erhalten hatte,
daß jeder Kaiser seinen ersten Reichstag daselbst halten solle.

Wie dieses Vorrechts wegen die Reichsstadt Nürnberg 1566 von K. Maximilian II,
der seinen ersten Reichstag zu Augspurg hielt,
gesichert worden, erzählt Müllner bey dem
dem Jahr 1566 also:

„Bey der Proposition auf diesem Reichstag zu Augspurg haben die Nürnbergischen
Gesandten gegen den Reichsvicekanzler gehandelt, daß wegen der Stadt Nürnberg Privilegien, und der G. B. kraft deren K. Maximilians erster Reichstag zu Nürnberg hätte gehalten werden sollen, in der Proposition keine Meldung noch Reservation geschehen.
Der Vicekanzler hat sich erboten, ihnen bey
dem

dem Kaiser deswegen einen Revers zu erlangen, womit sie aber nicht zufrieden seyn wollten, weil solcher nur ein Privatwerk wäre,
und die Stände davon keine Wissenschaft er-
langten; und dagegen baten solche Reservation in den Abschied zu bringen. Dieses hat
auch der Kanzler bewilligt. "

Es wurde auch in dem R. A. von 1566
§. 180 erklärt: daß der Stadt Nürnberg
durch Haltung des ersten Reichstags zu Augspurg an ihren Rechten nichts benommen seyn
solle.

Eine ähnliche Versicherung gab K. Matthias in dem R. A. von 1613. §. 17, und
K. Ferdinand III. im R. A. von 1641. §. 2.

Was bey der Ausschreibung des folgenden noch jetzt daurenden Reichstag geschehen,
ist mir nicht bekannt.

III.

Ordnung der Lateinischen Schulen zu Nürn-
berg aus dem Anfang des XVI
Jahrhunderts.

Die weill Nach sag und anzaigung der weisen
gute und vleissige regiment der schul darjnn die
kind nicht allein zu lernung und begreuffung der
freyenn kunst, schrifft und kunes aussprechens
des

des lateins sundern auch von vnzucht *) zu anne-
mung vnd vbung gutter sitten vnd geberd gehalten
vnd angewissen werden nicht wenig zu gemeinem
nutz Erspriessen vnd aber ein Erber Rat dieser
stat Nuremberg nach glaublicher vnderrichtigung
zu Herzen genommen hat, das auß geprech vnd
mangel rechter vnd nottürftiger ordnung In den
lateinischen schulen hie nit allein die kind nach anfang Jrer lernung In Jren puerilibus viel zu
lang bekümert.**) sondern auch die mereren schuller zu zeitten mit etlichen lernungen In artibus
die nicht am fruchtpersten gewesen verzogen worden sind Vnd so nu all schuler nicht aus einer vrsach Sundern etlich zu erfarung In der Lernung,
diese allein schreibenn vnd etlicher maß dabey latein zu lernen vnd die anderen gut sitten zu merken vnd müssigkeit zu vermeiden zu schule gelassen
werden vff das ban vnnottürfftige bekümerung
der schuller In Jrer lernung abgeleint vnd ver-
mitten, vnd ein schicklicher form vnd Weiß zu vnberrichtung derselben schüller jedem nach seiner
gepürnus fürgenommen vnd Fürohin gehalten werd
So hat ein Erbar rath der benannten stat Nuremberg nach vnnderweisung der Jhenen dieser Ding
verstenndig geordnet vnd gesetzt dieße nachfolgen-
Form vnd meß mit lernung vnd zucht In vnd bey
den vyre gemeinen lateinischen Schulen hie zu halten vnd zu vollziehen.

Z

*) Ungezogenheit.   **) Aufgehalten.

Zu erst soll ein Jeder Schulmeister durch sich selbs oder seinen verweser alle seine schuller beschreiben vnd jedes tags vffs wenigst ein mal verlesen vnd vff die absenntes vleissig acht vnnd merkung haben, vnnd die schuller die sich also on wissen vnnd vrlaub des schulmeisters oder seins verwesers absentiren vnnd zur gepürlicher zeit nicht erscheinen, darvmb zimlich straffen vnnd also zu vleissiger besuchung der schule vnnd lernung anhalten vnd auch zu zeitten solcher absenten halb bey Iren Eltern oder verwandten nachforschung thun.

Vnnd es soll ein jeder schuller welchs tags er aus etlicher vrsachen die schul nicht besuchen will oder mag durch sich selbs seine Eltern oder scheinpoten *) von seinem schulmeister oder desselben verweser vrlaub nemen vnnd der schulmeister oder sein verweser die vrsachen des schulers abwesenn sunderlich fragen.

Ein Jeder schulmaister soll auch des sundern vleis haben den schullern vorzusagen sie offt zu ermanen vnd darin zu halten das sie Inn die kirchen mitt Ern erbiettung vnnd inn den processen **) auch inn der schul dabon vnd darzu ein züchtig vnnd stillen Wandel haben vnd halten.

Er soll auch einen oder mer auffmerker die die knaben so sie in der kirchen oder procession vnnd

auch

*) Mandatarium.   **) Processionen.

Zwölftes Stück.   Z i

auch dieweill Jn der schulen vnzucht*) treiben an-
merken verordnen vnnd die die Jm der Vnzucht angesagt werden darum straffen.

Und so die Knaben mit gelt schleckerey tau-
schen oder dergleichen anderm Vnzucht vnzimlichen
vmgiengen, soll er darvmb vleissig nachfragen
von wem dasselb gelt, schleckerey vnd dausch herkomen haben, vnnd dieselben knaben die also damit vngepürlichs handlen zimlich straffen vnnd darinnen kein vbersehung thun, sondern in solchs vnnd
dergleichen stück vnd Fell mit straff der knaben
vmb Jr Vnmuth vnd Buberey vleissiglich vffsehen
haben. Vnnd so aber in jeglicher straff ein maß,
zu halten ist, darvmb soll ein jeder schulmaister bey
seinen colaboratoribus vnnd mithelfern verfüegen
vnnd auch selbs daran seyn die knaben mit rutten
Jn die hindern zimlicher weis vnd nit vff die häubter
hennd oder simst greblich zv straffen vnd zu hawen.

Item es soll in Jeder schul ein außtailung
vnnd sunderung der knaben vff das wenigst Jn
drey taill als für die jüngsten mittlern und eltesten
schuler fürgenomen werden, und jeder taill in
seiner rott zusammen gesetzt vnnd mit Lernung vnnd
vnnderrichtung derselben also gehalten werden.

Erstlich sollen die jüngsten schüller die dann
Jn der Tafel Benedicite, Confiteor vnnd dergleichen buchstabenn und lesen lernen bey einander
sitzen, vnnd all tag so sie die schul besuchen drey
mal

*) Ungezogenheit.

mal vor disch vnd drey mal nach disch, Jre Lektion Buchstabens oder Lesens nach gestalt eines
jeden lernung verhört vnnd Jne dazu gegen die
nacht ein latein nemlich zway lateinische gemeine
Wort mit Jrer verteutschung vnnd befelch die Jren
eltern anzusagen gegeben vnnd sie des morgenns
In der schul derselben latein widervmb Erfragt
vnnd verhort werden vff das sie solch latein besser
vleissiglicher merken In sich bilden vnnd behalten.

Vnnd diese knaben sollen an Werkentagen
nicht zu for geen sundern vormittag vnnter der
meß Jre Lektion vffsagen vnnd vnnder der Vesper
Jr Latein lernen.

Und so dann etlich derselben Knaben baß geschickter vnnd lenger gen schul gangngen synd sollen
sie angehalten werden das Jr Jeder alle morgen
vnd auch nachmittag eine frische schrifft seiner handt
von buchstaben oder etlichen worten teutsch vnnd
lateinisch In wachs oder vff papier seinem locaten zaige vnnd weissen die dann berselb locat Can-
celliren oder vnnterstreichen vnnd die knaben zu
Formirung gutter Buchstaben vnnd schrifften an-
leiten soll.

Vnnd nach dem diese knaben nichts dann buchstabenn und lesen lernen, damit sie dann darjnn
zu lang nit verligen vnnd doch zw lautterer Er-
kannthnus der Buchstaben komen mögen soll der
schulmaister vleis haben das sie damit gefördert
vnnd sunderlich die die buchstaben lernen also ver-

Zi 2   hört

hört werden, daß sie in Ihrer auffagung von einem buchstaben auff den andern vnnderschieblich anzaigung thun.

Vnnd diese knaben sollen mit außwenndiger lernung der Tafel Benedicite, Confiteor etc. nicht zu ser angestrengt werden nach dem sie vil zeit damit zubringen vnnd andere nützlich Ding verfäumen, sundern an suntagen vnnd andern Feyertagen soll einer den andern Ee sie in Chor geen dieselben Ding vorlesen oder vorsprechen vnnd In die andern nachsprechen so mügen sie das vom hören dester geneigter on sundern mueh vnnd arbeit auswendig lernen.

So dann einiche knaben In Irer lernung vngeschickt vmb dero langkfam vehig fein, so sollen denselben je zu zeitten annder gelerniger und geschickter zubeschiden werden, die denselben vngelernigen auff Ir begeren vnndterrichtung thun sollen.

Disen knaben allen soll auch gesagt bevolhen vnnd sie darzu gehalten werden, daß Ir einer dem andern, so er das an In begert seiner letion gütlich vnnderweisung thue.

Der schulmeister soll auch diesen knaben einen sundern locaten oder Junkmaister zu beschaiden, mit bevelch sie taglich oder offt zu verhören vnnd sein vleissigs offsehen vnnd merkung zu haben wie sich jeglicher knab in sein lernung schick darin verfarr zu neme oder still stee.

Vnnd

Vnnd welcher knab also in seiner lernung ge=
schickt vnnd bald vehig gefunden wurd den soll der
locat oder Juukmaister dieser knaben dem schuß
maister ansagen vnnd der schulmaister denselben
knaben von der mynderen in die merere Lection
fuderen.

Zum andern so sollen die mittlern knaben die
den Donat Regel Allexander rc. lesen lernen zu=
samen in einen Zirkel gesetzt vnnd In gen nacht
mit kreiden an ein Dafel ein latein nemlich ein
lateinischer Vers oder ein Spruch einer ganzen
Oration als aus den sprüchen Salomons, Catho=
nis oder dergleichen vnnd dabey zween teutsch vers
gereumpt oder ungereumpt gemeß der lateinischen
maynung oder ein lateinischer Verß mit zweyer
teutschen von dem latein das ben In dem britten
Zirkel fürgegeben wurde, fürgeschrieben werden,
dieselben latein sollen die knaben des abennts ler=
nen, selbs abschreiben Jren eltern anheims auf=
sagen vnnd des andern morgens In der schule
von Jnen widervmb Erfragt vnd verhört werden
mit besichtigung Jrer Handschrift derselben lattein
vnnd auch mit vnberrichtung gute Buchstaben zu
machen vnnd beeds latein vnnd teutsch schreiben
ze lernen.

Darzu sollen diese knaben In der schul vff
dem kirchhoff In chor kirchen procession nichts
dan latein reden vnnd deshalben einen lupum oder
asinum haben vnnd darvmb verhöret vnnd der der

den asinum oder lupum eins tags drey mal gehabt
vnnd von Im gegeben vnnd auch der der In auff
das lezt behalten vnnd noch hat, darumb zu straffe der rutten genomen werden.

Vnnd solichs soll man teglich veben vnnd verhören vnnd des sundern vleis haben, wann dadurch mügen die knaben In gewohnhait des la-
teinredens komen vnnd also aus gewonhait vnnd
teglicher Vbnng on sunder Mühe vnnd arbait
schlecht latein reden lernen.

Die knaben sollen zwo stimd vor Disch vnnd
zwo stund nach Disch zu Jrer simderlichen lernung
vnd Verhörung haben.

In der Ersten stund Früe sollen sie nach
verhörung Jrer Latein die sie davor des abents
gelernt haben vnnd auch nach Besichtigung vnnd
rechtfertigung Jrer schrifft desselben Lateins als
vor stet, den Donat, regel und Alexandrum lesen
verhort vnnd Jnen darnach wider fürgegeben werden, was vnnd wie vil sie vff den andern tag frue
zu derselben stund darinn auffsagen sollen.

Zu der andern stund vor tisch sollen Sie ein
nomen und ein verbum auß den Donat vnnd zu
zeitten sunst ein annder verbum oder nomen dem
Im Donat gleich mit anzeigung darauf des Do-
nats, der regel vnnd des Alexanders schlecht vnnd
in einer gemein decliniren vnnd flectiren oder conjugiren lernen vnnd Jne darzu ein paß auß dem
Do-

Donat fürgeben vnnd sie des auch in einer gemein
vff das kürtzt vnnterweisen werden.

In der Ersten Hore nach Disch soll man sie
In gemein Casualia vnnd temporalia Inwendig
vnnd nicht außwendig vnnderweisen sie darzu verhören vnnd doch sie deßhalb nicht zum höchsten
anstrengen, sundern dabey auch die Nomina vnnd
Verba teutschen lernen, mit Exempeln als magister oder der maister; Exemplum magister est Inn
choro, Exemplum Claues sunt magistri, die schlüs-
sel sind des maisters, vnd mit anndern Casibus,
In singulari vnnd plurali vnnd zu zeitten ein anders nomen für das nomen magister, demselben
nach zu teutschen als dominus, seruus, asinus vnd
auch die verba mit Exempeln, als ego amo ich hab
lieb, amo magistrum vnnd solchs also fürbaß in singulari vnnd plurali In preterito vnnd futuro zu
teutschen als mit Exempeln vnnd so sie die Verba
vnnd Nomina Im Donat beschriben begriffen sollen Jedem andere Nomina vnnd Verba denselben
gleich zu verteutschen fürgegeben vnnd sie darinn
verhört werden also mügen die knaben durch solch
Exempel zu grundlicher begreiffung der Casualia
vnnd Temporalia komen, vnnd wen sie also die
Nomina zu verteutschen begriffen haben so soll man
sie alsdenn vnnderweisen die pronomina in oratio-
nibus zu appliciren vnnd zu verteutschen als meus
magister mein maister, tuus seruus dein knecht suus
Dominus sein Herr.

Zi 4   Vnnd

Vnnd vorzu sollen sie etlich vnnd allein Sie
gemeinen Vers In prima Alexandri die sich auff
die Casus, genera, vnnd tempora referieren auff
das aller kürzst vnnd schlechtst Exponieren lernen.

Zu der andern Hore nach Disch sollen sie zwen
lateinisch Vers mit vier teutscher Jrer Außlegung
Ex Cathone aláns In exemplis oder dergleichen
an ein tafel geschrieben lernen selbs abschreiben
alsden Jnwendig auffsagen, vnnd exponieren vnnd
ein nomen vnnd ein verbum daraus flectieren vnnd
variren vnnd das alles nachvolgenden tags zu derselben stund nach besichtigung vnnd rechtfertigung
Jrer Handschrift der vorgemeldten Vers oder anders verhört, vnnd Jne dazu nach Ausrichtung
des alles zu dieser stund ein Regel ex regulis gram-
matice vorgesetzt fürgeschrieben, declarirt vnnd außgelegt vnnd abermals des andern Tags zu derselben widerumb berhort werden, oder man soll Jn
zu zeiten nach gelegenhalt der Ding neben der
obberürten Lection allein ein regel halten, oder
kein nomen oder verbum varyren vnnd kein regel
haben, nachdem den Verhörer bedünken wirb den
knaben zu viel oder zu weng zu sein, vnnd so dann
nachfolgend der regel die sie gelernt haben eine
oder mer Je zu zeitten In einer lektion fürsein so
sollen die knaben der Erinnert vnd die repetirt
werden.

Zum britten vnnd Jm britten Zirkel sollen
die Eltesten schuller, als die, die das Jr Jn Er-

ſten vnnd andern Zirkel gelernt haben vnnd können
auch vier Zeit nemlich zwo vor tiſch vnnd zwo darnach zu Jren viren ſtunden ordentlichen lektion
haben.

Die Erſt ſtund Frue ſoll ſich reveriren auff
die letztere ſtund des vergangenen tags alſo das
man von Jne In derſelben ſtund verhoren ſoll
Expoſiciones, variationes, derivationes, originem
nominum vnnd verborum Congruitates vnnd regulas Gramatice mit einfürung des Alexanders vnnd
anderer Autoren vnnd lerer vnnd auch zu zeitten
ein lektion In tertia parte halten.

Zu der anderen Ure ſollen ſie vnnderwiſen
werden etlich vers aus prima vnnd etlich aus ſe-
kunda (parte) Alexandri zu Exponiren auff des
ſchlechtiſt, vnnd nit mit dem Comment Sundern
allein Exponiren vnnd Exempel zu lernen vnnd
nicht vil Vmſtände zu gebrauchen ſundern von ſtat
zu procediren alſo daß ſie allein die Vers verſteen
vnnd wenn es In der Erſten lektion des tags
als vorſtet fürfellt das ſie die Vers vff die Caſus,
genera tempora quantitates ſillabarum vnnd anderes wiſſen anzuzzigen vnd zu verſteen wozu das
diene.

Zu der erſten Ur nachmittag auff das die
knaben auch die gemeinen principia vnnd regulas
loyce lernen vnnd begreiffen ſo ſoll Jnen ein lektion In loyca Ex parvulo loyce oder Ex petro hi-

no gehalten vnnd sie doch damit auff das hochst nit angestrengt werden.

Zu der andern Vr Nachmittags soll man den knaben Ein lection die Ja nicht allein nützlich sundern auch lustig vnnd löblich sey als Esopum vnnd je zu zeitten ein Fabel darauß oder alanum oder terentium oder anders dergleichen halten, teutschen außlegen vnnd Exponiren vnnd auch die sunderliche nomina, verba vnnd ander seltzsam dictiones die nicht teglich fürfallen varyren dekliniren vnnd conjugiren vnnd solchs des morgens In der Ersten Vr als oben Verlauth examiniren und (fürhalten) verhoren.

Und die in diesem Zirkell sollen In der massen wie von den Im andern Zirkl sitzende hievor begriffen ist reden Jren sunderlichen lupum oder asinum haben teglich darvmb verhört vnnd die vngehorsamen gestrafft werden.

Auch soll Jnen in der Wochen zu zweyenmalen nemlich eins tags ein stund ein Ex regulis Gramatice fürgeschrieben oder gelesen vnd mit sambt den Expositionibus vnnd fallentiis declarirt vnnd außgelegt vnnd auff einen andern tag vnnd zu einer anderen stund von Jne wider verhört vnnd je zu zeiten dieselb Regel erwidert vnnd repetirt werden frue in der Ersten lection wie vorstet.

Item an den feyerabenden sollen die knaben im andern vnd dritten Zirkel nach Disch in schule geen vnd Ein stund in musica Lerxen vnnd über

singen

fingen das das ſich zu veſper vnnd anff den Feyrtag Im chor zu ſingen gebürt.

Aber an ſuntagen und Feyertagen frue vor
der meß vnnd vnnder der Frueprebig ſoll ein Epiſtel Ene Silvy Gaſparini oder andere dergleichen
dienſtlich mit kreiden an ein Dafel geſchrieben den
knaben Im andern Zirkl eine oder zwo zeil darauß
vnd den Im dritten Zirkel ganz exponirt vnnd
verteutſcht vmb ſie Jrer fürgegeben lektion am
Werktag darnach wie oben verlauth mit Erfor-
ſchung der Deklination oder Conjugation vnnd par-
tis orationis der ſchwerſten und ſelzſamſten nominum verborum vnnd anderer diction verhort werden.

Vnnd die Jungſten ſchüler ſoll je einer nach
dem andern den andern allen In demſelben Zirkel der Jüngſten an ſolchem ſuntag vnnd feyrtag
In der bemelten Zeit vorbeten vnnd vorſprechen
vnnd die andern nachſprechen Tafel, Benedicite,
Confiteor, Ciſioianus.

Und ſoban Etlich hieſig knaben und auch fremde ſchüler geſchickt werden, ſo ſoll Jne neben den
vier ſtunden als Winterszeit frue vor der obbe-
melten Lection und ſummerzeit nach der Veſper
ein ſunder Aktus In Arte humanitatis oder in leich-
ten Epiſteln als Enee ſilvy dergleichen oder ſunſt
Jchtz anders Je zu zeiten ſo ſich das leiden meg
gehalten werden.

Die Schuler ſollen got zu lob des morgens
Frue ynd nach Diſch vor Anfang Jrer Lernung
mit

und desgleichen so sie aus der schule gemeinlich heimgelassen werden vor etwas singen als ein Creator, veni sancte, Ave maria, oder dergleichen.

KEin schüller soll vor außgangt Einicher quottember In ein andere Schul hie der Lernung nachgeen, welcher das aber Je thun wolte, das solt er mit wissen seines vorigen schulmeisters thun vnnd ihm nichts destmynnder ganz quottemberlons es sey spat oder frue In die quottember verfallen sein, desgleich soll auch einich schulmeister den andern on sein Wissen sein schuller nicht abspannen noch aufnehmen.

Und auff das mit Ubersingen Cantus figurati die schuler an Jren ordentlichen lektion nicht geirrt oder verhindert werden, so soll dasselb übersingen zu keiner stund darjnn die bemelte ordentlichen lection nach obbeschriebner ordnung gehalten werden sollen, sondern zu andrer Weill vnd zeit als vnnder der meß vesper davor oder darnach bescheen.

Item Ein Jeder schulmaister soll sich vleissen wenn er off künftige vest mit den schülern Corgesangt übersingen will, das solch übersingen an feyerabennt oder sunst vor oder nach oder zwischen ordentlichen lectionen, oder vnder der Vesper geschehe, außgenommen den Palmtag ostern vnnd weimachten also daß der ein halbteill der schuller
zum

zum vorauß so vigili oder seelmeß gesungen werden oder Im winter so es vost kalt ist zu chor
gen vund der annder halb taill die weill Ue-
bersingen.

Unnd nachdem die knaben In Vbung Irr
Lernung gen einander als teglich erscheint ungeschickt sind, also daß etlich on Forcht, vnnd straff
vnnd vngehalten bey der lernung nicht fleis thun
wöllen, vnnd die andere den widerwertig In forcht
vnnd straff wessende, kein geschicklichkeit darinn
haben mogen, darum so soll ein jeder schulmaister
selbst daran sein vnnd auch sein Colaboratoribus
mit vleis bevelhen auff solch der knaben aigenschafft
vnd schicklichkeit sunder aufsehen vnnd vermerkung
zu haben, vnnd sich gen die Ersten ernstlich vnnd
gen die andern güttlich zu beweisen vnnd si bey
Freyheit des gemüts zu lassen, wie sich dann ein
jeder schulmaistr vnnd sein colaboratores nach Irer
bescheidenheit wol wissen darein zu schicken.

Vnnd ein Jeder bezallender schuler soll seinem
schulmaister für die mühe und arbeit die nach anzeigung vorgeschribener ordnung mit Ime beschieht
vnnd auch für holz licht fenster ausdreyb kern,
kirchteg, Newjargelt vnnd anders zu Jeder quottember nicht mer dan zween schilling in gold die
machen dieser zeit xxv pfenning hiesiger münz
vnnd ein Jeder armer schuler alle wochen einen
pfen-

pfenning zu lon verfallen vnnd zu geben schuldig
seyn; vnnd der schulmeister vnnd seine colaboratores durch sich selbs oder andere von einichen
schüller nicht mer dann wie Jetzo vnnderschiden ist
werden vordern vnnd damit sollen alle vnnd jede
vorgemelt vnnd andere zufäll vnnd kleine schulrecht
vff gehaben vnd die kein schuller mer zu geben
schuldig sein.

Wann aber ordnung zu machen vnnd die nicht
zw handhaben wenig fürtreglich ist, demnach vnnd
auff das diese vorbegriffen ordnung dest fruchtba-
rer mog continirt und gehalten werden, So soll
ein jeder schulmeister nach maß seiner schul ein
genüglichen redlichen gelerten bescheidnen vnnd vleis-
sigen gesellen zu colaboratores bestellen vnnd halten vnnd zu seiner schule sein teglich vleissig aufsehen haben das dieselben colaboratores Ir gebüh-
rende Actus vnnd exercitia vleissiglich vnverseum-
lich vnnd gütlich halten vnnd vben.

Ein Jeder pedagog der hie durch eines schulmaisters anderer oder sein selbs fürderung Ju einig herberg genommen wird soll den schulmaister
des schul ler besucht zimlich obedienz geloben vnnd
leisten Vnnd Im chor procession und in der schul
so er mit gescheften seiner herrschafft nicht verhindert ist hilff vnnd bestandt thun.

Ein jeder pedagog soll sich auch In der schul
Im chor vnnd sunst eines zimlichen stillen wesens
halten

halten vnnd zuvor so die actus vnnd lektiones hievor begriffen in der schul gehalten werden schwe-
zen vnnd spielen vermeiden.

Item kein pedagog soll kein knaben vmb Jr
verseumnis oder Vbertettung In der schul Im chor
In der procession oder vff dem kirchhoff beschehen
In gegenwart des schulmaisters disciplinieren sundern ob sie In die jetztgenanten oder annder Enden Ichzit streffliches Vben so soll er sie davor
In seiner Herberg oder In der schul in Abwesen
des schulmaisters, so die andern schuler nicht entgegen seyn straffen, oder des dem schulmaister zu
thun ansagen.

Die pedagogen sollen des sonntags monntags
vnnd zu andern Festiviteten vnd tegl. so man cir-
cuirt oder procession hat die ordnung darIn haben
das sie neben den knaben nicht zu hauffen tretten,
oder zwen oder drey mit einander gen sondern
sich austailen die knaben zu singen zu ermanen Jr
auffsehen vff sie zu haben vnnd schwetzereyen vermeiden.

Darzu so soll sich ein jeder pedagog an den
knaben den er zu bescheiden ist benügen lassen vnnd
ausserhalb der einich andere knaben on Jrer Eltern oder verwandten sundern bevelch vnnd des
schulmeisters wissen nicht an sich zichen noch sich
Ine zu Resumieren vnndersteen.

Vnnd wo sich ein pedagog gegen einen schulmaister zu einem oder mer stücken vorbegriffener
ordnung

vordnung der andern Dingen ungehorsamlich hielt
so mag sich ein schulmaister des gen denselben pedagogen herrschaften ein oder zwey mal beclagen
Vnnd In von derselben Vngehorsam ze weisen begeren, vnnd alsden vnnd darnach denselben vngehorsamen pedagogen wo er davon nicht abstellen
wolt vrlauben.

———————

Vorstehende Schulordnung, die laut einer darnach oft wörtlich abgefaßten Schulordnung von Nördlingen, die sich vom Jahre
1512 herschreibt, in den Anfang des XVI
Jahrh. zu setzen ist, ist in dem im hiesigen Stadt-
archiv verwahrten Original in Folio sehr weit-
läuftig geschrieben, und macht 8 Bogen aus, davon aber das Titelblatt abgerechnet nur 25 Seiten beschrieben sind. Uebrigens ist gegenwärtige Abschrift so genau als möglich gemacht
worden, von

Rector Beyschlag.

Nördlingen, den 3 Jun. 1793.

IV.

IV.
Zur Geschichte der Nürnbergischen Kinderlehre.

Bedenken der Prediger über die große Kinderlehr.

Edle, Ehrnveste, Hochweyse, Großgönstig gebietende Herren, Eß haben E. E. vnd Hrl. hiebevorn die Fragstück vber den Catechismum, welche Herr M. Faber verfertiget vnnß lieffern lassen, mit Großgönstigem Befehl, daß wir dieselbe durchsehen, vnd vnser meynung davon hin wieder anzeigen solten.

Obwoln nun wir anfangs gäntzlich vermeinet, waß zeitlicher vnns zu expedirn, hat doch theils der sachen Wichtigkeit, theils vnser ordinari ampts arbeit einen Verzug erfordert, welcher gleich wol, weil desto mehrer fleiß im Durchlesen vnd nachsinnen hierzwischen angewandt worden, zum gemeinen Besten verhoffentlich gereichen vnd gedeyen wirdt.

Geben demnach vnser einfeltige meynung in Vnterthänigkeit zuerkennen, daß zwar Herr Faber eine feine nützliche arbeit gethan, wann er bewuste fragstück (grosentheils auß Herrn Laelii Büch-

Zwölftes Stück.   Aaa   lein *)

lein *) zusamengebracht. Darbey wir aber doch
befinden, wie in vielen stücken vff den text des
Catechismi vnd also zu dem richtigen wort verstand
deßelben nicht gezielet worden. Da wir doch auß
erfahrung bishero abgenommen, daß es hierumb
vornemblich zu thun, vnd dahin fleißigst zu arbeiten, wie dieienigen kinder, welche albereit die
Wort des Catechismi inß gedächtnuß gebracht, selbige auch verstehen lernen, so viel ihnen zur seeligkeit vonnöthen.

Derowegen haben wir vnns nicht allein auf
großgönstigen Oberkeitlichen Befehl, sondern auch
Ampts- vnd gewissens halber vebergesetzt, Herren
Fabri fragstucke in der furcht Gottes fleißig erwo-
gen, vnd wo sie daß intent getroffen, behalten.
Dafern sie aber vmb etwas abgewichen, mit andern solchen deutlichen quaestionibus vnd responsis
ersetzt, dadurch die liebe iugent schnur gerad vff
den text des Catechismi kan gewiesen werden, der
genz-

*) Dieß sind ohne Zweifel die „Fragstücklein Aus
den Catechismus- Predigten der Fürstl. Branden-
burgischen vnd Nürnbergischen Kirchen-Ordnung
über die sechs Hauptstücke Christlicher Religion,
wie die in den Kirchen zu Onolzbach bräuchlich
sind, neben Anzeigung nothwendiger Lehrpunkten.
Durch Laur. Laelium Pfarrern daselbsten „Onolzbach 1613. 8. Auch ebendaselbst 1656 8. und 1698.
8. Auch ist eine Nürnbergische Ausgabe unter eben
diesen Titel vorhanden: Gedruckt vnnd verlegt zu
Nürnberg durch Joh. Fr. Sartorium. in fine 1619.

gentzlichen hoffnung, daß solchergestalt do mans
publice vnd priuatim fleißig treiben würde mit Got-
tesgnad der rechte verstand zu Christo in ihnen
wachsen, vnd ihrer seelen seeligkeit reichlich erbawet
werden könbten. Vnd haben wir vnns auch der
kürtze so viel möglich beflißen, dann waß diese ge-
setzte anzahl der fragen betrifft, werden sie (auser
den Zeugnußen der schrifft) nicht allzuweit im truck
sich erstrecken.

Gesetzt auch, da schon derselben noch mehr
sein solten, bezeugt doch der grose Lust vnd eyffer,
welchen der Heylige Geist bisher in den iungen
vnd Alten zur kinderlehr erweckt, vnd gewürkt,
daß es ihnen weder zu schwer noch zu viel sein
werde, zumalen weil die meisten wort auß dem Ca-
techismo ihnen schon bekant, vnd sie an die Uebrige explication nicht gebunden, sondern in der will-
kühr ihrer eignen wort gelaßen werden sollen:
Wird benebens nicht wenig zur sach dienen, daß
sie solche fragstück auch zu hause haben, vnd mit
vorschub ihrer Eltern sich darinn üben können.
Jetz zugeschweigen, daß sie was in einem iahr
nicht gelernet wird, in dem folgenden solches endlich faßen vnd begreiffen können, zu welchem ende
wir nicht für vnrathsam achten, solche fragstück
in die Sonntäg des gantzen iahrs einzutheilen, vnd
also 52 kinderlehren darauß zu machen. Welches
vff E. E. E. vnd Hrl. belieben, leichtlich in mar-
gine verzeichnet, vnd nachmal im truck obseruiret

Aaa 2

werden

werden kann, Vnnd diß nicht ohne mercklichen
nuß, sintemal vff diese weis die gleichförmigteit,
sontägs in den kirchen, hin vnd wider bestehen,
vnnd man wißen könndte, waß aller orthen, da
kinderlehren angestellt, tractirt werde, vnnd man
sich also darnach zu richten hette.

Vnnd diß alles haben E. E. vnd Hrl. wir hier-
mit zu Jhrer großgünstigen Ratification gehorsamlich heimstellen wollen, deroselben vnns zu ferne-
rer günsten empfehlende rc.

       E. E. vndt Hrl.

                   Vnterthänige rc.

Dieses Bedenken ist wahrscheinlich aus
der ersten Hälfte des Jahrs 1627. Die
Autorschaft der Nürnbergischen Kinderlehre
von 1628 ist noch immer zweifelhaft, insonderheit der Umstand, ob Fabers oder Leibnizens Entwurf vornämlich benützt worden.

Dem M. Georg Faber ist unstreitig der
Auftrag geschehen, aus den in Nürnberg ein-
geführten Katechismuspredigten gewisse Frag-
stücke für die Kinder aufzusetzen und bey Rath
zu übergeben. Diese Arbeit hat er auch gemacht und dem Rath überliefert. Allein seine
Arbeit fand weniger Beyfall, als Leibnitzens,
eines bekannten guten Katecheten. Nach der
Erzählung Hirschens in der Nürnbergischen
                             Cate-

Catechismus- und Kinderlehren-Historie S. S. 39 wäre außer diesen zwey Aufsätzen noch ein dritter von den Predigern gemacht worden. Aus verschiedenen leibnizischen Papieren läßt sich aber schließen, daß der leibnizische Entwurf und der Entwurf der Prediger einerley sey. Die Prediger, Pickel, Welhammer und insonderheit Saubertus scheinen mit Fabers Arbeit nicht zufrieden gewesen zu seyn, und gingen daher mit Leibniz zu Rath, der ohnehin die ganze Sache durch seine Deductions-schrift in Bewegung gebracht hatte. Dieser machte einen Aufsatz, mit welchem, wie aus einigen handschriftlichen Fragmenten sich abnehmen läßt, die gedruckte Kinderlehre übereinkommt. Dem Leibniz starben zwey Söhne während der Arbeit, welche doch beschleunigt werden sollte, und er selbst wurde krank. Daher erbot sich Saubertus die zwey noch zurückgebliebenen letzten Hauptstücke zu fertigen. *) Um den M. Faber nicht durch Vorziehung der Arbeit eines andern vor den Kopf zu stoßen, und dem Leibniz keinen Feind zuzuziehen, nahm man gewissermaßen von Leibnizens Entwurf keine Notiz, sondern gab das

Ganze

---

*) Dieß beweisen eigenhändige Billete des Saubertus.

Ganze für eine Arbeit der Prediger aus, zu-
mahl da Saubertus die 2 letzten Hauptstük-
ke bearbeitet hatte. Hieraus läßt sichs nun
sehr gut erklären, warum in dem Altdorfischen
Bedenken (bey Hirsch S. 99) der Arbeit
Leibnizens gar nicht gedacht, sondern nur von
der Arbeit Fabers und der Prediger geredet
wird, welche letztere eigentlich Leibnizens
Arbeit war, so wie sie die Prediger verbes-
sert und Saubertus vollendet hatten.

Daher konnte auch in der Leichenpredigt
und Lebenslauf seines Sohns Just. Jac.
Leibniz, Antist. Seb. von M. Paul Weber
(1683. 4.) S. 28. gesagt werden: „Sein
sel. Vater habe mit Aufsetzung der Catechis-
mus-Fragen in unserer sogenannten großen
Kinderlehre, ein Seelen-erbauliches Werk
gethan.‟

V.

Nürnbergische Contumazanstalt wider die Pest im Jahr 1665, und 1666.

(aus einer gleichzeitigen Handschrift.)

Da in diesem Jahr aus England und Holland die Pest nach Cölln und Frankfurt gebracht worden, hat man in December,
1665

1665 solche Güter, die von dergleichen Orten kamen, nicht mehr in die Stadt gelassen, sondern theils in das Lazareth, theils in die Bärenschanz geschafft, woselbst sie ein Zeit lang gelüftet werden mußten. Inzwischen kam die Leipziger Neujahrsmesse, wohin viele Nürnbergische Bürger reisten. Weil man nun in Leipzig alles einließ, und in Baiern, Tyrol ꝛc. Nürnberg wegen ungesunder Luft verschrieen wurde, so sah man sich genöthigt eine Contumazanstalt zu errichten. Hiezu wurden, weil es eine hier ungewöhnliche Sache war, Georg Fierer, Bankier, und Paul Mortin Viatis gebraucht, welche nach Italien handelten, und denen von daher dergleichen Einrichtungen bekannt waren.

In dem Garten Leonhard Rohlederers, Schauamtmanns, gegen St. Johannis über, wurde das vordere Gartenhaus mit hohen Pallisaden und einem verschlossenen Gatter verwahrt, wo die Personen ihre Contumaz halten sollten.

Als nun die Kaufleute von Leipzig angekommen, ist die Geleitkutsche nebst etlichen wenigen hinein logirt worden. Es war aber für so viele Personen zu klein, und die meisten wollten sich nicht also einsperren lassen.

Daher

Daher wurde ihnen erlaubt, in dem Dorf Buch zu bleiben, und in den dortigen 3 Wirths- häusern zu logiren. Wer neun Tage aussen war, der erhielt einen Zettel, und wurde der Contumaz entlassen.

Zu den Gütern wurde gegen der Haller- wiese über, jenseits der Pegniz, in des Koh- les und Vargeten Garten, ein Haus und ein Stadel auch mit Pallisaden eingefangen, da- bey eine Durchfuhr gemacht, doch mit star- ken Schlössern innen und aussen verschlossen. Darein kam Freundel, als Schreiber, nebst 2 Ballenbindern, und einem Bauern zum Hand- langen, und einer Magd zum Kochen. Die- se mußten versperrt bleiben, die Güter em- pfangen, aufschreiben und zu seiner Zeit aus- packen und lüften. In 3 Wochen kamen über 1200 Centner hinein. Was nur durch- ging, wurde nicht eröffnet, und für den Cent- ner 3 kr. bezahlt. Was aber in die Stadt gehörte, das mußte, wenn es unfängliche Waare war, als Speceren, Material, Zucker, ꝛc. 3 Tage verbleiben, und alsdann geöffnet werden. Vom Centner zahlte man 6 kr. Andere Waare lag 14 Tag, und zahlte 12 kr. der Centner. Wollen und wüllene Waare soll- te 21 Tage liegen, und der Centn. 20 kr. zahlen.

Einge-

Eingepacktes Geld wurde alsbald herausge-
nommen, und durch die Palliſaden herausgegeben.

Unter allen Thoren wurde anbefohlen,
Fremde zum Neuen Thor und Frauenthor
zu weiſen, wo ſie über gewiſſe Fragſtücke
vernommen wurden, und beglaubte Fehden
oder Atteſtate beybringen, oder ihr Angeben
eidlich beſtärken mußten.

In der Canzley wurden für Waaren und
Perſonen eigne Fehden oder Geſundheitspäſſe
ausgefertigt, zu welchen man gedruckte For-
mulare gebrauchte.

VI.

Ein Paar ungedruckte Urkunden zur Nürnbergiſchen Geſchichte.

A) Norimbergenſium literae
foedus civitatum concernentes.

Viris deuotis prudentibus et honeſtis
Magiſtro ciuium, iudici, conſilio et
uniuerſis civibus Ratiſpon. Scultetus,
conſules et univerſitas Civium Nurenbur-
gen. ſui ſervicii paratiſſimam exhibitiónem.
Quia conſtat et manifeſtum eſt, nuncios

ueſtros

ueltros follempnes in ciuitate Mogúnt.
domino Walpotone Camerario et confu-
libus eiusdem loci prefentibus pacem
fanctam iuraffe inuiolabiliter a vobis con-
fervandam, et ibidem ciuitatem veftram
ab ipfis in conforcium ejusdem fancte pa-
cis effe receptam. vobis quam plurimum
gratulamur. volentes, vobis fi oportunum
fuerit, confiliis et auxiliis fubuenire. et
fi neceffe fuerit. res et perfonas pro uo-
bis exponere non definemus, occafione
mutue confederationis. refpectum eundem
ad vos habere cupientes. Et in huius rei
teftimonium prefentem paginam figilli noftri munimine roboratam vobis condo-
namus. Dat. Nurenberc. anno domini
MCCLVI. vi Idus Octob. xv. Indict.

Das Siegel iſt von rothem Wachs.

Von dieſem Staͤdtebund ſind mehrere
Urkunden in Gudeni cod. diplom. und in
andern Maynziſchen Urkundenſammlungen zu
finden. Nach der Meinung, die Herr Synd.
Gemeiner in den Berichtigungen im teutſchen
Staatsrecht S. 96. geaͤuſſert hat, iſt der
Bund der ſtreitigen Koͤnigswahlen wegen er-
richtet worden.

B) Do-

B) Donati abbat. S. Iacobi ſtatutum etc.
1298.

Nouerint Vniverſi preſencium inſpe-
ctores, quod nos D. miſeracione diuina
abbas monaſterii S. Iacobi Rat. Rector or-
dinis et gentis Scotorum per Alimaniam
ex indultis privilegiorum ſedis apoſtolicae
conſtitutus clauſtrum Sci Egidii in Nurem-
berch auctoritate nobis tradita a ʼſede
apoſtolica viſitavimus tam in corpore quam
in membris et per dei graciam ipſum lo-
cum inuenimus in ſtatu competenti. Ni-
chilominus quedam inter nos ſtatuimus de
conſenſu unanimi ven. dñi. Iacobi abbatis et conuentus S. Egidii. ut nullus mo-
nachorum nrorum (noſtrorum) deinceps
alicui epiſcoporum. ſeu alteri ſeculari cu-
iuscunque dignitatis ſeu perſonatus cenſea-
tur. audeat vel preſumat deponere aliquam
querimoniam aut libellum diffamacionis
porrigere contra ſuum abbatem, niſi prius
querimoniam depoſuerit coram honorabili
domino abbate Sci Iacobi Ratiſp. ac conventu. quod ſi in contrarium fecerit. per
bieñium noverit ſe a percepcione preben-
de eſſe excluſum Si autem abbas predicti
loci exceſſerit indebite contra ſucs fratres.
ipſos

ipſos vexando contra iuſticiam et conſcientiam debet per menſem. abſtinere a
magſtû (magiſtratu) eccleſie, dumodo
legitime et rationabiliter contra eum fuerit approbatum. Ad cuius rei evidenciam
et certitudinem ſigillum noſtri abbat. S. Iacobi et dni abbatis nec non conventus S.
Egidii preſentibus ſunt appenſa, datum et
actum anno dñi MᵒCCᶜXCVIII. in vigi-
lia b. Laurencii Martiris.

VII.

Nürnbergiſche Zeitungſchreiber im J. 1667.

1667. den 30 Aug. bat Wilh. Chriſtian
um die dritte Zeitungsſchreibersſtelle bey dem
l. Kriegsamt. Weil aber die zween ordin.
Zeitungsſchreiber Ge. Becher und Paul Krü-
ger dawider proteſtirten, ward ihm ſein Ge-
ſuch abgeſchlagen, weil nicht rathſam mehrere
Novellanten auffommen zu laſſen: ſintemahl
unſern Herrn und Obern damit nichts gedie-
net und die andern zween manchmahl wenig
oder faſt nichts zu thun haben.

Den 5 Jun. Auf einkommenes ſchriftl.
Beflagen Ge. Becherer Zeitungsſchreibers, daß
er wegen ſchweren Verlag dieſes Werk zu füh-

ren

ren nicht vermöge, und darneben unterthänig
gebetten Ihm solchen Lastes zu erlassen und
anstatt seiner, seinem bishero gebrauchten
Schreiber dem jungen Pilgram zu überlassen,
welches auch also Grgst. bewilliget und zugleich
gedachter Pilgram dergestalt in die Pflicht bey
der Kriegsstuben genommen worden, weder
wider E. Wohl Edlen Gestr. und Hochw.
Rath unsere grg. gebietende Herren noch andere benachbarte Chur-Fürsten und Stände etwas widriges und verdächtiges zu schreiben,
dem er auch also nachzukommen, handgeblichen
angelobet.

VIII.
Christoph Welhammers Unterschreibung der Normalbücher.

Bald nachdem 1639 der Rathsverlaß wegen Unterschreibung der Normalbücher
ergangen war, hatte Christoph Welhammer,
Prediger im Spital, einen Kampf auszustehen
welcher, seitdem er im Ministerio gestanden,
bis 1643 noch nicht dieselben unterschrieben
hatte. Nach ergangenen Rathsverlaß erklärte
er, daß er unterschreiben wolle, aber mit folgenden Worten: iuxta Senatus decretum
An.

An. 1639. Dieſer Beyſatz wurde als eine Einſchränkung angeſehen, da doch den 3 Jan. 1643 der Befehl ergangen, die Unterſchrift nicht anders als unbedingt anzunehmen; wie es auch von allen Kirchen= und Schuldienern geſchehen war. Daher wurde ihm jenen Zuſatz zu machen nicht erlaubt. Der Zweifel, den er hatte, daß er ſich ja auf einen ſo anſehnlichen Rathsverlaß berufen dürfte, wurde ihm von Herrn Jobſt Eph Kreß, als Deputirten, dermaſſen benommen, daß ihm zu Gemüth geführt wurde: man ſuche ganz und gar nicht Zweifel zu machen, oder zu hegen, ſondern nur die Gleichförmigkeit und Eintracht zu befördern. Worauf denn Welhammer, nachdem er ſchon 30 Jahre im geiſtlichen Amte geſtanden, den 9 Jan. 1643 unterſchrieben.

Copia Herrn M. Chriſtoff Welhammers, Predigers im Neuen Spital zum Heil. Geiſt alhier, den 9ten Januarii 1643 gethanen Erclärung, So Ihm auß Befelch Herrn Jobſt Chriſtoff Kreßens, alß Deputati, vf begehrn zugeſtellt worden.

Alß vermög deß, den 3ten diß Monats Januarij, ergangenen Rathsverlaſſes, Herr Jobſt Chriſtoff Kreß alß Deputatus, M. Chriſtoff Welhammer, Prediger im Neuen Spital zum Heyl. Geiſt, den Inhalt berürten Rathsverlaſſes, die

puram

puram vnd inconditionatam subscriptionem hiesigen
Statt Normal-Bücher, gleich von allen andern
hiesigen Kirchen- und Schuldienern geschehen, betreffend, in der Stern-Stuben vorgehalten, hat
sich derselbe zuvorderst der publication geziemen-
den Fleißes bedanckt, vnnd hierauff diese Ercle-
rung gethan, Was massen er die Subscription
nicht simpliciter recusirt: sondern allein gebetten
hette, weiln sich das ganze Ministerium über den,
den 25ten Martii Ao. 1639. ergangenen Raths-
Verlaß erfreuet, vnd nunmehr gesehen vnd erfahren, daß Meine Herrn vermög ergangener
Raths Decreten, dieienige Augustanam Confessio-
nem, Ao. 1561. eben für einerley mit derienigen,
welche Ao. 1530. übergeben, hielten, Ihme zu
vergünstigen, ainig allein diese wenige wortt; iuxta Senatus Decretum, beyzusetzen, welches man
aber gar nicht wollen geschehen lassen. Dieweiln
dann das Ministerium alhier, in die 20 Jahr, vff
ob allegirten Raths Verlaß, mit Verlangen ge-
wart, alß hielte Er Ja nicht für vnbillig, wann
Er sich darauff beruffe. Nachdem auch vff ferners
gepflogene conferenz, vnd mündlich gethane Erclärung, wie es mit dem Originali berürter Nor-
ma Doctrinae bey hiesiger Republic Bewand,
Ihme M. Welhammer, der Rathsverlaß, vff seine Person selbst verlauttend, publicirt vnd vorgelesen worden, hatt derselbe deßen Inhallt zwahr
angehört, doch hierauff diese fernere Erclärung
gethan,

gethan, es begriffe gedachter Rathsverlaß zween
haupt Puncten, nemlich 1) deß M. Jaquets prae-
ſentation, vnd was dabey vorgangen: 2) die puram vnd inconditionatam ſubſcriptionem der Normae Doctrinae in ſich, vnd obwoln Er bey dem
erſten Puncten, eines vnd anders zu melden, be-
fehle Er doch die Sach Gott in gedult. Den andern Paß belangendt, blibe doch Ihme ſtettigs
diſer ſcrupul in ſin, warumb Er ſich nicht, bey
ſeiner Subſcription vf einen ſo anſehenlichen Rathsverlaß, deßen Er vnd viel andere ſeithero Gott
ergebene Kirchendiener, mit ſo großen ſeuffzen vnd
verlangen, in die 20. Jahr gewarttet hetten, zu
beruffen Licenz haben ſollte. Da aber durch deß
Herrn Deputati E. Ihme M. Welhammer die aigentliche intention, daß hirunder gantz kein ſcrupl,
ſondern einig allein die Conformitet, vnd unani-
mitet geſucht würde, ſattſamlich, vnnd der notturfft
nach remonſtrirt worden, hatt ſich derſelbe Erclärt,
auf diſen Ihm beſchehenen bericht, auch dem Originali Normae Doctrinae, pure vnd ſimpliciter zu
vnderſchreiben. Vnd weiln Ihm, alß einem nunmehr mit zimblichen Alter von Gott begnadeten,
vnd nun vf 30 Jahr im Miniſterio allhier ſich be-
findenden Diener, ſehr ſchmerzlich vorkeme, daß
bey E. E. E. Rath, Er Vnverſchulder dingen,
in ein ſo vngünſtigen verdacht kommen, alß wollte Er hoffen, vnd gehorſamlich gebetten haben,
Dero hrl. würden vnd wolten ſich eines andern,

vnd

vnd beſſern, gegen ſeine perſon inskünfftig großg.
verſehen, vnd ſich ſeiner getreuen dinſt, vnd in-
brünſtig vleißigen gebets zu Gott vmb hieſigen Reipublicae wolfart, verſichert hallten. Act. 9ten
Ianuarii 1643.

IX.

Miſcellaneen.

I.

(Aus einer Chronik.)

„A. 1533. iſt die eiſerne Jungfer für die Male-
ficanten an der Fröſchthurm Mauer gegen den 7
Zeilen aufgerichtet worden, ſo man öffentlich zu
iuſtificiren angeſtanden, und das heiſt man die armen Sünder nach Fiſchen ſchicken, denn darinnen
ein eiſern Bildniß 7 Schuh hoch, welches beede
Arm gegen den Malefikanten ausbreitet. So bald
der Henker den Tritt davon berührt, ſo haut es
mit breiten Hand-Säbeln ihn zu kleinen Stücken,
welche Stück die Fiſch in verborgenen Waſſern
verſchlucken. "

Solche heimliche Gerichte waren ehehin in mehrern Städten. Ob von dem hier beſchriebenen
noch eine Spur vorhanden iſt, weiß ich nicht, habe auch nie geleſen, daß davon ein Gebrauch gemacht worden. Sollte vielleicht die ganze Sache
eine Legende ſeyn?

Zwölftes Stück.　　　Bbb　　　a. Zu

2.

Zu der im VII. Stück gegebenen Nachricht von Georg Peßler, dem letzten Probst
zu St. Sebald, gehört noch folgende gleich-
zeitige Anekdote:

Es starb mein Christoph Scheurls D. Schul-
gesell, Herr Georg Peßler, Dr. A. 1536. weiland
Probst zu St. Sebald, der vor 3 Jahren fantasirt,
als ob es in der Kirchen nicht recht zuging, und
daß er ihr nicht wohl vorstünd, und jetzo in Klein-
müthigkeit gefallen war, als stünden die Schergen
hinter ihm, wollen ihn in den Schuldthurm führen, darum er vor einem Monat von seinem Weib
bey Nacht aufstunde, und ihm selbst einen Schwein-
spieß unter die Brust einstieß. War ein überaus
schwerer, grosser, feister Mann, darum es ihm
desto weniger schadete, doch starb er und ward
begraben in der alten Pfarr Poppenreuth Diens-
tag den 22 August. 1536.

3.
1602.

Die Kinder-Kreuzfahrten wurden dieß
Jahr wiederum eingestellet, und wurde auch solches den Teutschen Schulmeistern abermahlen
bey der gewöhnlichen Straffe angezeigt.

Rathsverlaß vom 8 May.

4.
1604.

Wegen der einreißenden gefährlichen Läufte
und Seuchen wurde für heuer das sonst an der
Fast-

Faßnacht gewöhnliche Küchleinhohlen der Kinder eingestellt, und den 17 Februar deswegen ein Proclama vom Rathh aus verrufen.

5.
1604.

Im Monat April hat Marggraf Christian zu Brandenburg, der seinen Hof zu Culmbach hatte, mit einem jungen Fräulein Hochzeit gehalten, und den Rath zu Nürnberg auf die Hochzeit geladen. Es ist von eines Ehrnvesten Raths wegen geschickt worden Herr Carl Tetzel und Herr Christoph Beheim.

6.
1604.

Dem Pfänder wurde für das künftige befohlen, bey allen erbaren Hochzeiten zu erscheinen, und den Augschreiber mit sich zu nehmen, damit selbiger sogleich diejenigen Personen, so wider die Ordnung gehandelt, aufzeichnen könnte. Rathsv. von 8 Oct.

7.

1699. den 23 Nov. haben die Feldwaibel je 4 alle Tag, wechselsweis angefangen vor der Rathsstube aufzuwarten.

8.
Aus dem Altdorfischen Taufbuch.

„Donnerstags den 31 December 1696. wurde alhier Hans Kräusel der Aeltere begraben, eines ehrsamen Landgerichts Vierer, auch gewese-

ner

ner Bauer zu Oberrüden: welcher mit 2 Weibern
23 Kinder erzeugt, von denselben aber 103 Enen-
kel und wiederum von diesen 38 Ur-Enenkeln,
also zusammen 164 Kinder, En- und Urenenkel
erlebet. War ledigen Stands 20, doppelten Eh-
stands 61, und ganzen Alters 81 Jahr 4 Monat."

Von dieser Anekdote thut auch Andr. Caroli
in Memorab. eccles. Sec. XVII. S. 159. aus den
Zeitungen Meldung.

9.
Rathsverlaß 1641.

Bey den Herren Aeltern ist ertheilt, den Aemp-
tern allhier anzuzeigen, daß all die Pfarren uff
dem Land, in was ampt sie gehören, nit mer von
den Deputirten oder Beampten vergeben, sondern
jedesmahls bey Rath fürgelegt, und bestellt, auch
die subscriptio librorum normalium anders nit,
dann in Beywesen eines von den Herren Scho-
larchis in dem Ampt, dahin der angenommene
Pfarrer gehörig, vollzogen werden soll.

Act. den 30 Aug. 1641.
Kirchenpflegamt und Scholarchie.

10.
Beyspiel zweyer Tauben und Stummen aus den ältern Zeiten, welche lesen, schreiben und rechnen können.

Zu Nürnberg war ein junger Gesell und
eine Jungfrau ehrlichen Geschlechts, von einem
Vater und Mutter gebohren, welche von Natur
taub und stumm waren; nichts desto weniger konnten sie beyde fertig lesen, schreiben und rechnen.
Der junge Geselle vernahm alsbald alles aus den
Zeichen, die man ihm gab, was ein jeder be-
gehrte. Er war ein sehr hurtiger und geschwin-
der

der Spieler beydes mit Würfeln und Karten.
Seine Schwester übertraf alle andere Mägdlein
mit Nähen, Wirken, Seidensticken und andern
jungfräulichen Arbeiten. Sie giengen fleißig in
die Kirche und stunden daselbst mit großer Andacht,
wandten auch niemahls die Augen von dem
Prediger ab, so lange er auf der Kanzel war.
Zu Hause schrieben sie oft das Vater Unser und
andere heilige Gebete, wie auch die sonntäglichen
Evangelien und Episteln, die sie alle auswendig
wusten, und ohne Vorschrift und Hülfe eines Buchs
behende wegschrieben. Wenn in den Predigten
der Priester den Namen Jesu nennte, war der
taube und stumme Jüngling der erste vor allen an-
dernd, er den Hut abnahm und die Knie mit grosser Ehrerbietung beugte. Solche Historien erzehlet ein glaubwürdiger und hochgelehrter Mann,
welcher diese zwey Personen zu Nürnberg selbst
gesehen hat.

S. Schauplaz Poli S. 342. 343.

X.

Anfrage.

Christoph Arnold, Diakonus an der Marienkirche
und Professer an dem Auditorium in Nürnberg, der sich durch Schriften berühmt gemacht hat,
schreibt an seinen Sohn Andreas, da er auf Reisen
in Paris war, unter dem 22 Febr. 1684 unter andern
folgendes:

„Ein Quacker, Namens Georg Keithus, ein
Nürnberger, des berühmten Weißkopf - Becken
Sohn, zu meiner Zeit in Altdorf ein Erzvieh, hat
dem D. Baier auf seine erste Disp. de Quackeris
Resp. Murrero gehalten geantwortet, satis amice
und per posto nach Jena übersandt.‟

Bbb 3 Ju

In der Altdorfischen Universitäts-Matrikel findet sich ein Keyd, der 1648 den 20 März eingeschrieben worden und also noch zu Arnolds Zeiten in Altdorf studirte: aber er heisset nicht Georg, sondern Andreas. Demnach scheint es, Arnold habe den Ge. Keith mit dem Andr. Keyd verwechselt. Dieses sollte ich um so mehr glauben, da ich mich erinnere in Crözens Quacker Historie gelesen zu haben, daß der Quacker Keith ein Schottländer gewesen sey. Inzwischen kann ich mich noch nicht bereden, daß Arnold bloß um der Gleichheit des Namens willen den Andr. Keith für denjenigen gehalten habe, der mit ihm in Altdorf studirte. Es wird also gefragt, ob das wahre Vaterland des Ge. Keith nicht näher bekannt sey? ob er ein Schottländer oder ein Nürnberger gewesen?

Inhalt.

Register

über

die Materialien

zur Nürnbergischen Geschichte.

Die große Zahl bedeutet den Band.
die kleine aber die Seiten.

A.

Adeliche auswärtige, welche in Kriegsdienste der St. N. getreten s. o. d. i. Dienste angeboten. I, 24.

Adeliche vornehme, so in der Wöhrder Kirche begraben, I, 339.

Adler, gemahlter gelber, im schw. Feld auf dem Schloß in dem Kais. Schlafzimmer, II, 430.

Agendbüchlein Altdorfisches, II, 502.

Agricola, Pfleger zu Luzmannsstein gethanes und nicht erfülltes Gelübd 2c. II, 641.

Ahlfeld, Geistererscheinung zu, ebendas.

Aichholz, D. Joh. Stipendium, II, 513.

Albrechts, Marggraf, Hochm. in Pr. Brief an Casp. Nützel, II, 568.

Apotheken-Visitirung, I, 45.

Aerzte, monathl Zusammenkünfte, I, 46.

Arzt, Anstell. e. f. d. Soldaten, I, 45.

Augustiner Kloster, II, 682.

Außetzigen Besichtigung, s. Sondersiechenschau.

B.

Balistarii, I, 26.
Bancklaken, s. Pancklach.

Bbb 4   Bahr-

Regifter über die Materialien

Eh-

Bbb 5

Gevat-

Register über die Materialien

K. Kai-

K.

L.

Löwen,

Pfarr-

S.

T. Tan

Wappen,

Z.

Beylage
der Materialien
zur
Nürnbergischen Geschichte.

I. Neue Verordnungen in der Reichs-stadt Nürnberg.

Danksagung wegen beeder Kaiserlichen Majestäten glücklich vollendeten Reise. 1 Bl. in 4.

Danksagung wegen glücklicher Zurück-kunft der hiesigen Herren Kron-Deputirten und deren ganze Comitat. 1 Bl. in 4.

Eines Hochl. Raths d. h. R. R. f. St. Nürnberg Verkündung des auf den 16ten Sept. als den XV Sonntag nach Trin. an-gestellten Dank-Festes in der Stadt und auf dem Land des Nürnbergischen Gebiets, mit dem dazu verordneten Gebet. Im Jahr Chri-sti 1792. Mit dem Stadtwappen gedruckt b. d. R. und Canzleybuchdr. Six.

G   II. Neue

II. Neue Schriften zur Nürnbergiſchen Geſchichte und Verfaſſung.

Panegyricus Divo Leopoldo II. Auguſtiſſimo Glorioſiſſimoque Romanorum Imperatori Germ. Hung. Boh. Regi. Archid. Auſtr. Duci Burg. et Lotharing. Magno Duci Etrur. rel. ex decreto Perill. Sen. Norimb. A. D. XIIII. Maii MDCCLXXXXII. Norimb. in maiori atrio curiae ſupremi honoris habendi cauſa dictus a Wolfgango Iaegero in Acad. Altdorf. Prof. Publ. Norimb. typ. Sixianis. 7. B. in Fol. 21 kr.

Predigt am Oberherrl. verordneten Dankfeſte den 22. Jul. 1792. wegen der beglückten Wahl eines neuen Oberhaupts des Römiſch teutſchen Reichs Franz des Zweyten in der Pfarrkirche zu Altdorf vorgetragen von D. Joh. Andr. Sixt. Nürnb. im Verl. der Rawiſchen Buchhandlung. 1½ B. in 4. 6 kr.

Der freudige Zuruff und Glückwunſch womit das Volk Iſrael David zu ihrem Könige ausgeruffen und Ihm gehuldiget haben. wurde am VII. Sonntage nach Trinitatis den 22. Jul. 1792. als an dem, wegen der höchſt erfreulichen Wahl und Krönung des — zum R. K. und K. unter dem Namen Franciſcus

ciſcus der IIte verordneten Dank- und
Freuden-Feſt, aus dem I. B. der Chr. E.
XIII. v. 18. vorgeſtellet von David Jacob
Eliſäus Schmitchenner Pr. der Ev. Ref.
Gem. in Nürnberg Zu haben bey Georg
Friedrich Siʃ. 2 Bogen in 8. 6 kr.

In. B. E. Haans Kriegs- und Frie-
dens- auch Wunder-Zeichen-Calender, auf
das MDCCXCIII. Chriſt-Jahr ꝛc. (Nürnberg in Verlag der Joh. Andr. Endteriſchen
Buchhandlung. 5 Bogen in 4. 3 kr.) S. 26 —
31. ſtehet eine vollſtändige Beſchreibung der
Feyerlichkeiten, welche bey der Durchreiſe,
Wahl und Krönung Ihrer Majeſtät Franz II.
in Nürnberg vorgegangen ſind, nebſt einem
auf dieſe Begebenheit Bezug habenden Kupfer.
Und in J. F. Hülfreichs, Haus-Calender
auf das Jahr 1793. (Nürnb. gedr. und zu
finden bey G. P. J. Bieling, wohnhaft in
der Judengaſſe. 5¼ B. in 4. 3 kr.) S. 26
und 27. ſtehet: Kurze Beſchreibung des freu-
digen Empfangs Kaiſer Franz II. in Nürnberg ꝛc.

* * *

Der wahre Geſichtspunkt, aus welchem
die Streitigkeiten über die Landeshoheit in

G 2 vermiſch-

vermischten Ländern in Teutschland zu beurtheilen sind. s. l. 1792. 2 Bogen in 8.

Diese kleine Schrift, welche auch in das Journ. von und für Franken Bd. V. Heft 2. S. 129—158. eingerückt worden, gehört ebenfalls mit zu den Schriften, welche durch die Regierungs-Veränderung der beyden Fürstenthümer Anspach und Bayreuth veranlaßt worden.

Anmerkungen über die sogenannte wahre Geschichtserzehlung der, in dem, nach Absterben Herzog Georg des Reichen in Baiern entstandenen Kriege von der Reichsstadt Nürnberg usurpirten oberpfälzischen Städte, Aemter und Märkte ꝛc. ꝛc. ꝛc. Mit dem in Holz geschnittenen Bildniß K. Maximilian I. nach A. Dürers grossem Holzschnitte. Nürnberg 1792. 1 Alph. 5 Bogen in 4. 1 fl.

Gegen-Erinnerungen über die jüngst in Druck erschienenen nürnbergischen Anmerkungen mit Beylagen. s. l. 1792. 4½ Bogen in 4. 15 kr.

* * *

Paulus Canutus *Schütz*, Diff. inaugur. iur. siftens conspectum rei iudiciariae Norimbergensis etc. 1792. Alt. Nor. typ. I. P. Meyeri, Acad. Typogr.

Es

Es iſt S. 22—24. die am 2. Jun. 1788. publi‑
cirte Ordnung, worüber die an jedem Tiſch des
E. E. Stadt‑ und Ehegerichts aufzuſtellende Fiſcale
verpflichtet werden ſollen, hier zum erſtenmahl ab‑
gedruckt.

Kurzgefaßte Lebensgeſchichte des berühm‑
ten Miniaturmahlers Herrn Chriſtian Frie‑
drich Carl Kleemann. (in Nürnberg.) ſ. l. e. a.
2 Bogen in 4.

Sie ſtehet eigentlich vor deſſen Beyträgen zur
Natur‑ und Inſecten‑Geſchichte. I. Th. Als ein An‑
hang zu den Röſeliſchen Inſecten‑Beluſtigungen.
Nbg. in der Raſp. Buchh. 1792. 4. Auch befindet
ſich ſein Porträt dabey, von Hn. Küfner geſtochen.

Memoria Viri Ampliſſimi atque Ex‑
cellentiſſimi *Georgii Chriſtophori Schwarzii*
Eth. Prof. Publ. Ord. etc. A. D. XIII. Sept.
MDCCLXXXXII. placide defuncti com‑
mendata ab Rect. Vniv. Alt. Ioanne Chri‑
ſtiano *Siebenkees* I. V. D. et P. P. O. Al‑
torfii typis Ioan. Paul. Meyeri, Acad. Ty‑
pogr. Fol. 2 Bogen.

Rector Vniuerſ. Altörf. — funus —
Ioh. Bernh. Hofferi — indicit. Alt. typis
I. P. Meyeri. 1 B. in Fol.

D. Joh. Philipp Gablers O. P. d. T.
Einſegnungsrede bey dem Sarge des Wohl‑

gebohr‑

gebohrnen und Hochgelehrten Herrn Johann Bernhard Hoffers, beider Rechten Doctors ꝛc. ꝛc. gehalten zu Altdorf in der Gottesacker= kirche den 5. Oct. 1792. Altd. bey Fr. Rö= der, Disputationshändler. 1½ Bogen in 8.

III. Schriften, worin Beyträge zur Nürnbergischen Geschichte enthal= ten sind.

Philom. Adelsheim verbesserter und neuer Kriegs = Mord = und Tod = Jammer = und Noth Calender auf das Jahr 1792. Nürnb. in Verl. der J. A. Endter. Handlung. 4. 3kr

S. 9—17. Ein wegen seiner Folgen berüchtig= ter Cassendiebstahl.

Bonav. Andreß, Magazin für Prediger zur Beförderung des praktischen Christenthu= mes und der populären Aufklärung. Wirzburg im Verlag der Riennerischen Buchhandlung 1789—1791. 3 Bände. 8. 4 fl. 30 kr.

Band I. Heft IV. S. 483 und 84 kommen Biographische Nachrichten von Hrn. Kir= chenpfleger Welzer (Welser) zu Nürnberg vor.

Der Herausgeber sagt:

„Der Name des verstorbenen Herrn Kir= „chenpflegers zu Nürnberg Hr. Rari von Welzer „(Welser) verdient auch billig einen Platz in un= serm

„sern Magazine. Herr Prof. Will zu Altdorf stif-
„tete ihm ein Denkmal und wir heben davon einen
„Zug ans, welcher gewiß Dank und Nachahmung
„verdient.“

Hierauf folgen jene Stellen aus gedachtem
Denkmahl, wo von den Bemühungen des ehemahl.
Hn. Kirchenpflegers von Welser um Beylegung der
Zwistigkeiten mit dem Teutschen Orden und von
den Verbesserungen des katholischen Gottesdienstes
in Nürnberg die Rede ist.

Fechtbuch. Die Ritterliche, Mann-
liche Kunst vnd Handarbeyt Fechtens, vnd
Kempffens. Auß warem vrsprünglichen
Grund der Alten, Mit sampt heymlichen
Geschwindigkeyten, In leibs nöten sich des
Feinds tröstlich zuerwehren, vnd Ritterlich
obzusigen rc. Klärlich beschriben vnnd fürge-
malt. Zu Franckfort am Meyn, Bei Chr.
Egenolff. s. a. 12 Bögen 4. mit vielen
Holzschnitten.

Fol. XIIII. b. Von Messerfechten.

Herrn Hansen Lebkommers von Nürenberg, An den Hochgebornen Fürsten vnd Herrn,
herrn Philipsen, Pfaltzgrauen bei Rhein, Des h.
Röm. Reichs Curfürsten, Vrsprüngliche kunst des
Messerfechtens, mit allen Regeln vnd grüntlichen
haltungen der Alten, Zum ringen, greiffen, vnd werf-

G 4   fen,

fen, Dergleichen hawen, stechen vnd schneiden. Hievor nie inn truck kommen.

Wer war dieser Hanns Lebkommer vnd wann lebte er?

Carl Heuns Allgemeine Uebersicht sämtlicher Universitäten Teutschlands oder der vertrauten Briefe zweyter Theil. Leipz. bey J. S. Heinse und Sohn. 1792. gr. 8.

S. 1—16. Altdorf. (Von dem Herrn Professor G. A. Will daselbst.)

III. Neue Kunstproducte Nürnbergischer Künstler.

A. Medaillen.

Unser fleißiger und geschickter Medailleur Herr Jeremias Paul Wörner hat seit kurzem folgende neue Medaillen geliefert, welche alle in hiesiger Münzstatt gepräget worden:

1. Eine Jubelmedaille auf den unsterblichen Nürnbergischen Arzt Joachim Camerar, welche schon oben beschrieben worden. Sie wiegt in Silber 3½ Loth und kostet 7 fl.

2. Eine Jubelmedaille auf den Herrn Weihbischoff zu Fulda.

Die Vorderseite zeiget in erhabener Arbeit das Wappen des Herrn Weihbischoffs in Fulda

Fulda mit der Umſchrift: In Iubilaei Memo-
riam.

Die Rückſeite aber hat folgende Inſchrift:
Lotharius L. B. de Breidbach a Burresheim
Nat. 6. Aug. 1724. Domic. Fuld. 1742. Capit.
1759. Decan. E. Cathed. Elect. 9. Mart. et
Epiſcop. Ierich. Conſecr. 29. Iun. 1778. Iubi-
larius. 1792. 1 Loth ſchwer in Silber 2 fl.

3. Eine Krönungsmedaille auf Kaiſer Franz II.

Die Vorderſeite zeigt in der Mitte ein
Piedeſtal, an welchem der kaiſerliche Adler
mit einer Guirlande umgeben hängt. Das
ziemlich ähnliche Portrait des Kaiſers Franz
II iſt als Büſte darauf geſetzt und neben
herum ſteht: Franz II. neuerwählter deutſcher
Kaiſer. Im Abſchnitt aber: Gekrönt im Monat Iulii 1792.

Auf der Rückſeite zeiget ſich oben: Jeho-
va. Darunter ließt man: Schau herunter und
gieb ihm langes Leben ſanftes Leben Du Gott
der Menſchenfreunde Gieb dem Theuern dem
Guten Ihm der die Wonne der Menſchlichkeit
iſt.

Sie wiegt in Silber 1½ Loth und koſtet 3 fl.

4. Eine Trauungs-Medaille. Auf der Vorderſeite iſt ein antiker Altar, auf welchem

G 5   der

der Gott der Liebe ſtehet. Unter ihm zur rechten Seite des Altars ſtehet eine weibli- che, ſo wie zur linken eine männliche Figur in heidniſchen Gewanden, welche ſich den Bund der Treue ſchwören, wofür ſie Cupido mit Roſenkränzen belohnet. Oben herum ſte- hen die Worte: Heil dem Bundestage.

Die Rückſeite enthält folgende Inſchrift: Es ſey ſo heiter und froh wie laechelnde Tage des Frühlings von unſern Leben ein ieglicher Tag.

Sie iſt $\frac{1}{4}$ Loth ſchwer und koſtet 1 fl.

5. Eine Taufmedaille.

In der Mitte der Vorderſeite befindet ſich ein Taufſtein, auf welchem eine Taufſchüſ- ſel an ein Agendbuch gelehnt iſt, und davor ſtehet eine Taufkanne. Um den Rand ſtehen die Worte: Las dies Kind auf immer Dein las es ewig ſeelig ſein.

Auf der Rückſeite ließt man:

Geweiht zum Chriſtenthume

Iſt dieſes Kind nun Gott geweiht
Erzieh es dir zum Ruhme
Und Vater einſt zur Herrlichkeit.

Sie wiegt $\frac{1}{4}$ Loth in Silber und koſtet 1 fl.

B. Eine

B. Eine neue Rechenmaſchine.

Es hat ſie der geſchickte und fleißige Nürnb. Mechanikus, Johann Bernhard Bauer, erfunden, und eine eigene Beſchreibung von deren Beſchaffenheit und Gebrauch auf vier Octavſeiten drucken laſſen. Sie beſtehet aus einer Kreisfläche, welche in 440 kleine Vierecke getheilet iſt.

V. Neue Anſtalten in der Reichsſtadt Nürnberg.

I.

Ungefähr ſeit anderthalb Jahren hat der bisherige Candidat des hieſigen Miniſteriums, Herr Chriſtoph Büchner, eine neue Erziehungs - und Lehranſtalt errichtet, welche unlängſt oberherrlich beſtättiget und einigen Rathsgliedern die Oberaufſicht darüber anvertraut worden iſt. — Eine vorläufige Nachricht davon findet ſich im Journal von und für Franken Bd. V. Heft 3. N. X. S. 370. bis 383. welche auch auf einem Bogen in 8. beſonders gedruckt und in der Rawiſchen Buchhandlung für 3 kr. zu haben iſt.

2.

Seit dem 4 Jun. 1792 wurde zu Nürnberg eine Geſellſchaft zur Beförderung der Vater-

Vaterländischen Industrie errichtet, welche
unter dem 27 Julius oberherrlich autorisirt
worden ist. Eine vorläufige Bekanntmachung ihres Plans, stehet in der Teutschen
Zeitung vom 21 Jun. 1792. S. 406—411
unter der Rubrik: Aussicht auf bessere Zeiten; woran jedoch die Gesellschaft so wenig
Antheil hatte, als an dem auf einem Bogen
in Quart erschienenen Zuruf an die vereh-
rungswürdigen Mitglieder der Nürnbergischen
Gesellschaft zur Beförderung des Handels, der
Künste, Handwerke und der Landwirthschaft
von einem Patrioten, im May 1792. Vielmehr hat sie auf einer Quartseite eine Erklärung gegen letztern drucken lassen. Auch
ist unter ihrer Aufsicht erschienen: Verzeichnis aller Mitglieder der Gesellschaft zur Beförderung Vaterländischer Industrie, in der
Ordnung, wie sie sich in die Matrickel eingezeichnet haben. 1792. 2 Bogen in 8.

VI. Todesfälle.

1792 den 10 Aug. starb Herr Johann
Matthäus Sibert, E. H. R. Steuerschreiber.

1792 den 18 Aug. starb Herr Johann
Georg Lederer, Rector der Schule im neuen
Spital.

1792 den 13 Sept. starb Herr Georg Christoph Schwarz, Eth. P. P. et Insp. Alumn. et Oeconomiae in Altdorf, in einem Alter von 60 Jahren. Man sehe von ihm und s. Schriften: Die Schattenrisse der jetzt-lebenden Altdorfischen Professoren nebst einer kurzen Nachricht von Ihren Leben und Schrif-ten. Altd. 1790. gr. 8. S. 85 bis 88. Er hinterließ der Universität seine Sammlung von Büchern, die vor 1550 gedruckt sind, wel-che bey 12000 Stück beträgt.

1792 den 28 Sept. starb Herr Dr. Christoph Jacob Pfund, Advoc. ord. sen. in dem 72sten Jahre seines Lebens. S. Nbg. Gel. Lex. Th. III. S. 166 und 167.

1792 den 1 October starb Herr Dr. Johann Bernhard Hoffer, Reip. Nor. Consl. Iur. publ. feudal. et Pand. P. P. et Fac. Iur. Ass. zu Altdorf. Er war geboren in Nürn-berg den 17 Nov. 1728. und bekleidete die Stelle eines öffentlichen Lehrers der Rechte in Altdorf seit 1759. Man sehe von ihm und s. Schriften oben angezogene Schattenrisse. S. 38 und 39 und des Nbg. Gel. Lex. Th. IV. S. 425 und 426.

1792.

1792. den 26 October starb der bisherige Stadtpfarrer in Petzenstein Herr Johann Philipp Christoph Rose. Er war geboren zu Entenberg 1743, stand 10 Jahre lang als Pfarrer bey der Gemeinde zu Altenthann und kam von dort im Jahre 1785 nach Petzenstein.

VII. Amtsveränderungen und Beförderungen.

1792 den 14 Jul. verließ Herr Julius Friedrich Malblanc b. R. D. und derselben öffentlicher Lehrer in Altdorf, seine bisherige Stelle und ging als solcher auf die Universität nach Erlangen.

An dessen Stelle erhielt der bisherige Advoc. ordin. in Nürnberg, Herr Dr. Martin Wilhelm Göz, den Ruf und hat ihn angenommen.

1792 den 27 Aug. erhielt Herr Johann Georg Gröschel die erledigte Steuerschreiber - Stelle.

1792 den 28 Aug. wurde Herr Senator und Landpfleger Christoph Carl Fürer von Haimendorf ꝛc. Pfleger über die beyden Findeln.

1792

1792 den 6 Sept. wurde Herr Johann Burkhard Philipp Strobel zweyter Acceſſiſt im Landpflegamt.

1792 den 12 Sept. erhielt Herr Georg Balthaſar Hofmann das erledigte Rectorat an der Schule im neuen Spital, und der bis, herige Vic. Gymn. Egid. Herr M. Georg Nicolaus Merkel, wurde an deſſen Statt Conrector, und ihm folgte im Vicariat der Candidatus Philologiae Herr Gottlieb An, dreas Rehberger.

VIII. Subſcriptionsanzeige.

Von Herrn Profeſſor Wills höchſtnütz, lichem und jedem Beſitzer der Nürnbergiſchen Münzbeluſtigungen unentbehrlichem Re, pertorium über dieſes Werk konnte der Druck noch nicht angefangen werden, weil noch nicht ſo viele Subſcribenten ſich gefunden haben, daß die Koſten des Papiers und Drucks da, mit könnten beſtritten werden. Sollte es denn nicht noch 30 Liebhaber der Nürnbergi, ſchen Geſchichte und Münzkunde geben, wel, che auf daſſelbe ſubſcribiren wollten? Jeder Subſcribent bezahlt bey dem Empfang 36 Kr. für ein Exemplar auf Druckpapier und 45 Kr.

für

für ein Exemplar auf Schreibpapier. Man kann subscribiren bey Kiefhaber, Substituten des Clarenamts, in der Monathischen Buchhandlung und bey Herrn Universitäts-Buchdrucker Meyer in Altdorf.

IX. Anzeige neuer Catalogen.

Verzeichniß gebundener Bücher aus allen Theilen der Wissenschaften welche für beygesetzte sehr billige Preise verkäuflich abgegeben werden. Vierte Abtheilung. Nürnberg, 1792. 9 Bogen in Octav.

Es enthält die Bücher in Duodez und kleinerm Format von der sehr beträchtlichen Sammlung des Bücherantiquars Georg Paulus Reinlaßdörfer in der neuen Gasse am Spitalkirchhof.

Verzeichniß einer beträchtlichen Kupferstich-Sammlung alter und neuer groestentheils seltener Blaetter aus allen Schulen etc. welche den 19 November 1792. und den folgenden Tagen in der Frauenholzischen Behausung in den Nachmittags - Stunden oeffentlich gegen baare Bezahlung in Conventionsgelde sollen versteigert werden. N. III. Nürnberg 1792. (Preis 4 ggr.) 18 Bogen in Octav, mit dem Vorbericht.

———————

I. Neue Verordnungen in der Reichs-stadt Nürnberg.

Mandat die öffentliche Ruhe, Ordnung und Sicherheit betreffend. d. d. 20. Nov. 1792. 1 Bogen in Folio.

Es ist seinem ganzen Inhalt nach eingerückt in die Bayr. Zeit. 1792. Nr. 147. S. 1014 und 15.

II. Neue Schriften zur Nürnbergischen Geschichte und Verfassung.

Nürnbergischer Staats-Calender auf das Jahr 1793. Worin eine vollstän-dige Genealogie aller jetztlebenden hohen Häu-ser und anderer Fürstl. Personen in Europa rc. rc. rc. und eine Fortsetzung der vornehmsten Merkwürdigkeiten der Stadt Nürnberg enthalten ist. Nürnberg bey Gust. Phil.

Jac. Biefing 4. Geheftet 4 Kr. Mit Papier durchschoffen 6 Kr.

Die Merkwürdigkeiten, welche dieß Jahr darin beschrieben werden, sind der Dußendteich und der Schmaußengarten.

III. Neue Schriften Nürnbergischer Verfaſſer.

Ioh. Chriſt. Gottl. *Akermanni,* inſtitutiones hiſtoriae medicinae. Nor. imp. Bauer et Mann 1792. 8. maj. Drkp. 1 fl. 30 kr. Schreibp. 1 fl. 45 kr.

Anweisung zum Sticken, besonders zur weißen Stickerey, 2r Nachtrag. Nürnb. bey Raspe 1792. 4. 2 fl.

Apotheker‑Taxen zur vorläufigen Beantwortung des im Anzeiger N. 152. unter dieser Rubrique eingerückten Inferats. (Von Joh. Geo. Merkel, Apoth. in der Parabies‑Apotheke.) 1 Bogen. 8.

Geo. Laur. *Baueri,* Chreſtomathia e paraphraſibus Chaldaicis et Talmude delecta, notis brevibus et indice verborum difficiliorum illuſtrata. Norimb. Monath et Kuſsler 1792. 8. 1 fl. 15 kr.

Eiusdem, Contin. Io. Ch. Fr. Schulzii Scholia in vetus teſtamentum Vol. VI. Norimb. Gratten. 1792. 8. maj. 2 fl. 30 kr.

Bio‑

Biographien hingerichteter Personen, die sich durch ihre hohe Würde ꝛc. ꝛc. ausgezeichnet haben, 3r Th. Nbg. bey Gratt. 1792. gr. 8. 1 fl. 30 kr. (Verf. Hr. Diak. Wilder.)

Calender, neuer Encyclopädischer oder Sammlung interessanter und lehrreicher Aufsätze für Freunde angenehmer und nützlicher Kenntnisse auf das Jahr 1793. Nbg. in der Joh. Andr. Endter. Handlung. 4. 8 kr.

Geo. Andr. Dorn, Einige Mittel unser Herz rein zu erhalten, eine Predigt über die gewöhnliche Epistel am Sonntag Reminiscere, 1792. 8.

Entdeckung des Ursprungs der Namen der zwölf Monate, Sonn ⹀ Fest ⹀ Feier ⹀ und einiger Namenstäge. Aus dem Lateinischen. Nürnberg 1793. 8. 15 kr.   Von Hn. Candidat Bauerreis.)

. Ioh. Beni. *Erhard*, Diff. inaug. med. exhibens ideam organi medici. Alt. typ. I. P. Meyer. 1792. 8. maj.

Joh. Friedr. Franks, Handbuch für die Gebetsübung und Hausandacht der Christen ꝛc. 3r und 4r Th. Nbg. bey M. Pech 1792. 8. Jeder Theil auf Druckp. 20 kr. Auf Schreibp. 27 kr.

Geo.

Geo. Chrift. v. Günther, Anweisung zur
Pastellmahlerey, mit Kupfern, neue Aufl. Nbg.
bey Weigel und Schneider 1792. 4. 1 fl. 30 kr.

J. C. Gütle, Vorstellung und Beschreibung seines großen elektrischen Zauberspiegels
mit Kupf. Nbg. bey Raw. 1792. 8. 15 kr.

Desselben, Kunstkabinet verschiedener ma-
thematischer und physikalischer Instrumenten,
2 St. mit Kupf. bey Bauer und Mann 1792.
8. 36 kr.

B. F. Hummels, Beytrag zur Geschichte
des schwäbischen Bundes und des Bauern-
kriegs, Fürth bey J. B. Geyer. 1792. 8. 30 kr.

Auch unter dem Titel:

Briefe und Urkunden zu der Lebensgeschichte Göz von Berlichingen mit der eisern
Hand.

Ebendesselben Beschreibung entdeckter Al-
terthümer in Teutschland, herausgegeben von
Chr. Fr. Hummel, des Lehramtes Cand. Nbg.
in der Gratten. Buchh. 1792. 8. 45 kr.

Chr. Friedr. Carl Kleemanns Beyträ-
ge zur Natur- und Insektengeschichte verschiedener Papillons, als ein Anhang zu Rösels
Insektenbelustigung 47 und 48 Tabellen samt
Text, Titul, Lebenslauf und Portrait des seel.
Hrn Kleemanns, womit der erste Band geschlos-
sen.

ſen. Nürnberg bey Raſpe. 1792. 4. Auf
Druckp. 48 kr. Daſſelbe, Text und Tabellen
auf Schreibpap. 54 kr. Ebendaſſelbe, Text auf
Schreibp. und Tabellen auf Holländiſch Pap.
1 fl.

Joh. Chriſtoph Rönigs, praktiſches
Handbuch des teutſchen Styles 2 Theile. Nbg
bey Monath und Kußler 1792. 8. 2 fl. 45 kr.

Lexicon ikonologiſches, oder Anleitung
zur Kenntniß allegoriſcher Bilder auf Gemähl,
den ꝛc. ꝛc. Nürnb. bey Stiebner 1792. 8.
1 fl. 15 kr.

Paul Ioann. Geo. *de Merz*, Diſſ. inaug.
iur. de iure et modo civitatum imperii ad
viſitationes camerae imperialis concur-
rendi. Alt. Nor. typis I. P. Meyeri.
1792. 4.

J. G. Müllers, Zwei Predigten fürs
Herz: Gottes Allwiſſenheit und Allmacht.
Nbg. bey Bieling. 1792. 8. 12 kr.

J. W. Müllers, Anweiſung zur Kenntniß und dem Gebrauch der künſtlichen Him-
mels und Erdkugeln beſonders in Rückſicht auf
die neueſten Nürnberger Globen für die höhern Claſſen der Schulen und Liebhaber der
Sphärologie, 2 Thle, mit Kupf. Nbg. bey M.
Pech. 1791 und 1792. gr. 8. 1 fl. 36 kr.

H 3

Chriſt.

Chriſt. Theoph. *de Murr*, ſpecimina antiquiſſima ſcripturae Graecae tenuioris ſeu curſiuae ante Imp. Titi Veſpaſiani tempora. etc. Cum tab. aenea. Norimb. in Bibliop Bauero - Manniano. 1792. fol. 12 kr.

J. W. F. Panzers, Faunae inſectorum Germanicae initia. 18 Heft mit illum. Kupf. Nbg. bey Felßecker. 1792. 12. 54 kr.

Rechenbuch gemeinnütziges, zum Unterricht in Stadt ⸗ und Landſchulen und zum Privatgebrauch. Altd. im Verl. Joh. Paul Meyers, 1793. 8. 48 kr.

Das XXVII — XXIX Capitel enthalten die Nürnbergiſche Brobraitung (die bisher noch nicht durch den Druck ſo genau bekannt war,) Loſungrechnung und Weinungeldsrechnung.

Sammlung auserleſener Lieder zur häuslichen Erbauung bey den wichtigſten Umſtänden, Zeiten und Angelegenheiten dieſes Lebens, als ein Anhang zu dem beliebten Gebetbuch des Hn. Pf. Ries. Nbg. bey G. P. J. Bieling. 1792. 8. 10 kr.

Geo. Thom. *Serz*, Figmentum de Animo Humano ante ſubter terra exiſtente, quam corpori coniungeretur Ebraeis falſe attribui etc. Norimb. impenſ. Ioh. Ad. Steinii 1792. 4. 8 kr.

(D. Joh.

(D. Joh. Chr. Siebenkees,) Geschlechts-
und Wappenbeschreibungen 11 Bds. 18 Heft.
Nbg. im Conr. Tyroff. adel. Wappencomtoir.
1792. 4. 30 kr.

Ge. Th. Strobels, Leben und Schriften
Simonis Lemnii. Nbg. bey Mon. und Kußler
1792. 8. 36 kr.

Es ist auch in dessen neuen Beytr. zur Litteratur besonders des sechszehnten Jahrhunderts, Bd.
III. St. I. S. 1 — 156 eingerückt.

Tagbuch für Liebhaber der Astronomie
auf das Iahr 1793. Mit einer Kupfertafel.
Nürnb. in der Bauer - und Mannischen
Buchhandl. 1792. gr. 8. 24 kr.

Val. Karl Veillodter, zwey Predigten
über die kräftigsten Beruhigungsgründe des
Christen bey dem Tode. Mit einer Vorrede
von D. Joh. Phil. Gabler, ordentl. Prof. der
Theol. zu Altdorf. Nebst einem Anhang. Nbg.
bey G. P. J. Bieling 1792. 8. 12 kr.

Thesaurus bio-et bibliographicus. E-
didit Geo. Ern. Waldau. P. et P. P. Nor.
Praefatus est Ioh. Georg. Meusel. Chemni-
cii, apud C. G. Hofmannum. 21 Bogen, in 8.

Diese in der Michaelismesse 1792 erschienene,
nieblich gedruckte Sammlung enthält auch folgende
Aufsätze:

H 4　　IV. G. C.

IV. G. C. Schwarzii Prof. Altorf. comm. de prima Manilii Aftronomicorum editione, a Ioanne
Regiomontano Norimbergae publicata. Alt.
1764. 4. ab auctore cel. hic paffim aucta. p. 102.

VII. Commentatio de Codice MS. Bibliothecae
academ. Altorfinae Conftantini Africani de fe-
bribus. p. 215. (Der ungenannte Verfaffer
war Maxim. Nagel.)

IX. G. E. Waldau progr. de libro antiquo: Deut-
fche Theologie. Nor. 1789. p. 291.

Ioan. Frider. *Weber,* Diff. inaug. medica de polypo narium genuino cum cafu
huc pertinente et icone. Alt, typ. Ch.
Bonav. Heffelii. 1792. 4.

Herr Doctor und Prof. Vogel hat dem Druk-
ter diefer gelehrten Streitfchrift Hn Heffel, den
Nafenpolypen glücklich exftirpirt, welcher auf dem
dabey befindlichen Kupferblatt abgebildet ift.

Jac. Wießners, Dictionnaire Gram-
matical de la langue françaife. Zwentes Alphabet. Nürnb. bey Raw. 1792. gr. 8. Prä-
numerationspr. 1 fl 12 kr. Ladenpreis 1 fl 30 kr.

IV. Schriften, worin Beyträge zur Nürnbergifchen Gefchichte enthalten find.

Carl Gottl. *Cramer,* fächfifcher Ge-
fchichts-Almanach für das Iahr 1793. mit
Churf. Sächf. Privil. Dresden und Leipz. in
der Richterifchen-Buchhandlung. 12. 2 fl.

Er

Er enthält Scenen aus und während der Gefangenschaft des Churfürsten Johann Friedrich bis zu seiner Befreyung. Fortsetzung des vorigen, dramatifirt von Carl Gottlob Cramer. Zeitraum vom 16. Jun. 1547. bis 20. Mai 1552. in welchem die Geschichte der Philippine Welferin vorkommt.

Das 2te Monatskupfer stellt die Scene in Augfpurg im Garten des Patriciers Franzifkus Welfer in der Nacht vor. Ferdinand hält mit dem rechten Arme Philippinen fest umschlungen und macht mit der linken Hand eine gelassene Bewegung gegen den aufgebrachten Vater.

U. Ihre Schönheit feffelte dem Menschen aber ihre Tugend dem Königsfohn. Schubert del. D. Berger fc. 1792.

Carl Lang, historischer Almanach für den teutschen Adel und für Freunde der Geschichte deffelben 1793. Ritter Göz von Berlichingen mit der eifernen Hand. Mit Kupfern von Küffner, d'Argent und andern. Frankfurt am Main in Commiffion der Fleischerischen Buchhandlung. 12. 1 fl. 30 Kr.

S. 39. und folg. wird das Gefecht geschildert, welches 1502 zwischen dem Herrn Markgrafen Kafimir und der Reichsstadt Nürnberg bey Affalterbach vorfiel, und der Antheil beschrieben, welchen Göz von Berlichingen daran hatte, wo-

zu

zu das 10te Monatkupfer gehört, unter welchem die Worte stehen: Helden Ehre. In der Erklärung der Monatskupfer heißt es bey Nro. 10. „Göß hatte sich in der ganzen Fehde rühmlich ausgezeichnet, besonders aber zum Sieg in einer großen Feldschlacht vieles beygetragen: was Wunder also, daß ihm der junge Markgraf Casimir im Beyseyn seiner Edeln und Tapfern öffentlichen Dank nicht versagte."

Friedrich *Schillers* historischer Kalender für Damen für das Iahr 1793. mit Kupferstichen und Portraits, enthaltend die fortgesezte Geschichte des dreißigjährigen Kriegs. Leipzig bey Göschen in Taschenformat mit Futteral. 2 fl. 24 Kr.

S. 484. wird des Einzugs des Königs von Schweden Gustav Adolph in Nürnberg gedacht, von welcher Stadt er, nach einem kurzen Aufenthalt daselbst, seiner Armee gegen die Donau folgte.

S. 564 — 584 wird der Rückzug desselben nach Nürnberg, und die darauf erfolgten Kriegsvorfallenheiten bey — und in der Gegend von Nürnberg beschrieben. Sehr richtig wird in der Recension dieses Kalenders in der Nürnb. Gel. Zeit. 1792. Stk. XCVI. S. 762. bemerkt: „daß die eigentliche historische Kritik hie und da etwas erinnern

innern könnte, ift nicht zu verkennen. So fcheint zum Beyfpiel Herr Schiller verfchiedene Schriften, welche Nürnbergs Schickfale im dreyßigjähri- Kriege betreffen, nicht benußt zu haben, fonft würde die Stellung der fchwedifchen und fried- ländifchen Armee bey Nürnberg richtiger ange- geben feyn, fonft würde er die noch beftehenden 24 hiefigen **Bürgerkompagnien**, nicht Nürn- bergs bewafnete **Jugend nennen**, auch nicht fa- gen, daß Nürnberg, im Nothfalle 30000 rüfti- ge Bürger ins Feld ftellen könnte. Jedoch ubi plura nitent." Man vergleiche damit: von **Murr** Beyträge zur Gefchichte des dreyßigjährigen Krie- ges, infonderheit des Zuftandes der Reichsftadt Nürnberg während deffelben. Nbg. 1790. gr. 8. und Nürnberg im dreißigjährigen Kriege. Nürnb. 1789. 8.

M. Johann Georg **Hagers**, geogra- phifcher Bücherfaal, zum Nußen und Ver- gnügen eröfnet. Chemniß, 1766 und 1778. 3 Bände, 8.

Bd. I. Stück V. Nr. IV. S. 371 — 395. befindet fich: ausführliche und gründliche Nach- richt von dem Stifter, Fortfeßern und gegenwär- tigen Befißern der Homannifchen geographi- fchen Officin zu Nürnberg, und von den Land- charten, welche von derfelben Anfange bis auf gegenwärtige Zeit geliefert worden find.

I. Ab-

I. Abschnitt. Von dem Geschlechtsregister des Stifters der Homannischen geographischen Officin und derselben Fortsetzer.

II. Abschnitt. Lebensbeschreibungen des Stifters der Homannischen Officin und derselben Fortsetzer.

§. 1. Lebensbeschreibung Herrn Johann Baptista Homanns ꝛc.

§. 2. Lebensbeschreibung Herrn Johann Christoph Homanns ꝛc.

§. 3. Lebensbeschreibung Herrn Johann Michael Franzens ꝛc.

Bd. I. Stück VI. Nro. I. S. 399 — 407.

II. Abschnitt.

§. 4. Lebensbeschreibung Herrn Johann Georg Ebersbergers ꝛc.

§. 5. Lebensbeschreibung Herrn Jacob Heinrich Franzens ꝛc.

§. 6. Lebensbeschreibung Herrn Georg Peter Monaths ꝛc.

Bd. I. Stück VIII. Nro. V. S. 625 — 29. wird Johann Baptist Homanns Methodischer Atlas, Nbg. 1719. in Fol. von 4. Bogen und 19 Landcharten, ausführlich beschrieben.

Bd. I. Stück IX. Nro. III. S. 663 — 703.

III. Ab-

III. **Abſchnitt.** Von den Landcharten, welche von Errichtung dieſer Officin bis auf den heutigen Tag geliefert worden ſind.

Bd. II. Stück II. Nro. III. S. 120 — 124. Eines unbekannten Freundes Sendſchreiben von einigen Fehlern in der neuen Cnopfiſchen Landcharte von dem Fürſtenthume Brandenburg-Culmbach und Bayreuth.

Nro. IV. S. 125 — 139. Fortgeſetzte Nachricht von den Homanniſchen Landcharten, und zwar von 1716 — 1724.

V. Neue Kunſtproducte zur Nürnbergiſchen Geſchichte.

C. G. Müllers Verzeichnis etc.

ad p. 144. X.) Fürſtlicher Perſonen Einzug ꝛc.

Oben nach Guſtavus Adolphus etc.

11. *Guſtav Adciphs Ankunft in Nürnherg.*

Darunter: Die Rathsherrn bringen ihm zwei goldene Becher in Form eines Globi zum Geſchenke. — Penzel del. et ſc. 1792. 12.

Aus dem hiſtoriſchen Calender für Damen für das Jahr 1793. von Friedrich Schiller in 12. M. 5.

In der Erklärung der Kupfer, wird von dieſer Numer folgende Erläuterung gegeben: „Der „ſiegreiche König hielt ſeinen Einzug in dieſe über „ſeinen Anblick entzückte Stadt. Freudenthränen „rollten

„rollten den unterm Gewehr ſtehenden Bürgern bie
„Backen herab. Die Rathsherren brachten ihm
„Geſchenke entgegen, unter welchen ſich zwey koſt-
„bare goldene Gefäße in Geſtalt zweyer ſehr künſt-
„lich gearbeiteter Globen befanden. Jeder Bürger
„war ein dem König mit Herz und Seele ergebe-
„ner Mann. Guſtav Adolph, darüber äuſſerſt ge-
„rührt, verſicherte, daß er eine ſo ſchöne Stabt noch
„nie geſehen und ſo viel Ehre an keinem Orte ge-
„noſſen habe." Man vergl. v. Murr Beytr. zur
Geſch. der dreyßigjähr. Kriegs ꝛc. S. 45. und Nürnberg im dreyßigjährigen Kriege S. 51. — Schade
iſt es, daß bey obiger hiſtoriſchen Vorſtellung kein
localer Proſpect zum Grunde gelegt worden, welches um ſo leichter geweſen wäre, als eine genaue
Abbildung von dem Einzug Kön. Guſtav Adolphs
in Nürnberg vorhanden, und der Verfertiger ein
geborner Nürnberger iſt.

XXV.) Naturgeſchichte.

C.) a.) b.) S. 206. Oben nach: Von
dieſem 11. jährigen Knaben etc.

Ein Naſenpolype, von verſchiedenen Seiten abgebildet, U. C. E. de Fabrice, Med.
Stud. delin. I. G. Klinger ſc. Norimb.
1792. Q. Q.

Es gehört dieß Blat eigentlich zur oben S. 120
genannten Jnaugural-Diſputation des Hn. D. Weber.

V. Neue Kunſtproducte Nürnbergiſcher Künſtler.

Ein Paar alte Köpfe in getuſchter Manier. Gravé par A. Gabler. Se vend à Nuremberg chez G. W. Schwarz. Q. 36 kr.

U. Tho-

U. Thomas de Mahy de Favras Chevalier de l' Ordre Royal et Militaire de St. Louis. Né le 26. Mars 1744. Condamné le 18. Fevrier 1790. Mort le 19. avec la reſignation, le courage et la fermeté d'une conſcience pure et ſans reproche. P. W. Schwarz ſc. Nurnberg 1792. 8. 24 kr.

U. Franz II. Kaiſer der Deutſchen. Geſtochen von P. W. Schwarz. Nürnberg 1792. 8. 24 kr.

U. Friedrich Wilhelm II. König von Preuſſen und Churfürſt von Brandenburg. Geſtochen von P. W. Schwarz. Nürnberg 1792. 8. 24 kr. Zu finden in Nürnberg bey P. W. Schwarz.

Frankfurter Taſchen = Kalender auf das Jahr 1793. mit einem Titul = und 12 Monats = Kupfern. Im Verlag der Jägeriſchen Buchhandlung, 16. 30 kr.

Er enthält die Geſchichte meines Vaters oder wie es zuging, daß ich geboren wurde. Die 12 Monatskupfer dazu hat Herr Küffner in Nürnberg gezeichnet und Herr Schwarz daſelbſt geſtochen.

Neues adeliches Wappenwerk, in Bds 1r Th. 115 Kupfertafeln enthaltend à 4½ kr. Nürnb. im Conr. Tyroff. adel. Wappenkomtoir 1792. 8 fl, 37½ kr.

VI.

VI. Todesfall.

1792. den 6 Dec. starb Herr Carl Christoph Sigmund Holzschuher von Harlach ꝛc. Maior bey dem löbl. General - Feld - Marschall Lieuten. von Schertelischen Infanterie - Regiment und seiner Familie Senior. Er war geboren den 22 Sept. 1722.

VII. Amtsveränderungen und Beförderungen.

Vermög oberherrlichen Verlasses d. d. 10 Aug. 1792. ist auf Ansuchen der resp. Herren Genannten, der von ihnen zum Rathgeber und Beystand gewählte bisherige Advoc. Ordin. Herr Dr. Georg Christoph Albrecht Spieß mit Anweisung des Rangs vor den Herren Untergerichts - Consiliariis, zum Consulenten hiesiger Stadt ernannt worden.

1792. den 21. Nov. ist der bisherige Pfarrer in Artelshofen, Herr Wolfgang Friedrich Körber, Stadtpfarrer in Pezenstein geworden.

Beylage
der Materialien
zur
Nürnbergischen Geschichte.

I. Neue Verordnungen in der Reichs-stadt Nürnberg.

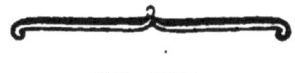achricht an die bey dem Durchzug der
Kaiserlich - Königlichen Kriegs - Völker
bequartirt werdenden Einwohner des Fränkischen Craißes. Nürnberg den 15 December 1792. Nebst einer besonders gedruckten Tabelle. 1¼ Bogen in Folio.

Verpflegungs - Convention. Für die
an den Rhein durch die Fränkische Kraislan-
de in Gemäßheit der K. K. allerhöchsten Re-
quisitorialien vom 9 November 1792. zie-
hende K. K. Kriegsvölker. Nürnberg den
18 December 1792. 1 Bogen in Folio.

Mandat den Durchzug und die Ein-
quartierung der K. K. Kriegsvölker in Nürnberg

berg und der dafigen Gegend betreffend. d. d.
22 Dec. 1792.

II. Neue Schriften Nürnbergiſcher Verfaſſer.

Viris Iuuenibus Clariſſ. atque Doctiſſ.
Georgio Veeſenmeyero Vlm. Phil. et li-
beral. art. Magiſtro in urbe patria Rev.
Miniſt. Cand. ſuperiori tempore quaeſtori
ſuo Nobil. Doctiſſimisque Thomae Wag-
nero, Magno Melchiori Meyero, Ioan-
ni Georgio Friderico Heldio, Theol. et
bonarum litterarum cultoribus inſigni lau-
de florentibus ſociis ſuis aliquamdiu ordi-
nariis Supplementa haec indici Geogr.
Erneſtii in opera Ciceronis addenda
dicat Societas Latina. Altorfii typis
Chriſt. Bonav. Heſſelii. Menſe Ianuario,
MDCCLXXXXII. 1 Bogen in 4.

Le Clincailleur françois - allemand,
et allemand - françois etc. à l' uſage de
ceux qui en font commerce à Nuremberg,
aux dépens des libraires Bauer et Mann,
1792. 8. 7 Bogen 30 Kr. Auch unter
dem teutſchen Titel: Kleines franzöſiſch , teut-
ſches und teutſch - franzöſiſches Wörterbuch ſo-
genannter kurzer Waaren — zum Gebrauch
für

für Manufactur, und Galanterie - Waaren,
Händler.

Wolfgang Jägers, Prof. zu Altd.
Geographisch - Historisch - Statistisches Zei-
tungs, Lexicon zwenter Theil. M — Z zwen,
te, durchgehends vermehrte und verbesserte
Auflage. Nürnb. bey E. C. Grattenauer
1792. 4. 4 fl.

K. Mannerts, Geographie der Griechen und Römer, 3ter Theil. Nürnb bey
E. C. Grattenauer 1792 gr. 8. 4 fl. Auch
unter dem Titel: Germania nach dem Be-
griff der Griechen und Römer.

J. W. F. Panzers, Faunae insecto-
rum Germanicae initia. 2tes und 3tes Heft
mit illum. Kupf. Nbg. bey Felßecker. 1792.
12. à 54 Kr.

J. P. Siebenkees, Prof. der Phil,
zu Altd. und Mitgl. der Akad der Volsker
zu Veletri, Grundriß einer Anführung zum
Studium der römischen Statistik. Zum Gebrauch bey seinen Vorlesungen entworfen.
1792. 1 Bogen in 8.

III. Schriften, worin Beyträge zur Nürn-
    bergischen Geschichte enthalten sind.

Anzeiger auf das Jahr 1791. Bd.
II. Nr. 130. S. 1002 bis 1004.

In

In des Doctor J. G. Krüniß Oekonomisch-Technologischen Encyclopädie 33ten Th. Berl. 8. 1785. aus welcher die Gothaische Handlungs-Zeitung 1785. 2ter Jhrg. Pag. 405. eine Beschreibung der Elfenbein-Kamm-Fabriquen in Nürnberg Auszugsweise entlehnte, ist ein langer Artickel zu finden, nach welchem der Einkauf des Elfenbeins das Pfund à 1 Rthl. und die daraus gefertigten Kämme das Pfund à 4 Rthl. 12 ggr. in Anschlag gebracht wird.

Anzeiger auf das Jahr 1792. Bd. I. Nr. 1 und 2. S. 4 — 8.

Bemerkungen über den Aufsatz in Nr. 130. S. 1002. 2 B. 1791. des Anzeigers, die Fabrikation der Kämme in Nürnberg betreffend, von Herrn Mayer, Lehrer der Mathematik am Gymnasium zu Nürnberg.

Anzeiger auf das Jahr 1792. Bd. I. Nr. 49 und 50. S. 410 — 15.

Antwort auf Herrn Prof. Mayers zu Nürnberg Bemerkung über den Aufsatz in Nr. 130. S. 1002. 2. B. 1791. des Anzeigers, die Fabrication der Kämme in Nürnberg betreffend, worin derselbe auf eine bescheidene Art berichtiget und näher hat beleuchtet werden sollen.

Joh Jak. Spies, brandenb. histor. Münzbel. Th. I. S. 66 — 72.

,,Um-

„Umſtändliche Nachricht von dem ſehr bluti‐
gen Gefecht, welches zwiſchen den brandenburgi‐
ſchen Völkern, unter Anführung Markgrav Kaſi‐
mirs und zwiſchen den Völkern der Reichsſtat
Nürnberg im Jar 1502. am Sontag vor Johan‐
nis oder welches eben ſo viel iſt: am Sonntag
nach St. Veits Tag, den 19 Jun. zum Nachteil
dieſer letztern vorgefallen.“ Vergl. Th. IV. S.
308.

Die Veranlaſſung zu dieſem Gefecht gab
bekanntlich der von beyden Theilen behauptete
Kirchweihſchutz einer, in dem, unweit dem Königl.
Preußiſchen Oberamt Burgthann, liegenden Wei‐
ler Affalterbach, befindliche Kapelle.

S. 366 — 380. wird von der ehemahls in
Fürth geweſenen Münze; dem dabey angeſtellten
Münzmeiſter Stutz, dem — demſelben von Herrn
Markgrav Joachim Ernſt zu Onolzbach den 23
Dec. 1622. ertheilten Beſtallungsbrief und von
den — von Seiten Bambergs und Nürnbergs da‐
gegen eingelegten Proteſtationen aus den im
Kön. Preuß. Archiv zu Anſpach befindlichen Ori‐
ginalakten Nachricht gegeben. Man vergleiche hie‐
bey Th. IV. S. 344.

Th. II. S. 113. iſt abgebildet:

„Eine zum Andenken des 1579. in Nürn‐
berg angeſtellten feierlichen Stahlſchüſſens ge‐

prägte

prägte kleine Schaumünze, welche fälschlich für
die Gedächtnismünze eines von Marggrav Georg
Friedrich dem Aeltern zu Brandenburg, bei Gelegenheit der Heimfürung seiner Gemalin, zu Kulm-
bach gehaltenen Fürstenschüsens ausgegeben wird."

S. 118 — 20. aber, kommt eine ausführliche
Nachricht von dem 1579. in Nürnberg angestellten feyerlichen Stahlschießen vor.

S. 365 und 66. findet sich ein Verzeichniß
derjenigen Personen, welche den 29 April 1604.
dem Beylager des Herrn Marggrafen Christian
zu Brandenburg Culmbach mit der Prinzessin Ma-
rien, beywohnten, nach welchem der Stadt Nürnberg zwey Abgesandte waren:

Carl Denzel und
Christoph Böheim.

Th. III. S. 144 — 160.

Von der in dem Jahr 1548 — 50. existir-
ten Münze zu Erlang, zu welcher sich gleich anfänglich ein Burger aus Nürnberg Baltha-
sar Niele, oder Nikel gemeldet, welcher aber
bald wieder zurückgetreten; und wie Nürnberg
wegen Errichtung dieser Münze sich verhalten.

Th. IV. S. 173 — 182.

Historische Nachricht von den Schwaba-
dischen Artikeln, als welchen Namen man zwey-
en in Religionssachen verfertigten Schriften bey-
geleget hat, welche auf zwey verschiedenen Kon-
venten

venten zu Schwabach vorgeleget worden, wodurch
verſchiedene, ſo hievon geſchrieben, in Verwirrung
gerathen.

Die eine jener Schriften wurde zum Grund
der Hochfürſtlich Brandenburg. und Reichsſtadt
Nürnbergiſchen Kirchenordnung geleget, wovon
die erſte Ausgabe 1533. erſchienen iſt.

S. 325 — 330. wird von der Münze zu
Nürnberg gehandelt.

IV. Neue Kunſtproducte zur Nürnber-
giſchen Geſchichte.

C. G. Müllers Verzeichnis etc.
ad p. 69.) III.) Proſpekte.

aa.) C. F. T. v. Schadiſche Proſpekte.
Med. Q. Q. a. Erſtes Heft.

11. Nürnberg wie es von St. Peter anzuſehen iſt. de Schad ſc. 1792. O Mit
I Heft. N. I. 6 fr.

11. Proſpect des Nürnbergiſchen Pfarr-
dorffes Pommelsbrunn bey Herſch-
bruck. v. Sch. 1792. O. Mit I Heft.
N. II. 6 fr.

ad p. 115.) IV. Trachten.

Die Ballenbinder nach Böner ohne
Schrift. M. Q. Q. (Von C. F. T.
Schade.)

ad p. 158.) XV.) Kunſtwerke. A.)

O. Ab-

O. Abbildung des vom Veit Stos 1518 künftlich in Holz gefchnittenen 13 fufz hohen u. 11 fufz breiten Englifchen Grufes in der St. Lorenzerkirche zu Nürnberg.

11. Sr. Majeftaet der regierenden Kaiferin u. Koeniginn etc. etc. Maria. Ther. Carolina mit allerunterthaenigften Ehrfurcht gewidmet von C. F. T. v. Schad. Darunter: C. F. T. v. Schad. fc. Nbg. 1792. Groß- Folio. 24 fr.

Es ift eine ungetreue Copie aus Doppelm. Nachr. von Nürnbergifchen Künftlern Tab. III. indem die Vorftellung verkehrt ausgedrückt ift.

V. Neue Kunftprobucte Nürnbergifcher Künftler.

Chr Wilh. Bocks Sammlung von Bildniffen gelehrter Männer und Künftler, Nbg. 1792. 4. 5. 6. u. 7. Heft. 8. Ladenpreis das Heft 1 fl

Bilder fuer Kinder mit Hinficht auf die von Herrn Andre und Bechftein herausgegebenen Spaziergaenge, gefammelt von *I. F. Frauenholz.* Erftes, und Zweytes Heft. Nürnberg im Verlag der Frauenholz. Kunfthandlung. 1792. Gr. 4. Jedes Heft koftet 45 fr.

Bey

Bey Herrn Johann Ludwig Stahl, Graveur, wohnhaft in der breiten Gasse in Nürnberg, sind 1792. fertig geworden und zu haben:

1.) Das englische Puppenpferd, ein ganz neues Spielzeug für junge Knaben, womit sich dieselben nicht allein auf das angenehmste belustigen, sondern auch die verschiedenen Arten von Reitzeugen, welche man alle an, und abschirren kann, auf das deutlichste kennen lernen können. Es ist dasselbige mit denen dazu gehörigen Reitern, so man ebenfalls auf, und absetzen und allerley Veränderungen damit machen kann, in einem färbigen steifen Umschlag à 1 fl. 24 kr. zu haben.

2.) Die englische Puppe, ein neues Mode-Spielzeug für junge Frauenzimmer mit verschiedenen neuen Mode-Anzügen und Trachten nebst gedruckter Anweisung à 1 fl. 15 kr.

3.) Dergleichen männlichen Geschlechts mit neuen Mode-Anzügen und andern charakteristischen Trachten, welche zum Amüsement in Gesellschaften zu gebrauchen und vielfache Unterhaltung verschaffen à 1 fl. 15 kr. Extra fein illuminirt in bun-

ten

ten Portefeuillen mit goldnen Borduren das Stück à 2 fl.

4.) Stammbücher nach dem neuſten Geſchmack, wo jedes Blatt mit einer bunten Einfaſſung geziert iſt, in einem ſchönen färbigen Futteral befindlich à 45 kr

5.) Verſchiedene Landſchäfftgen zur Uebung im Duſchen und Laſiren mit Farben ꝛc. für Liebhaber der Zeichenkunſt von J. E. Stahl. Leipz. und Jena bey A. G. Schneider von Nürnb. 36 Blätter in Q. O. 1 fl.

Bey Herrn Georg Vogel, Kupferſtecher in Wöhrd, ſind 1792. folgende Blätter fertig geworden und zu haben:

Das Uhr und Stunden Würfel-Spiel, nebſt Erklaerung, 1 Bogen in Fol. illuminirt 8 kr.

Temperamenten Spiel aller Leidenſchaften und Neigungen, in 31 Faecher abgetheilt, nebſt Erklaerung, 1 Bogen in Folio illuminirt 8 kr.

Luſtiges Braut- und Braeutigams- oder Verheyrathungs- Spiel, in 22 Figuren vorgeſtellt nebſt den Regeln. 1 Bogen in Folio, illuminirt 8 kr.

Spiel

Spiel des menschlichen Alters, nebst deffen Regeln, in 11 Vorstellungen. 1 Bogen in Folio, illuminirt 8 fr.

Magisches Gedanken-Spiel in 24 aufgezognen Tabellen, in einem Futteral, gr. 12. illuminirt 24 fr.

Alphabetisches Rosen-Spiel der Iugend gewidmet. Wodurch dieselbe jeden Buchstaben des A. B. C. nach jeder Schreibart spielend lesen und schreiben lernen kan. Verlegts Georg Vogel. 12. illuminirt 12 fr.

Pfand-und Commando-Spiel, in 16 aufgezogenen Briefen bestehend, franz. und deutsch in einem Futteral, gr. 16. illuminirt. 12 fr.

* * *

2 Bl. Jagdstücke. U. Gabler del, G. Vogel sculp. et excud. Nbg. Q. Q. illum. à 15 fr.

2 Bl. holländische Stücklein. Q. illum. à 10 fr.

2 Bl. detto. Q. Duod. illum. à 8 fr. Beyde von G. Vogel gestochen.

VI. Todesfälle.

1792 den 24 Dec. starb Herr Doktor Philipp Ludwig Wittwer, der Reichsstadt

stadt Nürnberg Physicus Ordinarius, der
kaiserlichen Akademie der Naturforscher, und
des Pegnesischen Blumen-Ordens Mitglied,
im 41ten Jahre seines Lebens. Sein Bildniß steht in Chr. Wilh. Bocks Sammlung
von Bildnissen gel. Männer rc. Heft VI.
und einige Züge seines Lebens in Journ. v.
u. f. Franken Bd. V. Heft VI. S. 756.
und 57.

— den 27 Dec. starb Herr Christoph
Joachim Haller von Hallerstein auf
Kalchreuth rc. Herzogl. Bayer. Geh. Rath.
bey der des heil. Röm. Reichs freyen Stadt
Nürnberg des Innern Geheimen- und Ap-
pellations-Rath, Oberster Vormund der
Wittwen und Waisen, Curator der löbl.
Univ. Altdorf, Scholarch, Ober-Allmoß-
pfleger, auch Ober-Administrator der Freyherrl. Rieter. Siftungen, u. a. m. Er war
geboren am 25ten Sept. 1723. Er war
selbst Kenner, Freund und Beförderer der
Künste und Wissenschaften. Die Bibliothek
und Kupferstichsammlung, welche er hinter-
läßt, ist eben so kostbar als zahlreich, und
jene enthält auch manche schätzbare Manuscripte. Unter andern besaß er einen noch
unedir-

unedirten zweyten Theil von des Bruſchii
Chronologia Monaſteriorum Germaniae.

1792 den 29 Dec. ſtarb Herr Johann Bartholomäus Schuchart, Hochfürſtlich Löwenſtein Werthheimiſcher Kreisle-
gationsrath und der freyen Reichsſtadt Nürnberg Zeugamts - Secretair, in einem Alter
von 62 Jahren. Er war gebohren zu Nürnberg den 6 April 1730. wurde zuerſt H. L.
W. Agent und Kreis - Dictatur - Verwand-
te, den 3 Jun. 1761. H. L. W. Kreis-
Secretair, und den 17 Jan. 1775. Legati-
onsrath, welcher Würde aber er ſich bey ſeinem Leben begab. Er war ein vorzüglich geſchickter Kalligraph.

VII. Amtsveränderungen und Beförderungen.

1792. den 11 Dec. erhielt der bisherige Mittagprediger im heiligen Kreuz, Herr Chriſtoph Rech, die Pfarre in Artelshofen
und Alfalter.

— den 24 Dec. wurde Herr Candidat Va-
lentin Carl Veillodter Mittagprediger
im heil. Kreuz.

VIII.

VIII. Ankündigung neuer Landkarten.

Bey Herrn Johann Georg Klinger, Kunsthändler und Kupferstecher in Nürnberg, wird ehestens fertig: 1) Atlas zum Besten der Stadt- und Landschulen, mit teutschen Lettern gestochen, in 15 Blättern gr. Fol. 2) Eine große Charte von Frankreich mit den 83 Departements, nebst daran stossenden Ländern, als: Spanien, Italien, Teutschland, Niederland und England; nach den besten Charten eingetragen, und dient zu einer Uebersicht des gegenwärtigen Kriegs-Schauplatzes, 2 Schuh hoch, und 2 Schuh 4 Zoll breit Pariser Mases.

Die erste Tafel enthält das Planiglob, mit den neuesten Entdeckungen der Länder, nebst den Reisen der neuen Weltumsegler. Die zweyte Tafel enthält die Cosmographie, oder das nothwendigste, was von dem Weltkörper zu merken ist, nebst Erklärung der Sonnen- und Monds-Finsternisse, und anders mehr. 3) Europa. 4) Spanien. 5) Frankreich. 6) Italien. 7) Teutschland. 8) Holland. 9) England. 10) Dänemark. 11) Schweden. 12) Rußland. 13) Polen. 14) Ungarn. 15) Türkey; wobey auf jeder Charte die Producte ihres Landes angezeigt sind. Die Eintheilung der Staaten und ihrer Gränzen sind auf das richtigste besorgt worden; und überhaupt wird man nichts an innerlicher und äusserlicher Güte und Schönheit ermangeln lassen.

IX. An-

IX. Anzeige neuer Catalogen.

Verzeichnis von gebundenen Büchern, welche um beygesetzte billige Preise gegen gleich baare Bezahlung zu haben sind bey Johann Leonhard Lechner, Bücher-Antiquar hinder dem Rathhaus in Nürnberg. (Nr. 2.) 1792. 8. 4 Bogen.

X. Ankündigungen.

1.

Nachr. von den sämtlichen Reichskleinodien.

Die in meinem Verlag erschienene wahre Abbildung der sämtl. Reichskleinodien, welche allhier aufbewahrt werden und in ihrer wirklichen Größe, unter der Aufsicht des seel. Herren Duumvirs Hier. Wilh. Ebners von Eschenbach, von dem geschickten Künstler Joh. Adam Deljenbach) nach den Originalen abgezeichnet und in Kupfer gestochen worden, nebst den Reichsheiligthümern nach Fr. Juvenels Abzeichnungen zusammen auf XII. Kupfertafeln in Real Fol. biete ich hiemit, durch allerhöchst und höchsten Beyfall in den Stand gesetzt, ein schön illuminirt Exemplar dieser Blätter um die Kosten, nemlich für 5 fl. und ein schwarzes in saubern Abbrücken für 2 fl. 30 kr. gegen baare Bezahlung, allen hiesigen Liebhabern und Sammlern vaterländischer Blätter, in der Hofnung an, daß Sie dieser sorgsamen Nachbildung des berühmten Künstlers, und der durch angestellte getreue Vergleichung mit Farben, dem Original ähnlichen Sammlung, den längst verdienten Beyfall ebenfalls schenken werden, um so mehr der Preiß äusserst billig ist. Eine weitläuftigere Nachricht von dem Inhalt sämtlicher XII Kupfertafeln ist bey mir gratis zu haben.

Adam Gottlieb Schneider,
Kunst und Buchhändler gegen der
Post über.

2. Es

2.

Es haben viele meiner geliebtesten Mitbürger schon oft das Verlangen geäußert, daß ich meine im Jahre 1785 gehaltenen **Predigten über die Leidensgeschichte Jesu,** oder hier so genannten Fastenvespern, zum Druck befördern möchte. Bloß wegen der heuer so bald eintretenden Ostern, die das Ganze bis dahin nicht mehr vollenden läßt, glaube ich nicht in meiner Entschließung dazu mich irre machen lassen zu dürfen; und will also hiemit den Weg der Subscription eröffnen. Um das Anschaffen derselben zu erleichtern, will ich sie Bogenweise, und zwar wöchentlich, Dienstags und Freytags, jedesmahl 1 Bogen in Octav, mit deutlicher Schrift gedruckt, für 3 kr. ausgeben lassen. Genau kann ich die Bogenzahl des Ganzen zum Voraus nicht bestimmen. Vermuthlich werden es nicht viel über 30 Bogen werden. Wer subscribirt, macht sich zur Bezahlung des Ganzen, den Bogen zu 3 kr. verbindlich, wer auf 10 Exemplare subscribirt, bekommt das zehnte unentgeldlich, und wer 1 fl. 24 kr. pränumerirt, bekommt sein Exemplar, ohne etwas nachzuzahlen, auf Schreibpapier. So bald eine hinlängliche Anzahl Subscribenten beysammen ist, wird mit dem Druck angefangen, und denen, die sich anheischig gemacht haben, zu pränumeriren, Nachricht gegeben werden. Die hiesigen Herren Buchhändler Schneider, Felßecker, Grattenauer, Monath und der Raths-Buchdrucker Sir nehmen Commission an.

Nürnberg, den 23 Jan. 1793.

Johann Reiß, Diac. Laur.

* * *

Was die Leser dieser Beylage noch von den Jahren 1791 und 1792 vermissen sollten, das in den Plan derselben gehört hätte, das bittet der Herausgeber ihm gefälligst anzuzeigen.

———

Beylage
der Materialien
zur
Nürnbergischen Geschichte.

———

N. X.

———

I. Neue Verordnungen in der Reichsstadt Nürnberg.

Intimatio. Wiederhohltes Verbot die Zerschlagung der Bauernhöfe und Güter betreffend. d. d. 16. Ian. 1793. 1 Bogen in Folio. Mandat und Verkündung des auf den 13 Febr. angestellten Fast-Buß- und Bet-Tags ꝛc. mit dem dazu verordneten Buß-Gebet. Im J. C. 1793. (Mit dem Stadtwappen gedruckt bey dem Raths- und Kanzleybuchdrucker Sir.).

Intimatio. Die anempfehlende ergiebigere Einlage in die Kirchenschüßeln bey öffentlichem Vor- und Nachmittags-Gottesdienste betreffend. d. d. 11. Febr. 1793. 1 Bogen in Folio.

Ist ein Renovatum und ante Decretum in Senatu d. d. 18. Febr. 1775. mit einiger Abänderung.

K

Man-

Mandat, den Saumsaal und Rückstand der Losung und deren Berichtigung in vier Wochen betr. d. d. 4. Mart. 1798. 1 Bogen in Folio.

Mandat die Einfuhr und den Schleichhandel mit dem Salz betreffend d. d. 4. April 1793. 1 Bogen in Folio.

Danksagung so auf nächstkommenden Sonntag Rogate, den 5ten Maii dieses 1793sten Jahrs in der Stadt und auf dem Lande, nach den Predigten (gleich nach dem gewöhnlichen Kirchen-Gebet) abgelesen wird. Ein halber Bogen in Folio.

Es ist die Danksagung wegen glücklicher Entbindung der Kaiserin Königin Majestät, mit einem Kaiserlichen Prinzen und Erzherzog, an dem deshalb oberherrlich angestellten Dank- und Freudenfest. Bey einem solchen Fest wurde vorhin und auch dermahlen nach geendigten solennen Gottesdienst, auf dem Gang der Marienkirche von dem hiesigen Musikchor, wie nach der Wahl eines allerhöchsten neuen Oberhaupts des heil. R. R. eine feyerliche Musik mit Trompeten und Pauken gehalten und nach deren Endigung ein lautes Vivat gerufen, dann von 12 bis 1 Uhr in der Stadt und auf dem Lande mit allen Glocken geläutet, und nachmahls die Canonen auf den Thürmen und Wällen um die Stadt dreymahl gelöset,

II. Neue

II. Neue Schriften zur Nürnbergischen Geschichte und Verfassung.

An Nürnbergs edle Menschenfreunde von der Gesellschaft zur Beförderung der vaterländischen Industrie. Nürnberg 1793. 1 Bogen in 4.

Die gedachte Gesellschaft ruft darin ihre zum Wohlthun geneigte Mitbürger auf, zur Errichtung einer von allen andern in Nürnberg existirenden Armen = Anstalten, ganz und zu allen Zeiten abgesondert bleibenden Leich = und Unterstützungs = Casse, aus welcher dazu sich qualificirende Professionisten und andere nützliche Gewerbe oder Geschäfte treibende Bürger, mit einer ihren jedesmahligen wirklichen Bedürfnissen angemessenen Summe unterstützt werden sollen: und wünscht, daß sich eine gewisse, vielleicht auf 1000 Personen steigende Anzahl derselben großmüthig entschließen möchte, wöchentlich einen Groschen oder drey Kreuzer für eine Person beyzutragen. Wirklich haben sich bereits schon mehrere hiesige Einwohner mildthätig dazu verbunden, und noch immer hat man neuen Beytritt zu hoffen.

An meine Mitbürger zum Neuen Jahr 1793. 24 S. in 8. 8 kr.

Bemerkungen und Erläuterungen über die Nürnbergische Staatsverfassung von einem Nürnbergischen Bürger verfaßt. Erstes Heft. 1793. gr. 8. 24 kr.

Der

Der ungenannte Verfasser erklärt in der Vorrede: „Er habe keine andere Absicht, als das
„zur Publicität zu bringen, was man bisher als
„Geheimniß habe behandeln wollen; und jede Be-
„richtigung werde er mit Vergnügen annehmen.

Leben und Verdienste Johann Sig-
mund Mörls vordersten Predigers Prof. und
Bibliothekars in Nürnberg, beschrieben von
D. Johann Christoph Döderlein. Nürnberg
und Altdorf, bey J. C. Monath und J. F.
Kußler 1793. 3 Bogen 8. 15 kr.

Es ist auch eingedruckt in das Neue theolo-
gische Journal herausgegeben von Hänlein und
Ammon. März 1793. S. 181. u. f.

Nürnbergischer Banco - Publ. Calender auf das Jahr nach Christi Geburt 1793. 2c.
Reg. Fol. (zu finden im löbl. Banco - Publico.) 12 kr.

Noch immer ist die Anfrage unbeantwortet
geblieben, von welchem Jahre der älteste Raths-
calender und von welchem der älteste Bancocalen-
der ist.

Siebende Nachricht von der Anstalt
für arme Kranke zu Altdorf im Nürnbergischen, herausgegeben von D. Chr. Gottl.
Hofmann. Altd. und Nürnberg bey Monath
und Kußler 1793. 40 S. in 8. 15 kr.

Nach-

Nachricht von der Veranlassung, dem Zweck und der Organisirung der Gesellschaft zur Beförderung der vaterländischen Industrie in Nürnberg und von deren innern Einrichtung. 4¼ Bogen in 8. 15 kr.

Als Schlußvignette ist das von der Gesellschaft erwählte Siegel in Kupfer gestochen.

Rede bey der funfzigjährigen Jubelfeyer der von den Handlungsdienern ledigen Standes in Nürnberg im Jahr 1742 zum Besten ihrer nothleidenden Mitbrüder errichteten Hülfs-Cassa gehalten den 1 April 1793. von Johann Gottlieb Rock, dermahligen ersten Director. Gedruckt mit Stiebner'schen Schriften 1¼ Bogen in Quart.

Verzeichniß aller derjenigen Personen, welche in diesem 1792sten Jahr, in der — Stadt Nürnberg, gestorben — und auf einem der dasigen Kirchhöfe — begraben worden sind. Zu haben bey dem Raths- und Kanzleybuchdrucker Georg Friedrich Sir. 8. 3 kr.

Ist nur ein Bogen, welcher das erste Quartal: Jenner, Feber und Merz enthält, indem der fernere Druck untersagt worden ist.

Letztes Lebewohl an unsern unvergeßlichen Friedhof bey seinem Grabe im Na-

K 3   men

men sämtlicher Commilitonen von Heinrich
Witschel, d. G. G. B. den 11ten Februar
1793. Altdorf zu finden bey Johann Wolfgang Zobel, Buchbinder. ¼ Bogen in 8. 3 kr.

III. Schriften, worin Beyträge zur
Nürnbergischen Geschichte und Verfassung enthalten sind.

Fr. Cotta, Strasburgisches politisches
Journal, 1792. 8. Band II. N. II. S.
1180 — 1199. kommt unter der Rubrik:
Zustand des Staats Nürnberg. Nothwen-
digkeit einer Revolution in demselben vor:
Gutachten des königl. Pr. Ministers und
Kreisgesandten, Reichsgraf Julius Soden,
qua Mitglieds der in der Nürnberg. Matri-
kular - Verminderungs - Sache vom Fränki-
schen Kreis angeordneten Deputation den 14
Mai 1792. Die Reichsstadt Nürnbergische
Matrikular-Sache betreffend.

Dieser Aufsatz wird im Nürnberg. Friedens-
und Kriegs-Courier vom 28 März 1793. für eine aus eben so unedler als unreiner Quelle ge-
flossene Aftergeburt erkläret; worauf ebendaselbst
in Num. LXXVIII. vom 1 Apr. 1793 Herr Reichsgraf von Soden erklärt hat, daß er jenes Gutachten in seiner wahren und ächten Gestalt selbst
abdrucken lassen und demselben diejenigen Privat-
geban-

gedanken über die Wiederherstellung des Reichsstadt Nürnbergischen Finanzzustands beyfügen werde, welche in jenem Gutachten nach dessen Eigen-
schaft und Zweck keinen Platz finden konnten. Beydes soll unter dem Titel: Ueber Nürnbergs
Finanzzustand in der Felseckerischen Buchhandlung erscheinen.

Th. J. Ditmars, Lehrbuch der Geschichte für Junge von Adel, welche zu Staats-
und Kriegsgeschäften erzogen seyn wollen.
Berl. bey Karl Matzdorf 1791. 8.

S. 61. Lect. 5. §. 47 und 48. wird von Auf-
bewahrung der Reichskleinodien in Nürnberg und
deren Ueberbringung zu einer jedesmahligen Kaiserlichen Krönung gehandelt.

S. 66 — 72. Lect. 6. werden die Reichskleinodien und deren Gebrauch ausführlich beschrieben.

Orbis Literatus Academicus Germanico-Eu-
ropaeus, praecipuas musarum sedes, societates,
universitates earumqué fundationes, privilegia,
eventus, teutonicarum sigilla, prototypis confor-
nia, una cum fastis, albo chronologico, catalogo
universali membrorum et professorum hodie
viventium, in synopsi repraesentans. Cum gratia et privilegio Sac. Caes. et Regiae Catholicae
Majestatis, curante Iohanne Georgio *Hagelgans*,
Lauterb. Buchov, Archivario Nassov. Saraepon-
tano. MDCCXXVII. Prostat Francof. ad
Moen. ap. Sam. Tob. Hockerum Not. Caes.
publ. immatr. et Phil. Henr. Hutterum Bibliopolam. Typis von Lahnen.

S. 2. wird mit einer kurzen Notiz von der Gründung der Universität Altdorf und deren vier Facultäten der Anfang gemacht, wobey sich das Universitäts-Siegel und die Siegel der vier Facultäten in guten Holzschnitten abgebildet befinden.

Jul. Friedr. Malblank rc. Abhandlungen aus dem Reichsstädtischen Staatsrechte. Erlangen bey Joh. Jak. Palm. 1793. 14 Bogen in 8. 40 kr.

Es sind 3 Abhandlungen:

I. Betrachtungen über das Besteurungsrecht in Reichsstädten.

II. Grundsätze der Finanzadministration und des Rechnungswesens in Reichsstädten.

III. Von dem Rechte der Kaiserlichen Oberaufsicht über die Reichsstädte.

Die I. und II. sind einzeln bereits vor 7 Jahren bey besondern Veranlassungen zwar im Drucke, aber in keinem Verlag erschienen, und nur die III. ist neu hinzugekommen.

Friedr. Sam. Mursinna, Akademisches Taschenbuch zum Nutzen und Vergnügen für Studirende auf das Jahr 1792. Mit Kupfern und einem Grundriß von Halle. Halle in Commission bey Joh. Fr. Dost. 12.

S. 1—10. Altdorf. (Im fränkischen Kreise unter dem Gebiet der Reichsstadt Nürnberg.) Dieser Aufsatz ist durch manche Druckfehler verunstaltet.

Versuch

Versuch einer Nachricht von der evangelischen Gemeine und ihren bisherigen Predigern in Venedig. Von Georg Theodor Strobel, Pastor in Wöhrd, Nürnberg und Altdorf bey Monath und Kußler 1793. 40 Seiten in 8. 8 kr.

Die mehresten evangelischen Prediger, welche diese Teutsche Gemeine über 100 Jahre bis hieher gehabt hat, sind geborne Nürnberger selbst, oder Nürnbergische Landskinder gewesen, von welchen, von S. 26 — 40. Nachricht gegeben wird.

V. Neue Kunstproducte zur Nürnbergischen Geschichte.

Von den im vorigen Jahr angekündigten mahlerischen Spazierplätzen, und lustigen Aufenthalts-Oertern um hiesige Stadt, nach Art der beliebten Wiener und Schweizer-Prospecte, wo nämlich die Umrisse bloß leicht radirt, auf starkes holländisches Papier abgedruckt, und im Geschmack colorirter Handzeichnungen ausgeführt werden, sind die ersten 2 Blätter von der so allgemein beliebten neuen Anlage auf dem Dutzendteich fertig, und bey Johann Ludwig Stahl, Zeichner und Graveur wohnhaft in der breiten Gasse a 1 fl. 24 kr. zu haben.

Da derselbe sowohl in der Richtigkeit des Prospects, als auch mit Ausstaffirung der darauf

K 5   befind-

befindlichen vielen Figuren und saubern Illumination allen Fleiß angewendet hat; so schmeichelt er sich der Erwartung eines geneigten Publicums vollkommen entsprochen zu haben.

VI. Neue Kunstproducte Nürnbergischer Künstler.

Im Konr. Tyroffischen Wappencomtoir auf dem Egidienhof im von Gugelischen Hause, ist zu haben: das ietzig Königlich Preußische Wappen nach Herrn Hofrath Gatterers Blasonirung bearbeitet. Auf holländisch Papier in 4. mahlerisch illuminirt 28 kr. und schwarz 6 kr.

Trauriges Ende Ludwigs XVI. nach einem französischen Originalkupferstich gestochen von Ambrosius Gabler. gr. 4. 12 kr.

Verzeichniß seiner Holz-Waaren, welche bey Georg Martin Sauerzapf, Drechsler und Mechanicus in Nürnberg, zu haben sind. ¼ Bogen in Folio.

Unter andern ist bey demselben um billigen Preis zu haben:

Eine Maschine von Holz, ohngefähr 3 Schuhe hoch, 2 Schuhe breit, welche bey 70 Figuren in Bewegung setzt. Sie enthält 3 Vorstellungen:

1) Eine Festung, die bestürmt wird. In derselben sieht man die Soldaten aufmarschiren, und hört den Schall der Trommeln.

2) Ei-

2) Eine Landgegend mit einer Schäferey, welche noch folgende Gegenstände darstellt: einen Kourier, einen Postillon und einen Fuhrmann mit einem beladenen Wagen. Eine Weibermühle, zu welcher blinde, lahme, alte Weiber getragen, gefahren und geführt werden; in einiger Entfernung stehen junge und galante Frauenzimmer, denen ein Harlequin ein Compliment macht.

3) Mehrere Handwerker, welche mit ihrem Handwerkszeuge arbeiten; in der Nähe sieht man eine Bauern-Kirchweih, wobey die Musik 7 Stücke spielt, deren jedes man dreymahl wieder verändern kann, vermittelst des künstlich angebrachten Pfeiffenwerks. — Alle Figuren sind von guter Zeichung; die Hölungen sind perspectivisch, und die ganze Maschine ist versperrt und wohl verwahrt.

Magazin der auserlesensten und nützlichsten Spielsachen zur angenehmen Unterhaltung für die Jugend, bestehend in einer Sammlung der schönsten Gärten, Palläste ꝛc. ꝛc. und noch vielen andern Mathematischen und Phisikalischen Gegenständen, alle nach der Natur getreu abgebildet und von den besten Künstlern auf das zierlichste bearbeitet in den billigsten Preisen zu finden bey Georg Hieronymus Pestelmeier in Nürnberg. 1793. 1½ Bogen in 8. nebst 7 Kupfertafeln. 12 fr.

VII. Neue Anstalten in der Reichsstadt Nürnberg.

Seit dem October vorigen Jahrs ist hier ein Künstlerclub errichtet worden, welcher

alle

alle Sonnabend Nachmittag von 5—7 Uhr in
dem Hause des hiesigen Rauchhändlers Herrn
Rößler's an der Fleischbrücke zusammen kommt.

Von 5 bis 6 Uhr unterhalten sich die
Mitglieder theils über neue Kunstproducte sowohl auswärtiger, als auch hiesiger Künstler;
worüber die Gesellschaft ihre unparteyische
Meinung freymüthig äussert. Die Resul-
tate der Untersuchungen werden in pleno pro-
tokollirt, deren Einsicht sowohl dem hiesigen
Künstler, über dessen Product zu Vermeidung
aller Disharmonie, in seiner Abwesenheit ge-
urtheilt wird, als auch jedem andern frey stehet. Dann werden belehrende Stellen aus in-
teressanten Kunstwerken, oder eigene Aufsätze
vorgelesen, oder über Sachen, worüber Jemand nachgedacht hat, und sie für den Künstler interessant hält, ein freyer mündlicher Vor-
trag gehalten. Die Zeit von 6 bis 7 Uhr ist
einer bestimmten Vorlesung gewidmet, welche
eines der Mitglieder, es sey Künstler, oder
Kunstkenner, oder nur Kunstfreund und Liebhaber, halten kann. Gegenwärtig liest Herr
J. B. Erhard Med.Dr. eine Anatomie für
Künstler.

Nach Endigung der Vorlesung wird sich
vertraulich und freundschaftlich unterhalten.
Jeder Einheimische und Fremde hat bey den
wöchent-

wöchentlichen Zusammenkünften Zutritt. Zum
Miethgeld des Zimmers und Bestreitung anderer erforderlichen Kosten, trägt jedes Mitglied monatlich 30 kr bey, worüber eines der
Mitglieder eine besondere Rechnung hält und
jährlich zu einer bestimmten Zeit ablegt. Bey
einem künftigen Ueberschuß sollen die vorhan-
denen Gelder zur Anschaffung schöner und
nützlicher Kunstwerke, welche ein Eigenthum
der Gesellschaft bleiben, verwendet werden.
Ausserdem zahlt noch jedes Mitglied wöchentlich 3 kr. welcher Fond zu Preisaustheilungen
und zum Besten der hiesigen Akademie bestimmt ist. — Jede Person ausser dem Club
kann hiezu beytreten und sich dadurch das
Verdienst erwerben, für die hiesige bildende
Kunst das Seinige beyzutragen. Ein schrift-
licher Plan besagt das Mehrere.

Ueber das, was jährlich fällt, und wozu
das Zusammengeschossene verwandt worden ist,
wird jährlich Rechnung abgelegt.

Gegenwärtig (im May 1793.) bestehet
der Club aus folgenden 24 Mitgliedern:

Herr J. E. Ihle, Direktor, Ehrenmitglied.
Herr Zwinger, Zeichenlehrer, Ehrenmitglied.
Herr J. B. Erhard, Med. Dr.
Herr Frauenholz, Kunsthändler.
Herr Actuar Wiedemann.
Herr Johann Nusbiegel, Kupferstecher.
Herr J. P. Dietrich, Kupferstecher.

Herr

Herr Schweigländer, Mahler.
Herr Schrazenstaller, Kupferstecher.
Herr J. C. Bock, iun. Kupferstecher.
Herr P. W. Schwarz, Kupferstecher.
Herr A. W. Küffner, Kupferstecher.
Herr Fröer, Mahler.
Herr Ambr. Gabler, Kupferstecher.
Herr Stahl, iun.
Herr Stahl, sen.
Herr Moser, Schriftstecher.
Herr Rößler, Mahler.
Herr Gruber, Mahler.
Herr Preu, der Arzeneygelehrf. Besl. zu Altdorf.
Herr Christian Schwarz, Kaif. Not.
Herr Rausch.
Herr von Haller, dermahlen auf der Universi-
    tät zu Altdorf.
Herr Leitner.

VIII. Todesfälle.

1793 den 22 Jan. starb Herr Carl Wil-
helm Scheurl von Defersdorf, seit 1754
Pfleger zu Engelthal, in einem Alter von 72
Jahren.

1793 den 18 März starb Herr Gottlieb
Wilhelm von Möck, des Hochlöbl. Fränki-
schen Kreises unter dem Löbl. Marggraf An-
spachischen Dragoner Regiment hochbestallter
Obrist, dann der des Heil. R. R. fr. Stadt
Nürnberg hochverordneter Commandant und
Pfleger der Vestung und des Amts Lichtenau.
Er war geboren den 4 Aug 1721.

1793 den 2 May, starb Herr Samuel
Osterhausen, Diakon an der Haupt- und

Pfarr-

Pfarrkirche zu St. Lorenzen. Er war geboren zu Nürnberg den 5 Jan. 1735. Man sehe von ihm die fortgesetzten Diptycha Ecclesiarum Norimb. (Nbg. 1779. 4.) S. 82—84. Diese Stelle bleibt unbesetzt.

IX. Amtsveränderungen und Beförderungen.

Der Tod des Herrn Scholarch von Haller ꝛc. veranlaßte im hiesigen Rathscollegium folgende Veränderungen:

1793 den 15 Jan. wurde Herr Carl Friedrich Behaim von Schwarzbach, Scholarch, Curator der Universität Altdorf und Oberalmospfleger. Herr Christoph Andreas Imhof von und zu Helmstatt wurde Rugspräses und Herr Christoph Carl Gottlieb Grundherr von Altenthann wurde fünfter Rugsherr.

Herr Scholarch Carl Christoph Sebastian Harsdorf von Enderndorf, wurde Deputirter zum Appellationsgericht und zu den Reichswäldern.

1793 den 3 April wurde der bisherige Alte Genannte, Herr Jobst Wilhelm Carl Tucher von Simmelsdorf jüngerer Burgermeister und Schöpf. Und Herr Johann Carl Sigmund Holzschuher von Harrlach bisheriger Assessor und Schöpf am Stadt-

und

und Ehegericht, Senator und zwar jüngerer Burgermeister.

1793 den 4 April wurde Herr Spital-pfleger Johann Sigmund Christoph Joachim Haller von Hallerstein Senator und zwar Alter Genannter.

An dem nämlichen Tage wurden zu Genannten des größern Raths genannt:

Herr Carl Wilhelm Welser von Neunhof und Röthenbach und

Herr Georg Volkert Registrator des Vormundamts.

1793 den 5 April rückte in die erledigte Stelle am Stadt- und Ehegericht ein: Herr Jacob Christian Wilhelm Scheurl von Defersdorf; und an dessen Stelle kam in das Untergericht: Herr Johann Christoph Sigmund Holzschuher von Harrlach.

1793 den 12 April kamen in das Land- und Bauerngericht: Herr Georg Friedrich Wilhelm Ebner von Eschenbach.

Herr Hanns Christoph Wilhem Imhof von Helmstätt.

1793 den 18 April wurde Herr Senator Johann Sigmund Christoph Joachim Haller von Hallerstein Administrator der freyherrl. von Rieterischen Stiftung zu Kornburg.

* * *

1793 im Monat April wurde Herr Johann Georg Tucher von Simmelsdorf und Winterstein rc. Churpfälz. wirkl. Hofrath rc. des Hochfürstl. Brandenb. rothen Adlerordens Großkreuz, der freyen Reichsritterschaft in Franken Mitglied, der Familie Senior u. a. m. zu Nürnberg, Königlich Preußischer Kammerherr.

Beylage
der Materialien
zur
Nürnbergischen Geschichte.

N. XI.

I. Neue Schriften zur Nürnbergischen Geschichte und Verfassung.

Adresse-Buch, Reichs-Stadt Nürnbergisches für das Jahr 1793. Nürnberg, im Verlag der Riegelischen Buch- und Kunsthandlung 10 Bogen in 8. 36 kr.

Briefe über das Theater in Nürnberg und das teutsche Komödienwesen überhaupt rc. 1793. 8. 3½ Bogen. 9 kr.

Joachim Camerarius, der erste Urheber der Nürnbergischen hohen Schule zu Altdorf aus Actenstücken und Camerarischen Briefen erwiesen. Sr. Wohlgeb. Herrn Professor Will rc. gewidmet von Erhard Christoph Bezzel, Pfarrer zu Poppenreut. 1793. 2 Bogen in Quart.

An meinen ältesten Freund, Herrn Erhard Christoph Bezzel, Pastor zu Poppen-

L reut,

reut, zum Andenken des vor funfzig Jahren errichteten Freundſchaftsbundes von Prof. G. A. Will. Altdorf, im Monat May, 1793. 12 S. in Quart.

Ueber Nürnbergs Finanzen. Von Julius Soden, d. H. R. R. Grafen. Erſter Abſchnitt. 1793. 29 S. in gr. 8. 9 kr.

S. Beyl. der Material. Nr. X. S. 150 und 151. Voll Erwartung ſiehet das Publicum auch in halden dem zweyten Abſchnitt entgegen.

Erhard. Chriſto. Car. *Wagneri*, reip. Nor. advoc. extraord. diff. inaug. iurid. ſiſtens obſervationes nonnullas ad doctrinam de ordine creditorum in concurſu ſecundum ius Norimbergenſe. 1793. Altdorf. typ. I. P. Meyeri Acad. Typogr. 3 Bogen in gr. 8.

Ioa Geo. Sigism. Mülleri Norimb. reip. patr. advoc. extraord. diff. inaug. iur. de legibus Norimbergenſibus ad mercaturam compoſitis. Altorf. Nor. typ. I. P. Meyeri Ac. typ. 4 Bogen in 4.

II Neue Schriften Nürnbergiſcher Verfaſſer.

Anweiſung kurze, wie Malereien Zeichnungen und Kupferſtiche auf eine leichte Art

ju

zu kopiren sind ꝛc. Nbg. im Verl. der Rasp. Buchh. 1793. gr. 8. 3 Bogen.

Geo. Laur. Baueri, Contin. I. Ch. Fr. Schulzii scholia in vetus Testamentum Vol. VII. Nor. Gratt. 1793. 8 maj. 2 fl. 15 fr.

C. A. Faulwetters, Grundsätze der Electricitäts-Lehre, 4ter Th. Nbg. bey Bauer und Mann 1793. 8. 2 fl.

Wolf. Jägers, Geschichte Kaiser Heinrichs des Sechsten. Nbg. und Altd. bey J. C. Monath und J. F. Kußler. 1793. 8 Bogen in gr. 8. 36 fr.

Auch unter dem allgemeinen Titel: Sammlung historischer Aufsätze. I. Stück.

Christo. Theoph. de Murr collectio amplissima scriptorum de Klinodiis S. R. Imp. Germ. de coronatione imperatorum German. atque de Rege Romanorum et Electoribus 1793. gr. 8. 28 Seiten. 8 fr.

Die ganze Collection bestehet aus 117 Nummern, welche für 600 fl. erlassen werden.

Annales Typographici ab artis inventae origine ad annum MD. post Maittairii Denisii aliorumque doctissimorum virorum curas in ordinem redacti emendati et aucti opera Georgii Wolfgangi Panzer, Capit.

L 2 eccl.

eccl. cathedral. ad D. Sebald Norimb. Prae-
poſ. ſoc. Florigerae ad Pegneſ. Praeſidis.
Vol. I. Norimb. Imp. I. C. Zeh. 1793.
gr. 4. 3 Alph. 3 Bogen. Subſcr. Pr. 6 fl.
Ladenpreis 7 fl. 30 kr.

S. N. nürnb. gel. Zeit. 1793. St. XXIX.
S. 225 — 226.

J. W. F. Panzers, Faunae inſectorum Germaniae initia, 4tes 5tes 6tes und
7tes Heft mit illuminirten Kupf. Nbg. bey
Felßecker. 1793. 12. á 54 kr.

Kleemanns Beyträge zur Inſectenge-
ſchichte, 2ter Theil fortgeſetzt von Chriſtian
Schwarz, mit 12 illum. Tabb. und Text,
4. 3 fl.

Ebendieſelben auf Schreibp. und die illum.
Tabb. auf holländ. Papier, 3 fl. 45 kr.

Herr Schwarz hat die Fortſetzung dieſes in-
tereſſanten Werks der Geſellſchaft zur Beförderung der vaterländiſchen Induſtrie dedicirt,
wofür ihn dieſelbe zu einem Ehrenmitglied aufgenommen hat.

Nomenclator über die in den Röſeliſchen
Inſekten-Beluſtigungen und Kleemänniſchen
Beyträgen zur Inſekten-Geſchichte abgebilde-
ten und beſchriebenen Inſekten und Würmer
mit möglichſt vollſtändiger Synonymie. Erſte

ste Abtheilung. Käfer. Nürnberg auf Kosten der Raspeschen Buchhandlung 1793. 13 Bogen 4. Der Verfasser ist Herr Christian Schwarz.

Neue Beyträge zur Litteratur besonders des sechzehnten Jahrhunderts — von G. Th. Strobel, Pastor zu Wöhrd. 4ten Bds 1 und 2 St. Nbg. und Altd. bey Monath und Kußler 1793. 8.

Versuch über die Religion der alten Egyptier und Griechen, von P. J. S. Vogel, Rektor der Seb. Schule in Nürnberg, mit Kupfern. Nürnberg im Frauenholz. Verlag 1793. gr. 4.

III. Schriften, worin Beyträge zur Nürnbergischen Geschichte und Verfassung enthalten sind.

J. E. Hirschens Sammlung verschiedener Nachrichten, welche in das Policey-Cameral- und Landes-Oeconomie-Wesen einschlagen. II. Theile Anspach 1764. 8.

Th. II. S. 145 — 173. befindet sich: Aigentliche und kurze Vnderrichtung von den Nürnbergischen Erbgütern vnd derselben Nützung auff dem Landt, wie die im Kauff angeschlagen vnd durch die Erbleut sollen gehalten werden. 1594.

L 3   Hirsch.

Hirſch. Geſammlete Nachrichten der Oe-
conomiſchen Geſellſchaft in Franken, ſamt
beygefügten Regiſter. 1765. Anſpach, bey
Jac. Chr. Poſch. in Quart.

Stück 51. S. 401 — 8. ſtehet Reſolvirung
verſchiedener in Franken üblicher Getraid-Mäs,
wie ſie ſich gegen das Nürnberger Simra verhalten. Sie iſt ziemlich vollſtändig und genau.

Poeſie der Franken.   Erſte Sammlung.
Frft. und Lpz. 1730. 8.

S. 35. S. 68. S. 110. S. 118. S. 129. S.
141. S. 157. S. 167. S. 179. S. 225. S. 244.
S. 267. S. 277. S. 281. S. 378. kommen verſchiedene Nürnbergiſche Gelegenheitsgedichte vor.

Relationis hiſtoricae ſemeſtralis con-
tinuatio. Jacobi Franci hiſtoriſche Beſchreibung aller denckwürdiger Geſchichten, ſo ſich —
vor und hier zwiſchen nechſt verſchienener
Franckfurter Oſtermeß 1650. biß auff die
Herbſtmeß deſſelbigen Jahrs verlauffen vnd
zugetragen.   Alles auß vberſchickten glaub-
würdigen Schrifften vnd eigener Erfahrung,
beneben etlichen Kupfferſtücken.   Frft. durch
Sig. Latomi S. Erben im Jahr MDCL. 4.

S. 3 — 21. wird der Zuſtand vnd Beſchaffenheit der Nürnbergiſchen Friedens - Executions -
Tractaten beſchrieben.

Samm.

Sammlung neue, wahrer und merck‐
würdiger Schickſale reiſender Perſonen als
Denkmale der göttlichen Vorſehung. Aus
verſchiedenen ſowohl neuern als ältern Rei‐
ſebeſchreibungen zuſammengezogen. (Von
J. P. Sattler.) Erlangen bey Wolfg. Wal‐
ther. 1784 2 Thle. 8.

Im erſten Theile werden die Schickſale des
Kurfälziſchen Kanzleyregiſtrators, Michael He‐
berer in der egyptiſchen und türkiſchen Sklave‐
rey erzählt.

S. 79. heißt es: „Als ſich im Jahr 1586
der Frühling näherte, ſo mußten wir die Galee‐
ren unſers Herrn ausrüſten. Um dieſe Zeit kam
eine Gallion von Conſtantinopel nach Alexandria,
auf welchem ſich einige vornehme teutſche Herren,
Graf Heinrich von Thurn aus Mähren, Hektor
Arnauer aus Oeſterreich, Ambroſius Tesmar aus
Kolberg in Pommern, Karl Nützel aus Nürn‐
berg *) und Chriſtoph Wexius aus Jena, befan‐
den, welche eine Reiſe nach dem Berg Sinai
und nach Jeruſalem machen wollten. Sie hatten
auf ihrer Fahrt von Rhodus nach Alexandria das
Unglück,

---

*) Von dieſem großen und angeſehenen Staatsmann,
(er war zweyer Kaiſer Rath)‐ ſ. den Nützlichen
Baumgarten ꝛc. (Altd. 1681 12.) S. 53 — 55.
und Hn. Prof. Wills Münzbeluſtigungen Th. IV.
S. 276. und 377.

Unglück, daß ihnen ein lebernes Felleisen aufge-
schnitten und daraus bey 1000 Ducaten, verschiedene Wechselbriefe und ihre Reisepässe entwendet
wurden. 2c. 2c. ——

S. 83 Herr Nützel von Nürnberg
ließ sich mit mir (dem Heberer) vorzüglich in ein
Gespräch ein, und da ich ihm sagte, daß ich bloß
in der Absicht, um fremde Sprachen zu lernen,
mein Vaterland verlassen hätte, und darüber in
malthesische Dienste und in diese Knechtschaft gerathen wäre: so versetzte ein Teutscher, dessen
Namen ich nicht weis, der aber vermuthlich aus
Niedersachsen war: es wäre mir recht geschehen;
ich hätte bey meinem Stubiren bleiben sollen. —
Der brave Herr Nützel aber sagte darauf:
Nicht also! Du weißt noch nicht, was uns wiederfahren kann. Ein junger Mensch muß etwas
versuchen. Wiederfährt ihm ein Unglück, wie es
leider! diesem guten Landsmann wiederfahren
ist: so muß man Mitleiden mit ihm haben, aber
ihm keine Vorwürfe machen. — Diese Rede war
mir ein Balsam auf die Wunde, welche mir der
unbesonnene Niedersachse durch seinen gefühllosen
Vorwurf geschlagen hatte.„

- - - - - - - - - -

IV. Neue

IV. Neue Kunſtproducte zur Nürnber- giſchen Geſchichte.

C. G. *Müllers* Verzeichnis etc.
ad XXII.) S. 189.

N. Sig: der Gesellsch: z: Befoerd: Vaterl: Industrie.

In der Mitte zeiget ſich der Vaterlandsal- tar mit dem Nürnbergiſchen Stadtwappen. Oben darauf liegt ein Eichenkranz, zur Rechten lehnt der geflügelte Merkurſtab, zur linken das Grab- ſcheib, und in der Mitte ein Zirkel.

ad XXIV.) S. 196.

Abſtammung von Andreas II. im Hof und Urſula Schmidtmaierin 1556. bis auf Herrn Hans Chriſtoph Wilhelm im Hof, und Fräuln Marga- retha Dorothea von Furtenbach. 1793 bey deren Vermählung. Geneal. W. Kr. Meb. Fol.

V. Neue Kunſtproducte Nürnbergiſcher Künſtler.

Allgemeine Ueberſicht des Kriegsſchau- platzes am Rhein, der Moſel, Maas, Mar- ne, Seine und Schelde in einem Blatt 30 kr.

Charte von Aſien, nach den bewährte- ſten aſtronomiſchen Beobachtungen den neue- ſten Reiſen und den vorzüglichſten Charten,

L 5 inſon-

insonderheit aber der Geographie des Hn. J. C. Gatterers gemäs, stereographisch entworfen, in einem Blatt 15 kr.

Beyde Karten, sind ganz neu von Hn. Güssefeld gezeichnet, in der Homännischen Handlung alhier zu haben.

Ben Joh. Georg Klinger, Kunsthändler und Kupferstecher sind ganz neu fertig geworden:

1. Eine große Karte vom ganzen Frankreich mit dem 83 Departements, nebst den daran stossenden Ländern rc. 2 Schuh hoch und 2 Schuh 4 Zoll breit, Pariser Maases.

    Es ist alles nach den neuesten und besten Karten eingetragen, und dienet sie dadurch zu einer Uebersicht des gegenwärtigen Kriegs-Schauplatzes.

2. Eine Karte vom Königreich Schweden, Dänemark, und Norwegen, nebst einen Theil des angränzenden Russischen Reichs, dem Herzogthum Kurland und einem Theil von Polen; dem Königreich Preußen, Pommern, Kur Brandenburg, und einem Theil vom Westphälischen Kreis. 2½ Schuh hoch

hoch und 2 Schuh breit, aus 2 aneinander gesetzten Blättern bestehend.

3. Eine Sammlung von Blumen in Kupfern gestochen 18 Blätter in Fol. durch den berühmten Karrel, nach der Natur ausgemahlt.

Die ganze Sammlung dieser Blumen besteht in 100 Abbildungen, als Bouquets nach dem neuesten Geschmack in einander verbunden, zur Auszierung der Zimmer und Kabinets dienlich. Dem Ganzen ist ein Namens-Verzeichniß und die Beschreibung jeder Blume beygefügt, in welcher die Blüth-Zeit angezeigt ist, und auch die Anweisung gegeben wird, wie man die beschriebenen Blumen ziehen und pflegen soll. — Dieses Werkchen kann jedem Garten-Liebhaber zum monatlichen Catalog dienen. Die Blätter sind mahlerisch illuminirt und auch mit braunen Grund belegt.

VI. Todesfälle.

1793 den 22 May, starb Herr Carl Joachim Haller von Hallerstein ꝛc. Der Republik Nürnberg Major und verordneter Pfleger des Amts und Städtleins Gräfenberg.

berg. Er war gebohren den 1 Jul. 1733.
Kam 1775 nach Gräfenberg, und wurde
1776 Major.

1793 den 1 Jun. starb Herr M.
Truckenbrod, der Weltweisheit Candidat,
in einem Alter von ungefähr 40 Jahren.
Er hat sich durch mehrere historische und li-
terarische Schriften rühmlichst bekannt gemacht.

1793 den 3 Jun. starb Herr M. Johann Ludwig Spörl, Antistes des Kir-
chenministeriums, Prediger an der Haupt-
und Pfarrkirche bey St. Sebald, Professor
der Theologie am Egydianischen Auditorium
und Stadtbibliothekar. Er war gebohren
in Nürnberg den 8 Aug. 1731 und stand
im Dienste der Kirchen 36 Jahre. S. Nürnb.
Gel. Lex. Th. III. S. 756. und die Diptycha (ältern und neuen) ingl. Unserer Beylagen Nr. II. S. 31. und Nr. III. S. 47.

VII. Amtsveränderungen und Beför-
derungen.

Die noch im vorigen Jahr durch Herrn
D. J. B. Hoffers Tod erledigte Professur
des Staats- und Lehnrechts auf der Nürnbergischen Universität zu Altdorf ist nebst
der

der zweyten Stelle in der juristischen Facultät
und dem Consiliariat dem D. Johann Christian Siebenkees; die dritte Stelle nebst der
Professur der Pandekten und dem Consiliariat
Herrn D. M. W. Göz, und die vacante
vierte Lehrstelle nebst der Professur der In-
stitutionen Herrn D. Johann Ernst Bernhard Emminghaus, bisherigen ausserordentlichen Professor der Rechte und Landschafts-
syndikus zu Jena, übertragen worden.

Herr D. Christian Gottlieb Hofmann
hat im M. May sein Lehramt der Anatomie,
Chirurgie allgem. Therapie und Pathologie
nebst dem Stadtphysikat zu Altdorf niederge-
legt, und ist als Oberarzt der Lazarethe, welche
bey Grabung des Canals zwischen der Theiß
und Donau errichtet werden, nach Ungarn
abgegangen. Die Besorgung der Anstalt für
arme Kranke hat Herr D. und Prof. Acker-
mann nebst dem Stadtphysikat übernommen.

1793 den 6 May sind statt des in den
Senat gewählten bisherigen Herrn Spital-
pflegers von Haller, die von einem vormah-
ligen Pfleger zu besorgen gehabte Verrich-
tungen dem Spitalamtskastner Herrn Lorenz
Paul Sörgel, unter dem Titel eines Spi-
talpflegamtsverwesers übertragen worden.

1793

1793 den 13 May wurde statt dessen der bisherigen Gefälleinnehmer Herr Johann Christoph Herzog Amtskastner, und den dadurch erledigten Gefälleinnehmers-Posten erhielte der bisherige Amts-Substitut Herr Johann Albrecht Zwingel. Die Substitutenstelle aber wurde nicht mehr besetzt.

1793 den 29 May, ist an Statt des resignirten Herrn Licentiats Ralhard, der bisherige Accessist Herr Johann Sebast. Götz, Registrator zur größern Registratur geworden.

1793 den 11 Jun. ist an die Stelle des unlängst verstorbenen Herrn Canzellisten C. W. F. Braun der bisherige Canzley-Substitut Herr Nic. Ad. Heiden gekommen. Herr A. G. Wagler rückte als erster und Herr Joh. Andr. Löhner, als zweyter Substitut ein, und statt dessen wurde Herr Andreas Georg Bez Adjunct.

1793 den 21 Jun. wurde der bisherige Prediger bey St. Lorenzen, Herr M. Christoph Melchior Schmidbauer zum Prediger bey St. Sebald, Antistes des ganzen Kirchen-Ministeriums und Bibliothekar bey der Stadtbibliothek ernannt.

— eod. die wurde zu der dadurch erledigten Prädicatur an der Lorenzer Haupt-

un)

und Pfarrkirche, Herr D. Christian Gott, fried Junge, Professor der Theologie und Archidiakonus an der Stadtkirche in Altdorf, berufen, und erhielt zugleich die damit ver, bundene Inspection über die Candidaten des Nurnbergischen Ministeriums.

VIII. Neue Katalogen.

Bibliotheca Hartliebiana feu Catalogus Librorum optimae notae Hiftoricorum, Philofophicorum, Philologicorum et Theologicorum, quos olim poffidebat b. *Io. Henr. Hartlieb* ad D. *Seb.* Antiftes etc, Norimbergae a die 25 Iun. 1793 ab hora 2da poftmeridiana publica auctionis lege divendendorum. Typis Stiebnerianis. 1793. 236 Seiten in Octav.

Catalogus Librorum ad omnes doctrinas fpectantium vtilium, egregiorum, rariorum, qui Altorfii Nor. d 1 Iul. et fequ. A. 1793. publicae auctionis lege divendentur. Altorfii 1793. 338 Seiten in Octav.

Bibliothecae a *Ioanne Conrado Feuerlino* de et in Neuenftatt etc. fummo ftudio collectae a. d. 30 Sept. et feqq. A. 1793 publicae auctionis ritu Norimbergae

gae divendendae, pars prior exquifitifi-
mos ad omnia fcientiarum artiumque genera fpeçtantes libros, tam typis ex-
fcriptos, quam manu exaratos, notis lit-
terariis illuftratos, et fecundum litterarum ordinem digeftos, comprehendens.
Norimbergae. 1793. 1 Alph. $17\frac{1}{8}$ Bogen
in 8. 1 fl. 12 kr.

Diefer fowohl an vortrefflichen Büchern, als
an kritifchen Anmerkungen reiche Catalog, enthält an der Spitze die intereffante Lebensge-
fchichte des verftorbenen gelehrten und berühmten vorderften Herrn Rathsconfulenten und Pro-
kanzlers, welche um fo fchätzbarer ift, als fie
fich auch durch einen eleganten Lateinifchen
Stil empfiehlt. So wie noch überdieß ein No-
minalregifter angehängt ift, fo wird der Wehrt
diefes Catalogs dadurch um fo mehr erhöht, als
künftig nach vollendeter Auction auch die Preife,
um welche die Bücher erftanden worden, werden
gedruckt werden.

Verzeichniß von gebundenen Büchern,
welche um beygefetzte billige Preife gegen
gleich baare Bezahlung zu haben find, bey
Johann Leonhard Lechner Bücher-Antiquar hinter dem Rathhaus in Nürnberg.
(Nro. 3.) 1793 3 Bogen in 8.

Beylage
der Materialien
zur
Nürnbergischen Geschichte.

N. XII.

I. Neue Verordnungen der Reichsstadt Nürnberg.

K. K. *Mandatum* avocatorium d. d. **19** Dec. 1792. 1 Bogen in f. pat.

K. K. *Mandata* inhibitoria d. d. 19 Dec. 1792. et Maii 1793. in f. pat.

Unterricht an den Landmann, betr. die seit einigen Tagen auf dem Lande herrschende Viehkrankheit, der gelbe Knopf, oder der Milz= oder Herz= Brand genannt. 4 Seiten in 8.

E. H. R. d. H. K. K. fr. Stadt Nürnberg Verkündung d. a. d. 8. Sept. als den XV. S. n. T. angestellten Dank= und Erndte= Festes in d. St. u. a d. L. d. Nürnb. Geb. mit dem dazu verordneten Gebet. Im J. C. 1793. Stadtwappen gedr. bey dem R. und Canzleybuchdrucker Six. 20 S. in 8.

M 2   II. Neue

II. Neue Schriften zur Nürnbergischen Geschichte und Verfassung.

Bibliotheca Norica Williana oder Georg Andreae Wills kritisches Verzeichniß aller Schriften, welche die Stadt Nürnberg angehen ꝛc. ꝛc. Pars VIII. continens supplementa ad historiam liter. nat. et mixtam Nor. atque Altorfinam. Altd. und Nürnb. in der Monath-Kußlerischen Buchhandlung 1793. 1 Alphabet in gr. 8. 1 fl. 30 kr

C. G. Müller kurze Beschreibung der Reichsstadt Nürnberg. Ein Handbuch für Einheimische und Fremde, zunächst aber für Reisende. Nebst e. geometrischen Grundriß von der Stadt Nürnb. in der Zehischen Buchhandlung 1793. 15 Bogen 8. 1 fl. 15 kr

Dieses gut bearbeitete Handbuch verdient allgemein empfohlen zu werden, indem es sich vor allem, was wir bisher über Nürnberg hatten, rühmlichst auszeichnet.

Plan des in Nürnberg auf dem Schießhaus bey St. Johannes, Mont. den 5 August 1793. gegeben werdenden Frey-Schießen von 300 fl. Rhein. Nürnb. den 9 Jul. 1793. 1 Bogen in f. pat.

Plan einer neuen Anstalt zur zweckmäßigen Armen-Versorgung in Nürnberg, nach dem in Hamburg bereits ausgeführten Plane,

auf

auf Verlangen der Geſellſchaft zur Beförderung vaterländiſcher Induſtrie bearbeitet von
den Mitgliedern der dazu niedergeſetzten Co-
mitee.   Mit einer Titelvignette. Nürnberg
1793. 15 ¼ Bogen 8. 18 kr.

Ueber den Plan einer neuen Anſtalt zur
zweckmäſigen Armen-Verſorgung in Nürnberg, welcher E. H. R. von der Geſellſchaft
zur Beförd. vaterl. Induſtrie vorgelegt worden iſt; vom Stadt-Allmos-Amt. 1793.
2 Bogen 8.

Dem Andenken des Herrn Johann-
Stephan Thein beſtverdienten Pfarrers zu
Henfenfeld, Mitglied des Nürnb. Blumen-
ordens, im Namen der Geſellſchaft gewidmet
von Johann Michael Drechßler, Pfarrer
zu Kraftshof, und Mitglied des Ordens.
Nürnb. im Monat Julii 1793. 10 Seiten
in Quart.

Gedächtnißrede, welche bey der hundert-
jährigen Jubelfeier des löblichen Beckenhand-
werks zum Andenken der von dem ſeeligen
Jeremias Schlegel demſelbigen gemachten
Schenkung gehalten wurde von dem älteſten
Geſchworner Nicolaus Schuhmacher.
Nürnberg, den 17 Jul. 1793. 1 Bogen gr. 4.

D. J. C. Siebenkees, Prof. der R.
zu A. Nachrichten von den Nürnbergiſchen
M 3   Armen-

Armenschulen und Schulstiftungen. Nürnb. in Commission der A. G. Schneiderischen Kunst- und Buchhandlung. 1793. 5 Bogen 8. 15 kr.

B C. *Vogelius* etc. munificentiae insignis qua Vir. III Christ. Iac. Trewius etc. Academ. Altorf. sibi obstrinxit monumentum solemne renovat. Alt. typ. I. P. Mayeri V. T. Am Schluß: P. P. a. d. XXV. Iul. 1793. 1 Bogen in 4.

Wie gewöhnlich aus der Feder des Programmatarii Herrn Prof. Jägers.

III. Neue Schriften Nürnbergischer Verfasser.

Andachtbuch der gemeinschaftlichen Erbauung christlicher Familien und einzelner Christen gewidmet, mit einer Vorr. von Geo. Wolfg. Panzer zc. Nbg. bey Stiebner 1793. 8. Auf Druckpap. 18 kr. Auf Schreibpappier 24 kr.

J. P. S. Bunzels Betr. aus den sonntägl. evangel. Abschnitten bey den Särgen unserer Mitchristen, 3r Th. Nbg. bey Bieling 1793. 8. 45 kr.

Auch unter dem Titel:

Heilsames Nachdenken über unsere letzte Veränder. nach Anleitung der sonntägl. evangel. Texte zur häuslichen Erbauung und zu öffentlicher Vorlesung bey Begräbnißen, 1r Theil.

Ge-

Geſchichte kurzgefaßte, von Frankreich und aller Revolutionen deſſelben von den älteſten Zeiten bis auf die gegenwärtige von M. Truckenbrod, Nbg. b. Biel. 1793. 8. 1 fl. 12 kr.

J. C. Gütle gründliche Anweiſung zur Verfertigung guter Firniſſe und der Kunſt zu lakiren und zu vergolden, Nürnb. und Jena bey Schneider 1793. 8. 1 fl. 15 kr.

D. C. G. Junge Anreden an die Confirmanden. 1793. gr. 8. 9 kr.

Lebensgeſchichte der Roſine Meyerin oder die glücklichen Folgen eines guten Verhaltens, mit 3 Kupfern, (von Hn. Hoſpitalprediger Balbach) Nürnb. und Jena bey Sdneider 1793. 8. 45 kr.

Lieder zur Erhöhung geſellſchaftlicher Freuden. Nürnb. bey Stiebner 1793. 8. 1 fl

Res Traiani Imperatoris ad Danubium geſtae libellus a ſocietate ſcientiarum regia quae Goettingae ſplendet praemio donatus addita eſt diſſ. de tabulae Peutingerianae aetate, auctore *Conrad Mannert* cum figg. et mappa geographica Norimb. ap. Ioa. Fr. Frauenholz 1793. 7½ B. 8. Auf Druckpap. 54 kr. Auf Schreibpap. 1 fl. 12 kr.

C. G. *Schwarz*, opuſcula quaedam academ. varii argumenti, collegit T. C. Harles, c. Fig. 1793. 4. 2 fl. 30 kr.

Charl.

Charl. Soph. Sid. *Seidelinn*, geb. Langin hinterlassene Schriften. Nürnberg in der Bauer - und Mann. Buchh. 1793. 8. 1 fl. 30 fr

Populäre *Zoologie* oder Abbildung und Beschreibung derjenigen Thiere deren nähere Kenntniss für Iedermann nothwendig und nützlich ist. Erste Lieferung mit 20 Kupfertafeln. Herausgegeben zu Nürnberg von der Frauenholz. Kunsthandl. 1792. Gross Folio. 6 Rthlr.

IV. Schriften, worin Beyträge zur Nürnbergischen Geschichte und Verfassung enthalten sind.

Ueber die gegenwärtig so vieles Aufsehen machenden Bewegungen des Durchl. Kurhauses Pfalzbaiern wider Nürnberg, die Rückforderung verschiedener, dieser Reichsstadt seit der sogenannten Georgianischen Fehde zugehörigen Städte, Aemter und Märkte betreffend,

in Seyfert und Kreß Jahrbuch für deutsche Rechtsgelehrten, zweiten Stück. Wetzlar. 1792. S. 97 — 121. und

im Journal von und für Teutschl. 1791. 12ten Stück S. 1008 — 1023.

Apologien. Erster Sammlung viertes Heft.

Heft. Leipzig in Commiſſion bey Emmanuel Beer, 1787. 8.

S. 454—468. Schriftſtellerunfug eines Nürnbergiſchen Geiſtlichen.

Am Schluſſe dieſes Aufſatzes iſt der 1786 im Quart erſchienene: Laut geäußerter Wunſch u d Vorſchlag des größten Theils der Bürger zu Nürnberg, die zweckmäßige Abänderung des Beichtweſens betreffend, deſſen Verfaſſer der Jakober Schullehrer, Forſter, war, wörtlich eingerückt.

S. 484—92. ſteht ein Schreiben des Epheſinus an den Nürnberger gelehrten Zeitungsſchreiber.

Es iſt datirt: M. in Baiern den 1 Auguſt 1787.

V. Neue Kunſtproducte zur Nürnbergiſchen Geſchichte.

C. G. Müllers Verz. etc.

ad II.) pag. 15. O. r. H. Geometriſcher Grundriſs der Reichsſtadt Nürnberg Anno 1793. L. H. die 3 Stadtwappen. U. Erklärung der Zahlen. Friedr. Albr. *Annert* ſculpsit. lbf. F. 30 kr.

ad III.) pag. 92. U. Proſpect eines Teils der neuen Anlage auf dem Duzendteich gegen Mittag anzuſehen. Nach der Natur gez. von I. L. *Stahl* in Nbg. 1792. Q. Regalfolio 1 fl. 30 kr.

M 5. U.

U. Profpect des andern Teils der neu-
en Anlage auf dem Duzendteich gegen
Mittag anzufehen etc. 1 fl. 30 fr. Beyde mit Farben faffirt.

ad IX.) pag. 142. U. Ein Teil des von
denen Fränkifchen Kreistrupen ¼ Stunde
von Nbg bezog. *Lagers.* 1793. Zu finden in Nürnb. bey 1. L. *Stahl.* Mit
Farb. faffirt 45 fr. Schwarz 15 fr. Q. Quart.

Mathematifche Darftellung der grofen
Sonnen oder Erdfinfternis auf den Nürnberger Horizont, den 5 Sept. 1793. welche 10 Zoll, 5 Min. beträgt. Nach einer
von B. *Bauer* verfertigten Zeichnung und
Berechnung geftochen, 1 Blat in 4. 6 fr.
Zu haben bey Geisler im goldenen Lämmlein
in der obern Schmidtgaffe.

Vorftellung der grofzen *Sonnen Fin-
fternis* die fich den 5ten September des
1793ten Iahrs ereignen wird, wie felbe
der Kaif. Kön. Feld - Capellan, Pater
Kautfch, a. d. Piar. Ord. für die Reichsftadt Nürnberg berechnet und gezeichnet
hat. I. *Raufch* fculps. Nürnberg zu finden
b. d. Homannifchen Erben. Mit R. K.
allergnädigfter Freyheit. Landkartenfor-
mat 12 fr.

V. Neue

V. Neue Kunſtproducte Nürnbergiſcher Künſtler.

U. Plan von *Landau* N. H. i. E. Prospect von Landau. Zu haben bey I. G. *Klinger* in Nürnberg Fol. illum. 16 fr.

U. Plan der Festung *Mainz* etc. U. I. H. i. E. Prospect von Mainz. Samt Erklärung zu beyden. Zu haben bey *I. G. Klinger* in Nbg. Fol. illumin. 16 fr.

U. Die unter dem Commando des G. F. M. Prinz. v. Coburg, von den alliirten Mächten belag. Franz. Veſtung *Vallenciennes*, welche vertheidiget wird. NB Die Festung wurde n. e. Original - Grundriß d. I. G. L. Vauban gestochen. Zu haben b. *I. G. Klinger* in N. Fol. illum. 16fr.

U. *Gustav* der Unerſchrockene fällt von Meuchelmörders Hand auf der Redoute zu Stockholm den 16ten März 1792. Sr. Durchl. d. Hn. Erbprinz. F. F. A. von Sachſen ≈ Cob. Saalfeld, von A. W. Küfner. Quer Fol. Nürnb. in der Bauer - und Mann. Buchhandl. Subſcript. Preis 1 fl. 12 fr. Ladenpreis 2 fl. 24 fr.

U. Bleibt mein Freund und kehrt Siegreich zurück. A. W. *Küfner,* inv. del. et ſculp. 1793. 8.

Es ist das schöne Titelkupfer zu Heinrich von Reydeck.

G. *Washington.* A. W. *Küfner* sc. 1793. 8.

*   *   *

u. Prinz Coburg in der Schlacht bey Tirlemont.

u. Gefecht zwischen der Kaiſ. Cavallerie und den Franzöſ. National-Truppen.

u. Ein Theil des ¼ St. vor Nürnb a. d. ſ. g. Peterheide bezognen Lagers.

u. Friedr. Wilh. König von Preuſſen bey der Belagerung von Mainz.

Vorstehende 4 Blätter ſind eine Suite von verſchiedenen in dem gegenwärtigen Kriege vorgefallenen Kriegsſcenen, welche Herr Johann Ludwig Stahl in leicht radirten Umriſſen, von welchen das Uebrige völlig im Geſchmack colorirter Handzeichnungen ausgeführt iſt, herausgegeben hat. Jedes Blat iſt in Quer Quart format und koſtet 45 kr.

VI. Todesfälle.

1793 den 12 Jun. ſtarb Herr Johann Thomas Bürger, Pfarrer zu Lohnerſtadt, in einem Alter von 72 Jahren. Er ſtand ſeiner Gemeinde 40 Jahre lang vor. S. die Dipt. Eccl. in opp. et pag. Norimb. S. 394. uud die Dipt. contin. S. 150.

1793 den 27 Jun. ſtarb Herr Johann Tiſchberger Arithmeticus. Er war geboren den 26 Dec. 1715. S. von ihm das Journ.

Journ. von und für Franken, Bd. V. S.
115—20.

1793 den 15 Jul. starb Herr Georg Paul
Rahm, Adjutant und Kriegsaufbieter im
löbl. Kriegsamt.

1793 den 9 Sept. starb Herr Wilhelm
Carl Jacob Ebner von Eschenbach, E. E.
Stadt - und Ehegerichts verordneter Assessor
und Schöpf. Er war geboren den 24 Jul.
1757, und kam an Ostern 1781 in die Gerichte. Er hat sich im wissenschaftlichen Fache
durch verschiedene litterarische und poetische
Arbeiten bekannt gemcht. Da er keinen Sohn
hinterlassen, so stirbt mit ihm die jüngere
Hauptlinie der Herren Ebner von Eschenbach
aus, welche Biedermann Tab. XLIV. auf-
führt.

1793 den 13 September starb Herr
Georg Nicolaus Riedner, E. H. Raths
verordneter Münzmeister.

VII. Amtsveränderungen und Beför-
derungen.

1793 den 21 Jun. hat Herr D. Johann
Philipp Gabler die zweyte Stelle in der
theologischen Facultät zu Altdorf, erhalten.

1793 den 9 Jul. erhielt Herr Moritz
Pickel

Pickel, bisheriger Pfarrer in Buschendorf, die erledigte Pfarrstelle in Lohnerstadt.

1793 den 22 Jul. rückte Herr Christoph Carl Köllmer, bisheriger zwenter Adjutant und Kriegsaufbieter im löbl. Kriegsamt, in die erste Stelle ein.

Die zwente Stelle erhielt Herr Adam Gustav Braun, und an dessen Statt wurde Herr Johann Nicolaus Schwab Substitut.

1793 den 29 Aug. erhielt der bisherige Mittagprediger in der Dominicaner Kirche, Herr Professor Johann Jacob Ludwig Degen, die erledigte Pfarrstelle in Buschendorf.

1793 den 30 Aug. wurde der bisherige Rector an der Sebalderschule, Herr Paul Joachim Sigmund Vogel, in die dritte Lehrstelle der theologischen Facultät zu Altdorf berufen.

VIII. Preis - Aufgabe
von der Gesellschaft zur Beförderung der vaterländischen Industrie, für das Jahr 1793.

Die Preisfrage bestehet darin:

1) Ist die Stallfütterung in der Nürnbergischen Landschaft allgemein, oder wenigstens gröstentheils einzuführen möglich und nützlich?

2) Auf welche Art ist der, mit der Stallfüt-

fütterung verbundene Futterkräuter = Bau,
nach dieser oder jener Beschaffenheit des
Erdbodens, mit dem besten Nutzen, an=
zulegen?

3) Gewinnt man dadurch so viel Dünger,
daß man in den Stand gesetzt ist, die
seitherige Brach abgehen zu lassen, und
eben den Brachfeldern dargegen mit dem
nöthigen Dünger aufzühelfen?

Wer sich hauptsächlich der Beantwortung
unterziehen, und worauf derjenige, der sie
beantworten werde, besonders Rücksicht
nehmen möge, darüber hat sich die Ge=
sellschaft auf einem gedruckten halben Bo=
gen in Octav, näher erkläret. Diejenige
Beantwortung, welche nach dem Urtheil
unparteyischer Richter für die beste er=
kannt wird, wird mit 25 Species=Duca=
ten belohnt.

IX. Anzeige neuer Catalogen.

Verzeichnis einer beträchtlichen Kupferstich-Sammlung, alter und neuer groestentheils seltener Blätter aus allen Schulen etc. welche den 30 September 1793.
und die folgenden Tage in der *Frauenholzischen Behausung* in den Nachmittags-
stunden öffentlich sollen versteigert werden. N. IV. Nürnberg 1793. 1 Alphab.
8 Bo-

§ Bogen in 8. Koſtet in Nürnberg 24 kr.
und auswärts 36 kr.

Verzeichnis von Bilderbüchern, Kupfer-
ſtichen, Spielen ꝛc. welche in der Johann
Trautneriſchen Kunſthandlung in Nürnberg
zu finden. 12 Seiten in 8.

X. Anfrage und Bitte.

Wenn jemand folgende Schrift:

Reformatio und Ordnung einer lateiniſchen Schul geſtellt in Nürnberg auf
deſſelben Orts Obrigkeit begeren durch
M. Soph. Paminger. 1576. 4.

beſitzt: ſo würde er mich durch käufliche
Ueberlaſſung oder Leihung derſelben gegen
Sicherheitsleiſtung ſehr verbinden.

D. Joh. Chriſtian Siebenkees.

Berichtigungen.

N. X. S. 155. Zeile 6. von unten, lies Be-
ſtelmeier ſtatt Peſtelmeier.

— — 158. nach Herrn Stähl iun. iſt zu ſetzen Kupferſtecher.

— — ebend. nach Herrn Stahl ſen. iſt zu
ſetzen wachspoſſirer.

— — 160. iſt durch einen ganz zufälligen Irr-
thum unrichtig angegeben, daß Herr H.
C. W. Imhof von Helmſtatt in das Land-
und Bauerngericht gekommen iſt, indem
nur eine Stelle zu beſetzen war.

Register

über

der Beylagen der Materialien

zur Nürnbergischen Geschichte

erste Sammlung.

Die große Zahl bedeutet die Numer der Beylage;
die kleine Zahl aber die Seite.

N

Register über die Beylagen der Materialien

Büchner,

Ebert,

Register über die Beylagen der Materialien

Freymüller,

Götz/

Hirsch,

Kaiſer

Kreß,

Mal-

Register über die Beylagen der Materialien

Nopitsch,

Spiel,

Trauer

Wagner,